CCEF 首席经济学家论坛丛书

中国经济增长奇迹成因追踪

廖群 著

人民东方出版传媒
東方出版社

本系列丛书总策划
上海极视文化传播股份有限公司

主　编：夏　斌

编　委：连　平　盛松成　陈兴动　李迅雷

彭文生　沈明高　诸建芳　钱学宁

策　划：朱　蕻

目 录
CONTENTS

序言 / 1

第一章　绪论 / 1

第一节　本书的目的、研究方法与结构 / 2
第二节　鸟瞰全书 / 5
第三节　若干说明与解释 / 31

第二章　中国经济增长奇迹一览及论证 / 45

第一节　过去 40 年中国经济的超高速增长 / 46
第二节　人类历史上最大的经济增长奇迹 / 55

第三章　浅层成因——经济学解释：生产要素的大规模投入与生产率因子的迅速优化 / 71

第一节　经济增长理论综述 / 73
第二节　表层成因：新古典增长理论的解释——劳动力和物质资本的大量投入与全要素生产率的迅速提高 / 78
第三节　次层成因：新增长理论、结构主义发展理论与经济成长阶段论的解释——各项生产率因子的迅速优化 / 93

第四节　次次层成因：制度变迁理论的解释——改革开放的关键性作用 / 126
第五节　总评 / 144

第四章　深层成因——人文解释：国人的五大经济行为特征 / 155

第一节　“事在人为”——人的经济行为对于经济发展的决定性意义 / 156
第二节　过去 40 年国人的五大经济行为特征 / 168
第三节　五大经济行为特征是经济学成因背后的决定性成因 / 208
第四节　与他国人比较——国人的五大经济行为特征最为鲜明与完备 / 228

第五章　底层成因：哲学解释——儒家“入世有为”主义的渊源地位 / 237

第一节　国人改革开放之前 29 年的“政治狂热”与之后 40 年的“经济狂热”背后的精神共同点——“有为性” / 238
第二节　宗教与哲学的“入世”与“出世” / 244
第三节　儒家的元主张或基因——先秦儒家的“入世有为”主义 / 248
第四节　儒家的“入世有为”主义体系 / 254
第五节　宋明“新儒家”的进一步“入世”与明清儒家“入世”目标转向 / 268

第六节　“入世有为”精神五四后复萌，新中国成立后强势复苏但改革开放前主要是政治导向 / 287
第七节　改革开放后“入世有为”主义发扬光大并转为经济导向，为国人五大经济行为特征及中国经济增长奇迹的哲学渊源 / 293

第六章　韦伯研究及本书与其关系和比较 / 299

第一节　为何写本章 / 300
第二节　韦伯相关研究简介 / 303
第三节　对于韦伯基督新教与资本主义兴起关系说的点评 / 312
第四节　对韦伯儒家观的点评 / 327
第五节　本书与韦伯研究之间的关系及比较 / 343

附录 1　人类历史上最大经济增长奇迹的丰硕果实——天翻地覆之巨变 / 349

附录 2　今后将如何——前景展望 / 371

附录 2.1　2010—2040 年中国经济——回顾与展望 / 372
附录 2.2　今后 5 年中国经济增长前景——中美经贸争端下保持 6% 左右 / 388
附录 2.3　内需前景—— 仍具中高速增长潜力 / 406

后　记 / 433

序 言

一

中国经济增长是个奇迹。改革开放以来，中国经济经历了 40 年的持续高速增长，取得了令人瞩目的巨大成就。GDP 规模从 1978 年的 3679 亿元扩大到 2018 年的 900309 亿元，年均增速高达 9.4%，经济实现了跨越式发展；工业增加值从 1622 亿元增长到 30 万亿元，年均增长 10.9%，工业实力大幅增强；社会消费品零售总额从 1559 亿元跃升至 380987 亿元，恩格尔系数从 63.9% 降至 28.4%，物质生产日益丰富，人民生活持续改善；我国从改革开放初期居民人均可支配收入仅 171 元的穷国，跻身中等偏上收入国家行列。经济的快速增长使得中国在能源、交通运输、邮电通信、科教文卫等基础产业、基础设施建设等领域取得了举不胜举的巨大成就。40 年的励精图治、风雨兼程，中国在改革开放的潮流中不断创造着辉煌。

作为世界经济的重要组成部分，中国始终坚持对外开放，积极融入经济全球化的发展进程，推动双边及多边贸易及投资发展。2018 年中国 GDP 占世界经济总量的六分之一，是仅次于美国的全球第二大经济体，经济总量虽只有美国的 70%，但经济增量占世界增量的三分之一。据世界银行数据，全球GDP从2008年到2017年增长了27.5%，美国GDP增长了32.2%，而中国GDP在此期间增长了166.2%；即使在2008年的全球金融危机中，中国仍保持了8%以上的增速。从产业结构看，中国的第三产业总产值虽落后于美国，但第一产业和第二产业的产值总和已超过美国。目前，中国是全球最大的制造业国、最大的商品出口国、第二大商品进口国、第二大外资流入国、第二大对外投资国。2016年，人民币正式加入国际货币基金组织特别提款权货币篮子，获得了国际主要货币的地位。40年的开放发展、同舟共济，中国已成为对世界经济增长贡献最大的国家。

面对不可辩驳的现实，人们很自然地产生了一个问题，即中国经济增长奇迹的原因是什么。迄今为止，众多国内国际学者从各个角度对此问题进行探讨，成果十分丰富，但对“增长之谜”始终未能给予全面、系统和深入的解释。中国在过去几十年里如何从贫穷落后发展为世界经济增长第一大动力源，如何在国际经济环境风云变幻下保持稳定增长、稳健发展，确实发人深省。尤为重要的是，作为最大的发展中国家，中国经济持续不断的改革及转型升级，对其他发展中国家的经济发展带来了哪些有益的借鉴与启示，值得探索与总结。探索中国经济增长的成因，研究中国经济发展的路径，不仅能为全球经济的可持续发展提供经验与启示，而且还是对我国当前深化供给侧结构性改革、加大改革开放力度、有效应对外部环境深刻变化的再思考和再出发。

二

廖群博士撰写的这本新作，可以说是应时之作。全书对过去40年中国经济增长的成因进行分析研究，其结构新颖、层次清晰、观点深刻、逻辑缜密。本书先从一般角度，应用经济学理论来寻找经济学成因，即“浅层”成因；然后从个别角度，探究浅层经济学成因背后的人文性因素，即“深层”成因，并认为国人的五大经济行为特征具有决定性意义；再从经济行为分析深入到哲学分析，挖掘深层成因背后的哲学渊源，即“底层”成因，并提出儒家的“入世有为”主义是中国经济增长的哲学基础。这本著作既是对中国经济发展时空上的全景式追踪，也是对当前中国经济现状的系统性解析，更是对中国经济增长成因体系的纵深性考察。这份成果为中国经济增长奇迹的研究提供了可资借鉴的理论参考，也为中国经济发展转型贡献了经验指导。

本书有三个重要特点：一是一般分析与个别分析有机结合。本书对人类经济增长史进行了全面的梳理和归纳，再着重对中国经济增长的内部驱动因素和外部影响环境进行深入的剖析和演绎，在研究思路和方法上独辟蹊径。二是国内分析与国际分析有机结合。各国经济增长模型的变量——物质资本、劳动力、人力资本、技术进步、经济结构及市场体制等，在不同时间和空间的作用下呈现影响差异。本书将国内与国际的经济学成因进行比较分析，探究在国内制度变迁和国际全球化背景下中国经济高速增长的异质性，在研究范围与视角上独具创新性。三是经济学层面与人文哲学层面有机结合。通常从经济学理论角度来探讨经济增长的研究，大多关注要素投入与产出。而本书却跳出了经济学分析框架，从经济行为视角来分析中国经济增长的成因，令人耳目一新，在研究中实属少见。而作者进一步将研究推深到哲学层面，探究经济增长背后的哲学根源，在学界中更是凤毛麟角。

廖群博士毕业于英国牛津大学，有十分良好的海外教育背景、非常深厚的经济学研究功底，且长期在国际和国内的银行业工作，从事宏观经济分析及行业、市场策略研究，具有很丰富的宏观经济研究和微观实务经验。他曾任职于中国国家计划委员会，担任经济预测处长和高级经济师，对经济发展有独到的见解和深刻的感悟。廖群先生阅历广、思路新、功底扎实、经验丰富。本书是他理论研究和宏观思考有机结合的一部力作，具有很高的学术价值。

三

放眼世界，当前中国进入百年未有之大变局，既面临前所未有的机遇，也面临前所未有的挑战，未来发展之路充满了不稳定性和不确定性。环顾全球，新一轮科技革命和产业革命蓬勃兴起，一大批新兴市场国家和发展中国家快速成长，未来国际格局将日趋均衡。尽管逆流来袭，经济全球化仍将不可逆转，和平、开放、变革、融通依然是大势所趋。改革开放40年的不懈奋斗为我国发展积累了雄厚基础，供给侧结构性改革不断推进，经济结构不断优化，数字经济等新兴产业方兴未艾，对外贸易、对外投资、外汇储备稳居世界前列，全社会发展潜力、创新活力和改革动力显著增强。从中长期看，中国经济的发展潜力依然巨大，中国经济的优势正在稳步提升。中华民族将沿着民族伟大复兴的大道坚持不懈地向前迈进。

当前和未来一段时期，随着外部环境愈发复杂严峻，经济下行压力依然存在，中国发展模式中仍有诸多亟待解决的问题与矛盾。经济发展不均衡问题尚未有效解决，体制性系统性风险尚未有效化解，发展质量与效益尚不同步，创新意识和能力尚待提高，生态优先和绿色发展任重道远。改革开放40年来中国所取得的“增长奇迹”固然令人可喜，但要延续中国经济发展奇迹，毫无疑问将面临很多严峻挑战。如何在未来一个时期保持中国经济平稳运行；如何把握深化改革开放的新机遇，破除机制体制障碍、释放创新活力；如何把握全球经济治理变革的新机遇，维护开放型世界经济、推动多边贸易体制，实现共同繁荣，成功到达彼岸，都需要深入研究。

事实上，中国已经明显意识到自身发展模式存在的不足，经济转型升级成为当前中国政府积极推动的目标。党的十九大报告中提出，中国经济正处于转变发展方式、优化经济结构、转换增长动力的攻关期，需进一步深化供给侧结构性改革、加快建设创新型国家、实施乡村振兴战略、实施区域协调发展战略、加快完善社会主义市场经济体制、推动形成全面开放新格局。

艰难困苦，玉汝于成。展望未来，中国经济体量大、市场大、韧性强等基本态势没有变，经济发展新动能呈逐年加速之势。目前，我国高新技术产业迅速崛起，区域发展协调性增强，京津冀、粤港澳、长三角一体化协同发展，“一带一路”建设顺利推进，对外贸易和投资“东方不亮西方亮”，社会总需求稳定增长，经济运行稳中有进。外部环境越是复杂，越是要保持战略定力，紧抓战略机遇期，坚定不移地深化改革、扩大开放；局面越是困难，越是要通过扩大开放倒逼相关经济体制改革，扩大金融的开放系统性，变压力为动力，加快推动经济高质量发展，激发中国经济具有的潜能。通过改革开放的扩大和深入，发扬光大国人的“入世有为”精神，使之成为经济发展不竭的主观动力。

阅读此书有助于相关人士更好地厘清思路，找准路径，有效举措，使未来中国之路走得更扎实、更稳健。

是为序！

连　平

交通银行首席经济学家、中国首席经济学家论坛理事长

2019年5月26日于上海

第一章

绪 论

第一节　本书的目的、研究方法与结构

本书的目的是探寻过去 40 年中国经济增长奇迹的成因。

研究发现，这一奇迹的成因是多样化的，且呈层次性。每一个成因，都在某一层面上成立，但又可能在下一个层面有它的成因。因而本书的研究方法是逐层地追踪成因，试图既将可能的成因都呈现出来，又指明成因之间的因果或承继关系，从而展现一个分层次的成因体系。这样做的好处，首先，便于每一个成因的分析与定位，了解其在整个成因体系中的地位；其次，有利于找到决定性与渊源性的成因，从而提供一个相对终极性的答案；最后，实际情况是，很多人对中国经济增长奇迹这样一个历史性巨大事件的成因非常好奇，会一层一层追根问底式地提问，要回应这样的提问，就需要刨根寻底式地逐层追踪。刨根寻底是做研究的本分，所谓“究”是也，“究”得越深，研究的价值越高。

本书的结构将与上述分层次的成因体系相对应，先按成因所处的层面横向，后沿层面纵向展开。

第二章将首先回答过去 40 年的中国经济增长是不是一

个奇迹，答案为，不但是，而且是人类历史上最大的经济增长奇迹。关于“最大”之说，虽然以前有学者含蓄地提到过，但明确地提出并加以详细论证的，本书是第一次。第三章在当前经济学理论的框架内寻找成因。在这一框架内，根据不同的经济理论，成因很多，也处于不同的层面。可分为三个层面，分别称为表层、次层与次次层。由于经济学家们对这三个层面的成因都进行过公开的讨论甚至争论，且为与更深层的成因进行比较，笔者将所有这些经济学成因都称为浅层成因；这里，“浅层”并无贬义。这些成因的呈现与分析，主要是基于经济学文献，首先对经济学界已有的主要（意图是主要，但实际可能只是部分）研究成果进行综述与解析，然后给出笔者的点评与观点。第四章探究上述浅层的经济学成因背后的人文性成因，称为深层成因，即国人的五大经济行为特征及其对于经济学成因的决定性意义。这是本书的两大原创性研究之一，也是两大重点之一。第五章再进一步挖掘国人五大经济行为特征背后的哲学渊源，称为底层成因，结论是，儒家的“入世有为”主义是过去40年国人五大经济行为特征，进而也是中国经济增长奇迹的哲学渊源。这是本书的原创性研究之二，也是重点之二。

成因追踪，从浅层纵向追到深层，再寻到底层，其中，浅层又分表层、次层与次次层，各层面又横向剖析，将止于第五章。第六章讨论韦伯研究及本书与其关系和比较，是因为本书的研究与韦伯研究高度相关，研究框架相同，主要结论雷同，但部分结论正好相反。

附录1与附录2分别以数据展示中国经济增长奇迹给中国带来的巨变并给出笔者对于今后中国经济增长前景的展望。

本书的结构颇为庞大，从经济学跨界到人文学，再到哲学。为便于读者阅读，也为没有时间或意愿通读本书但又对中国经济增长奇迹成因抱有兴趣的读者能够了解本书的主要观点，本章下一节将对全书的内容作一个鸟瞰式展示。

第二节　鸟瞰全书

是经济增长奇迹吗？——人类历史最大的经济增长奇迹

2018年是中国改革开放的40周年。1978年，中国共产党第十一届三中全会决定进行改革开放。自此，神州大地展开了渐进但深入而全方位的经济体制改革与市场开放，呈现了一轮又一轮波澜壮阔的经济大发展。其结果是过去40年，中国取得了人类历史上最大的经济增长奇迹。

说中国过去40年取得了经济增长奇迹，恐怕没人反对，但如果说取得了人类历史上最大的增长奇迹，可能不是每人都能理解与同意。真是这样吗？不夸张吗？笔者在未作仔细的数据及依据分析之前，也对此抱有疑问。但找到相关数据及依据并分析后，便对此深信不疑了。根据国家统计局的数据，中国GDP（Gross Domestic Products，国内生产总值）在1979至2018年的近40年间年均（每年平均，或称为复合）增长9.4%，其中，1979—1988年间、1989—1998年间、

1999—2008 年间与 2009—2018 年间分别年均增长 10.0%、9.6%、10.2% 与 7.9%。一般而言，GDP 增长速度 6% 以上就算高速经济增长，而 9.4% 高于 6% 3.4 个百分点，无疑是超高速增长。超高速增长当然堪称经济增长奇迹。所以，说过去 40 年中国取得了经济增长奇迹是没有任何疑问的。

但是，能说是人类历史上最大的经济增长奇迹吗？这就要与历史上其他国家的经济增长来进行比较了，即从人类经济增长史来进行考察。

考察发现，人类的经济增长史，在 18 世纪中叶英国工业革命之前的 1750 余年间都乏善可陈，人均（每人平均）GDP 年均增长速度为零或接近于零，颇令人意外。即使是工业革命爆发中的 50 年间，革命的发起国英国的人均 GDP 年均增长速度也没有超过 0.5%，更令人感到吃惊。但目前为止的研究结果所显示的就是如此。由于那时没有正式统计，一般公认的研究结果是麦迪逊（Angus Maddison）的测算：[①]1750—1800 年间与 1800—1850 年间，英国的人均 GDP 年均增长速度分别只有 0.43% 与 0.21%；后起的德国与美国 1800—1850 年间的增长速度也仅分别为 0.74% 与 0.71%；1850—1914 年第一次世界大战爆发，工业化国家的人均 GDP 增长速度才超

① [英] 安格斯·麦迪逊:《世界经济千年史》，伍晓鹰、许宪春、叶燕斐、施发启译，北京大学出版社 2003 年版。

过 1%，但低于 2%；此后至第二次世界大战结束的 31 年间，由于战争的破坏，增长速度又有所降低，除日本 2% 左右外，其他国家都没有超过 1.5%。

世界经济只是在第二次世界大战后才出现了可观的增长。据世界银行数据，1960—2016 年，全球 GDP 年均增长 3.5%，其间，亚洲大大领先，GDP 年均增长 4.6%，很多国家和地区都在较长一段时期内取得了年均 6% 以上的增长。其中的佼佼者，日本在 1950—1973 年的 23 年高速增长期间年均增长 9.0%，1973—2017 年则骤降为年均增长 2.2%；亚洲四小龙，即韩国、中国台湾地区、中国香港地区与新加坡，在 1960—1997 年的 37 年高速增长期间年均增长速度分别达 9.2%、9.2%、7.6% 与 8.6%，1997—2017 年则分别降为年均增长 4.0%、3.8%、3.3% 与 4.8%；印度的高速增长期始于 20 世纪 90 年代初，至 2017 年年均增长 6.8%；中国，如前所述，1979—2018 年的 40 年高速增长期年均增长高达 9.4%，且仍在以 6% 以上的高速度增长。

如此一比较，可见在迄今为止的人类历史上，除中国外，没有哪个国家持续了 40 年之久的 6% 以上的高速经济增长，更没有哪个国家高速增长期间的年均增长速度能够达到 9.4% 这样的高度。数据还表明，中国经济增长速度的相对标准差（统计学中的稳定性指标之一）在 40 年之长的时期内仅为 28.6%，近 23 年更低至 21.5%，表明中国经济的稳定性也高于其他高速增长经济体。当然，除中国外，印度与越南经济的高速增长期仍在继续，但能否持续40年有待于观察，且它们迄今为止的增长幅度仅在7%左右的水平，离中国的9.4%有相当的差距。

鉴于此，中国历时40年，年均高达9.4%，且相对标准差在30%以下的GDP增长速度，的确是迄今为止人类历史上持续时间最长、速度最快且最为稳定的经济增长，因而谓之为人类历史上最大的经济增长奇迹，毫不夸张，是历史的事实。

成因探寻——逐层追踪，刨根寻底

既然如此，提问就来了。为何中国在过去40年取得了经济增长奇迹，而且是人类历史最大的经济增长奇迹？成因是什么？如何解释呢？

而且不断有提问，呈追根问底之势。即得到了一个成因的答案，又会问这个成因的成因是什么。对如此的追问，自有刨根寻底的必要。

同时，40年来，特别是近20年来，关于此等成因，国内外各种研究不断，结果表明，成因是多样化的，且呈现在不同的层面上，形成了一个成因体系。

正因为如此，有必要逐层追踪以刨根寻底，从而既能展现整个成因体系，又有利于终极性成因的探寻。

浅层成因——经济学解释：经济要素的大规模投入与生产率因子的迅速优化

当然应该先从经济学的角度，应用经济理论来寻找经济学成因。由于经济学成因都被经济学家不同程度地公开讨论甚至争论过，笔者称之为浅层成因。如前所说，这里没有贬义，只是就其对于读者的可知程度与相对于后面的深层成因而言。

浅层成因中，又按照成因之间的因果或承继关系分为三个层次：表层、次层、次次层。以索洛（Robert M. Solow）为代表的新古典增长理论（Neoclassical Growth Theory）解释的成因在表层；以罗默（Paul Romer）为代表的新经济增长理论（New Growth Theory），以钱纳里等为代表的结构主义发展理论（Structuralism），以及以罗斯托（Wall W. Rostow）为代表的经济成长阶段论（Theory of the Stages of Economic Growth）等解释的在次层；以诺思（Douglass C. North）为代表的制度变迁理论（Institutional Change Theory）解释的在次次层。

在表层，新古典增长理论以完全竞争市场，生产函数规模报酬不变，边际收益递减与技术进步外生为假设，认为经济增长是由劳动力和资本投入，以及全要素生产率所决定的，其模型为公式化的科布—道格拉斯生产函数。应该说，迄今为止大部分的定量研究都是基于此生产函数。由于此函数中的变量可以度量，且有统计数据支持，又有已高度发展的计量经济模型技术支撑，这些研究能够得出定量的测算结果。测算结果的差异很大，但大部分表明，对于中国经济过去 40 年高速增长的贡献度，以资本最大，平均近 60%，全要素生产率次之，平均略低于 30%，劳动力再次之，平均稍高于 10%。全要素生产率又是技术水平、人力资本、经济结构和经济制度等变量的函数，但在新古典增长理论中只是单个变量，且是一个剩余度量（Residual Variable）。因而，新古典增长模型的测算结果告诉我们的是，过去 40 年中国经济增长奇迹的成因，资本的大规模投入最大，全要素生产率的快速提升次之，劳动力的大量投入再次之。

全要素生产率这一剩余变量的分解，便是下一个层面的成因，即次层成因。在次层，就是剖析全要素生产率中分解出来的各主要因子，即技术进步、人力资本、经济结构，以及后发优势等对于经济增长奇迹的作用和贡献。

第一，新增长理论突出技术进步与人力资本对经济增长的贡献，并将他们在模型中内生化。这一理论将新古典增长模型中的“资本”定义扩展到包括物质资本与人力资本，并认为技术进步取决于人力资本，而人力资本又是经济增长模型的内生变量，进而将技术进步在模型中内生化。这是对新古典增长理论的重大改进与发展，在理论上的创新是显而易见的，使得人们对于经济增长的内在动力有了更深与更为正确的理解。所以此理论的创立者罗默获得了 2018 年诺贝尔经济学奖。但由于如何将技术进步与人力资本在模型中定量化与内生化方面存在的困难与争议性，应用这一理论构建计量经济模型的定量研究不多，构建中国经济增长计量模型并得到有意义结果的就更少。尽管如此，由于其理论上的革命性，对于我们定性地理解中国经济增长奇迹非常有启发，即技术进步与人力资本对于中国经济增长奇迹的合并贡献度可能会比新古典增长模型测算出来的全要素生产率贡献度要更大。当然，技术进步与人力资本的促成因素到底是什么是一个很大的问题。就中国经济而言，过去 40 年来技术进步与人力资本的增长是惊人的，无疑是中国经济增长奇迹的两大成因，但这两大成因背后的动力又是什么？新增长模型内生人力资本与技术进步的方式比较简单，并没有对此深入探讨。

第二，结构主义发展理论认为，发展中国家存在市场缺失和结构刚性的缺陷，所以研究发展中国家的经济增长不能使用研究发达国家经济问题的总量与均衡方法，而应该应用结构主义的方法，即对经济各构成部分的状态及其之间的关系，以及这些关系如何演变等进行分析的方法。这种理论给予了经济研究很大的空间，各种经济变量都可以在此理论的框架内作为经济结构的一部分被探讨。以结构主义方法研究中国经济增长的一个成果是新结构经济学，其核心观点是，一个经济体在每一时点上的经济结构应由其在那个时点上的要素禀赋结构来决定。改革开放40年中国正是按照这一观点发展了自己的要素禀赋所规定的优势，才实现了经济的高速增长，创造了经济增长奇迹。其他学者分别从产业结构、地区结构、财富结构、消费结构及投资结构的优化、产业按比较优势升级，以及城镇化等各种角度，分别得出结论，结构性优化对中国经济增长奇迹产生了显著的促进作用。

第三，罗斯托的经济成长阶段论对于发展中国家经济起飞的解释是显而易懂的。该理论认为，每一个国家的经济增长都会经历起飞、成熟、衰退三大阶段：自低点起飞，经济高速增长；到一定阶段增长速度放缓，进入成熟阶段；最后经济增长为零，走向衰退。以此来解释过去40年中国经济增长奇迹，即1978年的中国经济处于很低水平，从这一低点开始增长，自然就进入起飞阶段，经济增长速度自然会高于已成熟的经济体。不能不说，这一解释很直观，又具逻辑性与历史性。但也让人质疑，事情就这么简单吗？过去40年的中国经济增长奇迹就是因为中国经济1978年的低起点吗？那为什么其他的低起点发展中国家经济没有起飞呢？低起点作为重要原因之一是没有问题的，但说是根本性原因就难以令人信服了。反而是与这一理论相关的后发优势理论，具体分析由低起点所决定的后发优势到底有哪些，对经济增长的影响如何，更有意义。很多学者研究了中国经济的后发优势，包括资本、技术、劳动力、制度和结构等方面，认为中国很好地利用与发挥了这些后发优势是促成中国经济增长奇迹的重要原因之一。

在次次层，制度变迁理论对经济增长提出了新的论点，认为经济增长的根本动力是制度，特别是产权制度的变迁。这一论点很有力，也是很显然的，一般人都能理解，特别是对于中国大众而言。根据这一理论，过去40年的中国经济增长奇迹是中国经济制度的变迁，即从社会主义计划经济体制转向社会主义市场经济体制，也就是改革开放的直接结果。这应该是没有疑问的。说改革开放是中国经济增长奇迹的最大成因，甚至是唯一的成因，很多人都能接受。的确，可以这么认为，正是由于改革开放这一制度变迁，才解除了上述表层与次层中各项经济增长因素，包括劳动力、物质资本、技术进步、人力资本、经济结构及后发优势等在计划经济体制下所受到的束缚，从而使得这些因素能够充分地运动与发挥起来，进而促成了中国经济增长奇迹。在这一意义上，制度变迁或改革开放是中国经济增长奇迹的关键性成因，所以本书才将之称为表层与次层背后的次次层成因。但是，这只是在经济学框架内，既浅层层面这么说。

以上经济学的解释，在特定的层面都是正确的，因而从经济学理论的不同角度提供了过去40年中国经济增长奇迹的成因解释。可是，这些解释对于人类历史最大经济增长奇迹成因这样一个如此宏大提问的回答能否令人满意呢？实际上，无论是对于专业经济学者还是普罗大众，对于每一个解释都会认为有道理，但又会觉得没有释尽，还会追问成因的成因，解释的解释。如基于新古典经济学生产函数的解释，中国经济增长奇迹是资本与劳动力的大规模投入以及全要素劳动生产率的迅速提升的结果。这个解释对于初学经济的大学生，或者作为硕士研究生的练习或考试题答案是可以的，对于博士论文要加上定量结论才过得了关，而对于稍微资深的经济研究人员来说则太显然与肤浅，甚至对于一部分大众来说都会觉得太过直白。因而，无论是对于经济研究者还是大众来说都还会继续问，为什么过去40年会出现资本与劳动力的大规模投入及全要素劳动生产率的迅速提升呢？对此追问，很多人认为制度变迁理论可以回答，即是由于改革开放打破了计划经济的各种束缚。这一回答，如上所述，非常正确，且很多人可以亲身经历验证。但这是否就是令人满意的解释了呢？稍有改革开放与世界经济知识的人就会追问，中国于1978年开始改革开放，苏联与东欧国家及印度也都是从20世纪 90 年代初走上改革开放进程，那为何中国取得的经济增长奇迹大于，即经济增长速度大大快于这些国家呢？而且，改革开放无非就是引入并采用市场经济体制，但世界上除了中国以外的 190 多个国家中的绝大多数早已是或较中国更早已转型到了市场经济体制，为什么这些国家未曾取得中国经济这样的增长奇迹呢？所以下一个问题就是，为何中国一改革开放，即，一引入与采用市场经济体制就创造出了经济增长奇迹，而其他同样做或早已做了的发展中国家没有能够产生这样的奇迹呢？因而制度变迁理论的改革开放论解释也未能停止人们的追问。

经济成长阶段论解释更面临着类似的追问。1978 年的低起点无疑可以被认为是过去 40 年中国经济增长奇迹的一个重要原因。但 40 年前经济起点比中国更低的国家很多，按人均 GDP，当时中国排名在 135 位，有 134 个国家比中国更低。为何这些国家未能实现经济增长奇迹，甚至经济体离起飞尚远，仍在沉睡呢？而且，现在中国人均 GDP 世界排名 70 位左右，其他 100 多个发展中国家都比中国低。中国仍在以 6% 以上的速度增长，仍为当今除印度与越南之外增长速度最快的主要经济体，那其他 100 多个国家都在干吗，为何还不起飞呢？所以成长阶段论的低起点论解释也必将面临下一步的追问，即，为何 1978 年中国能在低起点上起飞进而创造经济增长奇迹，而其他国家在差不多甚至更低的起点上没有做到这一点。还是有问可追。

因此，经济学解释，无论是在哪个层面，作为直接或间接成因的解释都是正确的，但都没能停止人们的追问。所以说只是找到了浅层的成因，还有更深层的成因可寻。根本问题在于，这些成因都未能解释，为何人类历史最大经济增长奇迹发生在中国而不是其他国家，即为何如此的经济增长奇迹独一无二地发生在了中国。

按道理，40 年虽在历史长河中是短暂的一瞬，但相对于人的生命及现代经济的发展却不是一个短的历史时期。在这样一个时期内，市场经济体制下的生产要素和生产率本可以对空间差异作出适应性调整而发生应有的变化。尤其是在国际化、全球化与互联网化的今天，资源、技术、资金、知识和信息等方面的差距都可以在这样一个时期内通过与他国的贸易与交流而得以缩小。也就是说，各国经济增长模型的诸变量——物质资本、劳动力、人力资本、技术进步、经济结构及市场体制等的变化应该在这样一个时期内逐步趋同，或应用学术语言收敛（Convergence），进而各国的经济增长速度逐步趋同或收敛。但为什么这一趋同或收敛没有实现且在可预见的将来都难以实现，而唯独中国经济脱颖而出了呢？这表明，仅物质资本、劳动力、技术进步、人力资本、经济结构、后发优势及经济制度等经济学成因都不能从根本上解释过去 40 年中国所取得的人类历史最大的经济增长奇迹。应该还有更为深层次与渊源性的因素才能对此作出更为令人信服的解释。

深层成因——人文解释：国人的五大经济行为特征

社会是人的组合，社会活动是人的活动，因而人是一切社会活动的决定性因素。其中的经济活动当然也是人的活动，人是经济活动的主体，经济活动是人对于经济实体的改造与利用。因此经济活动的强度和质量取决于人的经济行为。尤其是在全球化背景下，各国经济的外部环境相差不大，内部环境条件的欠缺可以在很大程度上以对外交流来弥补，一个国家经济活动的强度与质量，进而经济增长的快慢，根本上取决于这个国家的人民是如何对待经济发展和如何从事经济活动的。前者为价值观问题，后者为方法论问题。

人的经济行为对于经济增长的重要性早已为韦伯（Max Weber）、舒尔茨（Theodore W. Schultz）、鲍穆尔（William J. Baumol）、熊彼特（Joseph Schumpeter）、刘易斯（William A. Lewis）、亨廷顿（Samuel P. Huntington）、刘遵义（Lawrence J. Lau）和金耀基（J. I. Kim）等著名经济学家或社会学家所认识与强调。韦伯早就指出，西欧中世纪的基督教经过16世纪的宗教改革后所形成的新教提倡一种新型的人的经济行为，即一方面追求财富增长，另一方面节俭与勤劳，正是由于这样一种新型的人的经济行为导致了资本主义经济的兴起。[①]关于韦伯的争议很大，笔者对其很多观点也有不同看法，这留待后面讨论。但就上述新教所倡导的经济行为与资本主义的关系而言，笔者认为韦伯的观察基本上是正确的。熊彼特则认为，企业家的创新行为是经济发展的根本动力。[②]刘易斯强调，社会上人们对于工作和休闲的态度和对劳动及其收入的评价对经济发展的影响。[③]而亨廷顿将 20 世纪后期东亚经济的起飞归因于东亚人民受儒家文化的影响而具备勤奋、节俭、秩序、纪律、集体主义、崇尚知识、重视信誉和家庭责任感等一系列特点。[④]金耀基和刘遵义则将高储蓄 / 投资率和重视教育作为亚洲经济成功的共同主题。[⑤]

另外，马克思（Karl Marx）认为，生产力是人的生产力，

---

① Max Weber, *The Protestant Ethic and the Spirit of Capitalism*, London : Allen and Unwin, 1930.

② Joseph Schumpeter, *The Theory of Economic Development*, New Brunswick and London（UK）: Transaction Publishers, 1983.

③ William A. Lewis, *The Theory of Economic Growth*, London: Allen and Levine, 1995.

④ Samuel P. Huntington,*The Clash of Civilization and the Remaking of World Order*, New York : Simon & Schuster, 1996.

⑤ J. I. Kim and Lawrence J. Lau, "The Sources of Economic Growth of the East Asian Newly Industrialized Countries" , *Journal of the Japanese and International Economies*, Vol. 8, Issue 3, 1994.

并说："人始终是主体。"[①] 毛泽东则说："一切物质因素只有通过人的因素，才能加以开发利用。"[②] 这两位唯物主义大师如此说，似乎与其唯物主义主张不符，其实是因为他们还有辩证法。

由此可见，欲在经济学解释的基础上对中国经济增长奇迹的成因作更深入的探讨，以回应上述的追问，就应该考察中国人（此后简称为国人）的经济行为。即，要解释为何过去 40 年中国经济取得比其他国家高得多的增长，就应该分析国人在经济行为上与其他国家人民的差别，即国人经济行为的特征。

有心且仔细地观察，并与他国人认真地进行比较，可以发现，过去 40 年国人的经济行为呈现五大特征，即，超高的致富欲望、超强的吃苦精神、炽烈的学习热情、高昂的储蓄 / 投资意愿与强烈的攀比心理。

第一，改革开放后国人的致富欲望之高，不仅纵向与改革开放前期相比形成了鲜明的对照，横向与其他国家，无论是发达国家还是发展中国家的人民相比，均有过之。致富早已不是当年的忌讳，而已是响当当的口号和正当的要求，以至于整个社会形成一种高度崇尚财富的风气，且有矫枉过正

① 马克思：《一八四四年经济学哲学手稿》，《马克思恩格斯文集》第一卷，人民出版社 2009 年版。

② 毛泽东：《论十大关系》，《人民日报》1976 年 12 月 26 日。

而致“嫌贫爱富”之嫌。第二，国人吃苦精神之强，他国人皆难以望其项背。从农民、工人、白领阶层到企业家，甚至很多政府官员，都明白要想致富，尤其是想在低起点上很快地致富，只有依靠比他人更强的吃苦精神，因而不管如何地吃苦都在所不惜。第三，国人的学习热情之炽烈，在国外可能前所未闻。从小学、中学、大学到硕士、博士甚者博士后，国人对升学乐此不疲，且不惜十几甚至二十几年的“寒窗苦”，在国外难以比拟的沉重功课负担中努力将学业步步提升。工作后的持续学习精神也令人感叹。“挑灯夜战”对很多国人来说是家常便饭。笔者印象最为深刻的是改革开放初期国人学习英语与现代科技知识的热忱，学英语所下的功夫外国人难以想象，对现代科技知识的态度则是来者不拒，多多益善。第四，国人的储蓄意愿之高昂，似乎超出了今后的保障需要，令外国人难以理解。这反映了国人的节俭传统，更与国人特别强烈的家庭观念密切相关。同时，投资意识之强烈，无论是实业投资，股票投资，还是房地产投资，热衷者不计其数，热衷程度令人感叹。第五，国人攀比心理之强，即不甘人后，特别是不甘落后于周围的人，也特征鲜明。这造成国人之间严重的攀比现象，尤其是在财富方面的攀比。比收入，比财富，比房子，比汽车，比名牌，比孩子的出息，不一而足。同时，家庭与家庭，企业与企业，行业与行业，地区与地区，以及整个国家与其他国家之间，也是在财富与经济方面不断地攀比。

那么，国人这五大经济行为特征与过去40年的中国经济增长奇迹有什么关系呢？关系是密切的，不仅是密切的，而且是决定性的，即国人的五大经济行为特征是前面所述各经济学成因背后的决定性成因。超高的致富欲望从根本上改变了人们对于挣钱和财富的观念，致使国人将整个生活的目标转向多挣钱与积累财富，为此将人生的活动集中到劳动、工作、经商或投资方面来。这就使得劳动力与物质资本得以大规模投入，技术进步与人力资本得以快速提升，进而经济增长速度得以大幅提高。的确，正如刘易斯所说，人们对于财富与劳动的态度，决定着经济发展的高度。超强的吃苦精神，无论是在体力劳动还是脑力劳动方面，则保证了高度的劳动参与率、劳动时间利用率、劳动强度及劳动效率，从而提高了劳动力和人力资本的投入数量与质量。炽烈的学习热情大大提高了劳动者的教育水平与知识技能，进而提升人力资本，促进技术进步，同时促成结构优化与制度改革，而这些都是经济增长的主要动力。高昂的储蓄/投资意愿，直接导致物质资本的大量投入，并显著地促进技术进步与结构优化进而提升经济增长速度。强烈的攀比心理则进一步提高了上述本来就已高企的致富欲望，吃苦精神，学习热情与储蓄/投资意愿四大行为的强度，使其提升到无论是横向还是纵向相比都难以企及的水平。有鉴于此，可以说，国人的五大经济行为特征是过去 40 年中国经济物质资本与劳动力大规模投入、人力资本大幅提升、技术快速进步，结构迅速优化与制度不断改革，进而经济增长奇迹背后的决定性因素。

有人可能会说，这五大经济行为特征好像他国人也具备啊，为何说是国人的五大经济行为特征呢？的确，致富欲望、吃苦精神、学习热情、储蓄 / 投资意愿和攀比心理在他国人的行为中也有所体现，但要注意我们这里所说的五大经济行为特征是带了关于强度之形容词的，分别是“超高的”、“超强的”、“炽烈的”、“高昂的”与“强烈的”。他国人，包括所谓儒家文化圈的东亚国家及地区的人民，会有这些行为，但是会达到如此高的强度吗？尤其是，会在五个方面都达到如此高的强度，即，会同时具备这五大经济行为特征吗？据笔者的观察，应该是不会。可以说，这五大经济行为特征起码在过去 40 年为国人所独有。正是这一点使得人类最大经济增长奇迹独一无二地产生于中国，即这一奇迹只在中国产生了，而没有在任何其他国家产生。这就是笔者在更深的人文层面对于中国经济增长奇迹的解释，为本书两大原创性研究观点之一。

那么，这是否就是终极性的解释呢？只能说，这是比经济学解释更深层次或进一步的解释，还不能说是终极性的解释。因为人们还可以追问国人的五大经济行为特征的成因是什么。如何解释为什么只有国人，而非其他国家人形成了此五大经济行为特征呢？要追根问底，这一追问是合情合理的。那么，要刨根寻底，就有必要再深入一层来回应这一追问，挖掘底层成因了。

底层成因——哲学解释：儒家“入世有为”主义的渊源地位

先让我们回顾一下改革开放之前29年国人的行为特征。1949—1978年，可以认为是新中国建设的第一个阶段。在这一阶段，由于种种的历史原因，过程坎坷而动荡。以国家建设的目标来分，这29年中的2/3左右的时间是政治建设，即如何巩固政权与建立一个新的政治体制，包括抗美援朝、“三反”、“五反”、反高饶集团、反右斗争、庐山会议至“文化大革命”达到高潮；1/3左右的时间搞经济建设，包括新中国成立初期的经济恢复，第一个与第二个国民经济五年计划及1962—1966年的经济调整。但无论是在政治建设还是经济建设期间，国人的社会参与热情都异常高涨，可以说表现出了一种“狂热”。由于以政治建设为主导，所以“狂热”主要是“政治狂热”。此种“政治狂热”从新中国成立初期由翻身解放迎接新中国到来所激发出来的强烈的新社会情怀，发展至“文化大革命”时期的极端。这里“狂热”二字没有贬义，只是描述强度的中性词。经历过的人都知道，那个时代，特别是“文化大革命”时期，国人的“政治狂热”程度可以说令人咋舌。

随着1978年的改革开放，“政治狂热”逐渐被前述的国人五大经济行为特征所取代。而五大经济行为特征，从其“超高的”、“超强的”、“炽烈的”、“高昂的”与“强烈的”前置形容词来看，是否也表现出一种“狂热”，说是“经济狂热”应该不过分吧？

改革开放之前29年与之后40年国人的行为，一个是政治导向，巩固与建立政治新体制，一个是经济导向，改革经济体制与发展经济，方向不同，可是有一个共同点，就是“狂热”二字，意味着国人的行为强度在两个时期都趋于极端，也就是说改革开放之前29年与之后40年国人都具备了极强的行动力。进一步探究，都具备极强的行动力又说明什么？说明国人精神上前后持续的一个共同点，即“有为精神”。之前29年国人争取在政治上“有为”，之后40年又争取在经济上“有为”。用力方向有异，但“有为精神”相同。此“有为精神”既是国人之前29年“政治狂热”的来源，也是之后40年以五大经济行为特征为代表的“经济狂热”的源泉。

那国人的“有为精神”又来自何处呢？追问者还会继续问。精神上的东西当然来自宗教、哲学或文化。所以应该从宗教、哲学或文化上寻找渊源。上面已说，整体而言，五大经济行为特征为国人所独有，如果同意这一点，肯定不会不同意改革开放之前29年所体现出的“政治狂热”也为国人所独有。则如此的“有为精神”必定与中国独特的宗教、哲学或文化有关。中国独特的宗教、哲学或文化是什么？首先，虽然中国宗教、哲学或文化有儒、释、道三家并立之说，总体而言儒家哲学还是占主导地位的。其次，相对于其他国家的宗教、哲学或文化，中国的独特性更应该是儒家哲学。佛教与道教在“出世”等很多方面都与世界上的天主教、犹太教等有共通之处，而儒家则确定是“入世”的哲学。在这一根本点上及其推导出来的一系列人生观上，儒家与世界上的主导性宗教及佛教与道教都有很大的区别。那国人的“有为精神”如何来源于儒家哲学呢？在很多人的概念中，儒家是讲究“温良恭俭让”的，如何与“有为”联系起来呢？其实这是一个很大的误解。的确，儒家没有侵略性，核心是“仁”字。但核心是“仁”就代表不思进取吗？按照傅佩荣的解读，“仁”的第一层意义就是“向善”。“向善”是两个字，每个字意思不同。“善”是“善良”和“美好”，“向”则是内心对“善”的向往[①]。“善”是目标，“向”是行动动力。动力就存在着一个强度的问题。而儒家正是在这一问题上体现了强烈的进取性与“有为性”。即对于“善”，不是一般地向往，而是拼命

① 傅佩荣：《先秦儒家哲学》，北京联合出版公司2018年版。

地向往，直至促成“善”的实现。如何拼命？看看儒家如何说。要“止于至善”（《大学》），要“择善而固执”（《中庸》），要“格物、致知、诚意、正心、修身、齐家、治国、平天下”（《大学》），要“杀身以成仁”（《论语》），要“舍生取义”（《孟子》）。如此地拼命，能不进取、不“有为”吗？其实，儒家与其他宗教，包括本土的佛教与道教的一个根本性区别就是，儒家从一开始而且一直是“入世”的，而所有其他宗教本体上都是“出世”或“逃世”的，只有基督教在16世纪的宗教改革后才从天主教中分离出来而变为“入世”的。“入世”即进入“现世”，而非“彼世”。进入“现世”为何？并非观赏“现世”的自然界山水，而是要坦然面对并改造“现世”。孔子年代，礼坏乐崩，所以孔子要克己复礼，要立“仁”，重点是建立人与人之间的适当关系。关键在于，如前所述，在如何立“仁”，即如何“向善”的问题上，儒家提出了一系列“有为”的途径、方法、标准及规范，形成了一个“入世有为”主义体系。这一体系除基督新教以外其他宗教基本没有，基督新教有但相比之下没有如此的完备与有力。所以，儒家有两重性，有强调“善”的保守性一面，也有“有为”的进取性一面。两个方面都同样重要，“善”的含义可以扩充与重点转移，“有为”则在其扩充与转移后同样“有为”。其实，与其他宗教相比较，“有为”是儒家更大的特色，而“善”基本上是所有宗教的共性。鉴于此，笔者认为“入世有为”与“入世为善”是儒家思想的两大支柱。而前述的国人“有为”精神的哲学渊源正是儒家的“入世有为”主义。也就是说，儒家的“入世有为”主义是过去 40 年国人五大经济行为特征的精神源泉，进而是中国经济增长奇迹的哲学渊源。这就是笔者对于过去 40 年中国经济增长奇迹成因的最后追踪及结论，为本书的原创性研究观点之二。

有人可能还余意未尽，或要较真。既然要追根问底，还可以问儒家的“入世有为”主义是如何形成的？对此，首先，世界上的任何事情都有限度，“追根问底”与“刨根寻底”都是形容词，总有见好就收的时候。已经如此刨根寻底式地回应了这么多的追根问底，不能过于苛求吧？其次，笔者是经济学家，不是哲学家，所研究的问题是中国经济增长奇迹的成因，而非哲学、宗教或文化问题的成因。试图在哲学、宗教及文化层面追踪经济问题的渊源，已有越界之嫌，不应该，也无能力去追踪与经济现象无关的纯哲学、宗教或文化的问题了。

本书结构暨追踪过程图示

上述中国经济增长奇迹成因的追踪过程及本书的结构主干，如图 1.1 所示。

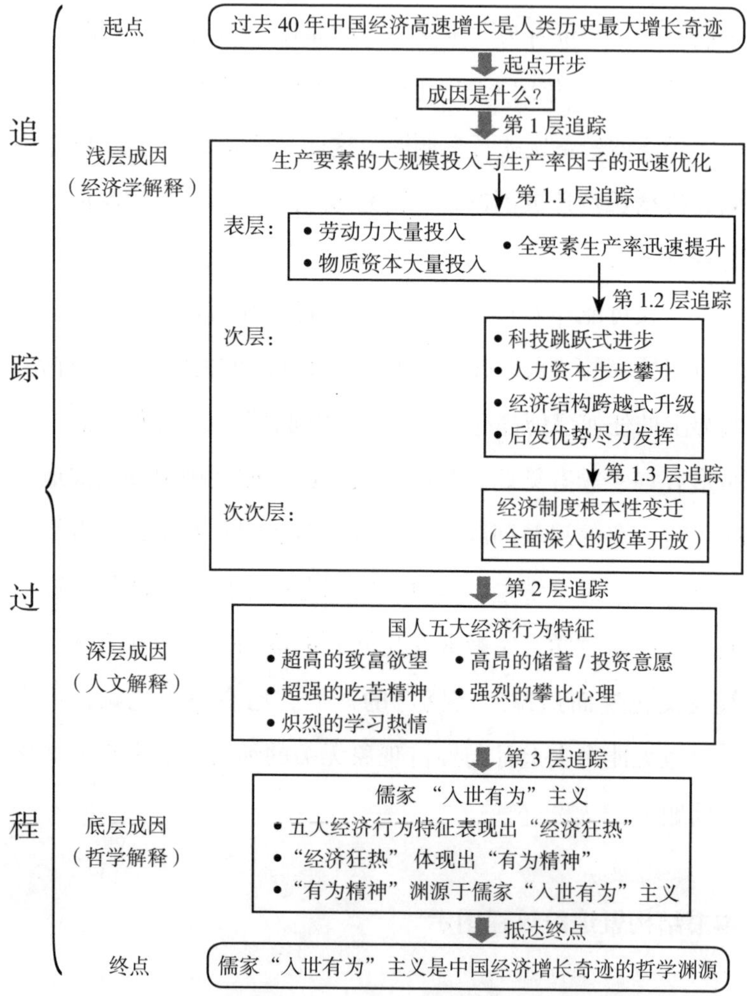

图 1.1　本书结构主干暨中国经济增长奇迹成因追踪

与韦伯研究的关系

读者可能已注意到，本书的研究及观点，即儒家“入世有为”主义是国人五大经济行为特征进而中国经济增长奇迹的哲学渊源的研究及观点，与韦伯基督新教促成资本主义精神进而资本主义兴起的研究及观点相似。的确，研究的思路与方法论框架是相同的，即从宗教、哲学或文化的角度解释人的经济行为，进而解释经济现象。实际上，笔者约 8 年前思考此问题时只大致知道韦伯的研究及其观点，于 2012 年《中国学》季刊上发表的《国人五大经济行为特征及其渊源——中国经济高速增长的人文解释》一文中只是作为若干研究之一提到了韦伯研究，[①]通读韦伯的《新教伦理与资本主义精神》一书则是近几年的事，所以本书的研究思路与观点并非来自韦伯的启发而是基于笔者自身的直觉、分析与推理。但是，笔者赞赏韦伯研究的思路与方法论框架，可见本书以儒家哲学来解释国人的经济行为进而解释中国经济增长奇迹从思路与方法论上是有迹可寻的。笔者也基本上同意韦伯基督新教促成资本主义精神进而资本主义兴起的观点，虽然对促成的力度与贡献度持谨慎态度。本书儒家“入世有为”主义促成

---

① 廖群：《国人五大经济行为特征及其渊源——中国经济高速增长的人文解释》，《中国学》季刊第二辑，2012 年。

国人五大经济行为进而促成中国经济增长奇迹的结论也与其雷同，可以说与其是孪生兄弟。但本书的儒家“入世有为”主义是中国经济增长奇迹的哲学渊源的观点，与韦伯的儒家是适应“现世”的保守哲学因而阻碍经济发展的观点，正相对立，笔者对韦伯的这一观点持强烈的批判态度。这都将在第六章中详论。

附录 1 与附录 2

附录 1 将对过去 40 年中国经济增长奇迹的丰硕果实，即给中国经济带来的巨大变化作一下数据展示，以便读者了解与体会奇迹的巨大意义，并对当前中国经济的现状有一个较全面的了解。

附录 2 则为笔者对于今后中国经济增长前景的展望，重点预测在接下来的 5 年与 22 年中国经济将如何承接前 40 年，也算是本书主题的一个后续篇章吧。结论是，40 年的高速增长，即经济增长奇迹后，中国经济将历史性地放缓，但在今后 22 年仍能保持中高速增长。中高速当然低于高速，但仍是世界上经济增长速度最快者之一，将于 2035 年左右将中国带入发达经济体行列。

有了附录 1 与附录 2，本书也试图给出一个中国经济发展时空上全景式的，包括前 40 年，当前，与后 22 年的展示。

第三节　若干说明与解释

第一，对于本书说过去 40 年中国创造了人类历史最大的经济增长奇迹，应该注意的是“经济增长奇迹”而非“经济奇迹”。前者范围较小，提法的可靠性前面已述；后者范围就大了，不光涉及经济增长，而且涵盖整个经济发展问题，包括规模、增长、结构、市场、科技及制度等。所以，说过去 40 年中国取得了人类历史上最大的经济增长奇迹，并不意味着取得了人类历史上最大的经济奇迹。18 世纪的英国工业革命，虽然没有创造人类历史上最大的经济增长奇迹，但就其对世界经济的总体影响而言，说是迄今为止人类历史上最大的经济奇迹不会为过。作为专业研究人员，对一切现象，描述必须客观，也要力求准确，不要低估，也不能高估。就对中国经济的增长表现与成就而言，市场上往往低估的多，笔者经常对此进行批评。但就上述“经济增长奇迹”与“经济奇迹”的区别来说，笔者倒是认为应该分清而不要导致对于过去 40 年中国经济高速增长的过高评价。

第二，本书的目的还是研究经济问题，也力求学术研究的客观性与中立性，所以不牵涉道德方面的价值判断。国人的五大经济行为特征，笔者是从其对中国经济增长奇迹的决定性意义角度来肯定的。若从传统的道德角度，其中超高的致富欲望、强烈的攀比心理及高昂的投资意识是负面的、消极的，不值得鼓励，甚至应该批判；若从现代人的生活情操角度，超强的吃苦精神、炽烈的学习热情及高昂的储蓄意愿也不够正面与积极，不够潇洒，不值得提倡，甚至应该扬弃。但如上所说，就对经济高速增长的影响而言，它们却都是正面的、积极的，是值得鼓励与提倡的，甚至是必须具备的。

道德或情操问题，与经济问题是两码事，不能混为一谈。一般来说两者是相互对立的。高尚的传统道德，都是教导人们不要自私，而要利他，且不要斤斤计较。致富欲望与攀比心理与之相悖。高大上的现代情操，则告诫人们要珍惜当下的生活，人生苦短，要潇洒一生，而不必毕生吃苦与奋斗。但在经济意义上，另当别论。西方经济学的鼻祖亚当·斯密（Adam Smith）分析经济的起点就是人的自私，并以此作为假设发展出了现代经济学，却没有谴责自私[①]。至于韦伯的基督新教发展出资本主义精神理论的核心观点之一，

① Adam Smith：*An Inquiry into the Nature and Causes of the Wealth of Nations*, London：W. Strahan and T. Cadell, 1776.

就是基督新教徒将创造财富作为上帝选民的天职，将致富与最高道德代表的宗教和上帝协调了起来。笔者将在第六章中详细分析。

世界上的事大多是鱼与熊掌不可兼得，就看是要鱼还是要熊掌了，而要鱼还是要熊掌又取决于当前哪个最为重要。经济要高速增长，就应该肯定与提倡五大经济行为特征，则同时必将丢失一部分传统道德与古人田园式的生活，也将舍去一部分现代人的情操与潇洒的生活。那么，对过去 40 年的中国而言，经济高速增长，与田园式的生活或潇洒的生活，哪个更为重要呢？无疑是经济高速增长更加重要。实际上对大多数国家来说也都是如此。认同这一点，就应该肯定五大经济行为特征，而失去部分传统道德与现代情操只能被认为是不得不为此所付出的代价。

同时，本书更不作政治方面的价值判断。有关改革开放之前 29 年的得失，只是从经济成效的角度客观描述与评价，而无政治上的对错之判断。书中所说的“政治狂热”是带引号的，如前所述，是对行为强度的形容性描述，没有嘲讽之意。同样，成因的浅层、深层与底层之说，也都是从描述的清晰度与逻辑性起见，并无褒贬成分。

第三，本书是有观而描，有感而发，有想而述，有思而论，意在传达笔者个人对于中国经济增长奇迹成因的切身体会与看法，不为“稻粱谋”，也非图名利。笔者已经过了“谋稻粱”与图名利的年龄，况且现在写书也“谋”不了多少“稻粱”，图不了多少名利。反而，即使是已经有了思路、想法、观点及素材，要认真与严肃地将之整理并撰写成一本几十万字的书，包括很多文献的厘清，是需要花很多时间与精力的。

笔者从事经济研究，主要是中国经济的研究已30多年，此间也正是中国经济增长奇迹发生的时期，所以对中国经济增长奇迹产生的成因逐步地形成了自己的看法。而经济学界，包括国内与海外，对此成因进行了广泛的研究并形成了多样化的观点。就笔者看来，如本章前面所述，这些观点存在两个局限性。

其一是只在现有经济学理论的框架内寻找经济学成因。但笔者认为，经济学成因背后还有更深或更重要的成因，即国人的五大经济行为特征，而此五大经济行为特征又渊源于儒家的“入世有为”主义。这是笔者解释中国经济增长奇迹成因与他人的不同之处，可算是本书的两大原创性观点。写本书的首要目的就是传达笔者的这两大观点，希望以此给出中国经济增长奇迹成因的一个相对终极性的解释。

其二是各种研究所揭示的都是单个或几个成因，如前所述，这些成因都是在某一层面上或从某一个角度成立。但按照“历史多因论”，多种成因同时发生作用，并呈现在不同层面，之间又具有不同程度的联系。所以有必要逻辑性地展现这些成因的全貌，而将各种成因放在一个体系内排开并按层次追踪，笔者认为是展现此种全貌的一种较好方式。如此做还将有利于找出每个成因在其中的位置及其独自的意义。本书的第二个目的就是勾画这样一个成因体系，既有利于成因的各自定位与渊源性追踪，又能展现经济学、人文学与哲学层面各种成因的全貌。

第四，40 年来，特别是近 20 余年来，经济学界以及媒体对于中国经济的看法有相当的分歧，大致分为乐观派与悲观派。在很多时候，悲观派占大多数，而乐观派为少数派。更有甚者，唱空中国的“中国崩溃”论或“中国经济硬着陆”论不绝于耳，虽唱空屡屡失败，但仍有前赴后继者接棒续唱。2018 年中美贸易摩擦以来，新一轮的唱空又高调响起，当然最终将难免被再次证错。笔者一直属于乐观派，这些年来经常与悲观派进行争论，所幸的是到目前为止没有输掉争论。但看来争论还将继续，笔者继续持相对乐观的观点，也有信心自己的观点继续被证明正确。本书追踪中国经济增长奇迹的成因，虽本意不是为反驳唱空派，但也间接地反驳了唱空派的观点，并为自己乐观派的观点提供了史实、理论与哲学上的支持。这也是笔者写作本书的意图之一。

笔者对中国经济持乐观态度，就是因为一直相信本书的核心观点，即国人的“有为性”，此“有为性”必将导致中国经济起飞并追赶发达国家。其实，笔者对于国人“有为性”的认识，早已形成。记得改革开放后不久，笔者在日本学习了一段时间，当时对中国与日本在经济发展方面的差距之大感到异常惊讶，但同时也感觉到在人的潜质方面差距不大，且国人的“有为精神”还强于日本人，所以就相信中国经济能够起飞并追赶上来。回国后即对家人与朋友多次谈到这一看法，当时不为人理解，现在理解的人越来越多了。撰写本书之际，对当年自己的感觉与判断而感到庆幸。

第五，虽然笔者一直对理论，包括经济理论，甚至哲学理论，抱有兴趣，但由于过去的20多年来都是在为“稻粱谋”，从事的经济研究主要是市场与媒体感兴趣的应时性的实际经济问题，而非经济理论的研究，所以本书对于中国经济增长奇迹成因的追踪，虽涉及经济理论，但都是从中国经济增长及其发生过程中的实际现象出发，应用现有的经济理论来分析这些现象进而追踪成因，并无经济理论上的创新。且为了便于广大读者阅读，对于理论的描述也尽量使用通俗与定性的语言，而避免复杂的公式与模型。关于国人的五大经济行为特征和儒家“入世有为”主义对于中国经济增长奇迹的意义，是笔者的原创性研究成果，为人文学、哲学与经济学的跨界研究，重点是对三者的关系进行分析，提出自己的观点，也谈不上对儒家哲学或人文学理论有什么贡献。同样，这方面的表述，也尽量使用通俗易懂的语言而避免晦涩，更不想故作高深。

尽管如此，本书也体现了笔者喜理论性思辨与好发议论的特点。国人五大经济行为特征和儒家“入世有为”主义分别作为中国经济增长奇迹的人文性深层成因与哲学性底层渊源这两大笔者的原创性观点，虽不能说是理论创新，但属理论性或理论层次的新思维。此外，书中笔者的各种论述及点评中，也体现了笔者喜理论性思辨与好发议论的本色，提出了很多新颖、重大而有可能引起争议的观点，包括过去40年的中国经济增长是人类历史上最大的经济增长奇迹；经济增长奇迹的经济性成因解释在深度上都具有局限性；五大经济行为特征为国人所独有；儒家学说以“入世为善”与“入世有为”为两大支柱；儒家的“入世有为”主张形成了一个体系，可以称为主义，并且是儒家学说的元主张或基因；五大经济行为特征的“鱼与熊掌不可兼得”论；改革开放前后国人政治行为与经济行为在强度上的共同点——“狂热”性及其背后的精神共同点——“有为性”；儒家“入世有为”主义与中国经济增长奇迹的渊源性关系强于韦伯的基督新教与资本主义兴起的亲和性关系；韦伯的儒家学说阻碍经济发展的观点是错误的；等等。希望这些观点也能引起读者的兴趣，启发读者的理论性思考与讨论，并欢迎读者的点评甚至批评。

以此，希望本书能够做到雅俗共赏。

第六，如上所述，虽受到了韦伯研究框架的启发，本书的结构比其更为庞大与复杂，目的方面除了刨根寻底至哲学渊源外，还意图呈现整个成因体系。成因体系的呈现采用了首先分层次横向剖析，然后沿层次纵向追寻的方式，从而不仅使得每个主要成因都得到呈现，且其在整个成因体系中的地位得到明确。这样做不仅是为了力求逻辑上的严密性与学术上的严谨性，也是为了体现一种结构上的美感，如图 1.1 所示，从而为本书增添某种程度上的艺术性。就这一点，通读完本书，甚至第一章的读者，或理解了本书结构的读者，应该会发现也是本书与其他经济学书籍的不同点之一。这当然与笔者审美观点较强有关，更重要的是笔者试图跟随时代的步伐，增强本书对于读者的可读性，甚至是引起阅读的愉悦感与感叹性，在雅俗共赏的基础上再添一点艺术欣赏价值。

第七，上述第三至第六点说明了笔者撰写本书的动机。这些动机使得笔者对于本书的撰写异常地用心与用力，可以说本书是笔者经济研究生涯中最花心血的作品。实际上，本书的构思已有 8 年之久。书中的思路、依据与观点在 2011 年就开始形成，此后不断地修正与完善。至 2018 年才决定作为中国首席经济学家论坛丛书之一成书，并于年尾的半个月左右时间利用年假与圣诞节假期动手撰写。初稿写完后经过了不下 10 次的修改，才终于定稿。由于是经济学、人文学与哲学的跨界研究，知识与观点的整合及文献的厘清是颇费工夫的。同时，包括两个附录，本书也是笔者几十年以来所形成的中国经济观的一个汇集式呈现，因而也是笔者最为心仪之作与最为期盼的果实。希望读者也能在阅读过程中体会到这一点。

第八，当今是信息爆炸、思维飞扬与百家争鸣的时代，对每一个问题各人都会有不同的看法，甚至争论不休。本书的很多思路与观点，特别是两大原创性观点，笔者已做好了接受质疑甚至批判的准备。至于具体是什么样的质疑或批判，当然只有待书出版后才能得知并作回应。但有一个质疑，笔者现在就能预料到，且笔者本人也曾质疑过，又很重要，所以就在此预先回应一下。此质疑是，既然儒家的“入世有为”主义是中国经济增长奇迹的哲学渊源，那为何在改革开放前的几千年时间里中国经济都一直落后于世界，而只是在过去40年才创造了经济奇迹呢？这是一个很宏大的质疑，回答此质疑是一个很大的研究课题，不在本书的研究范围，但笔者在此想回应三点。

首先，中国经济在改革开放前的几千年时间都一直落后于世界吗？很多人都这么说，并视为当然。但并没有人为此拿出历史依据，反而很多著名学者经过研究后认为，直至18世纪中叶英国工业革命之前的大部分时期内，中国经济不但在规模上，而且按人均算都领先于全球。先不说著名的意大利商人兼旅行家马可·波罗（Marco Polo）元朝时期在中国游历17年后所写的书中对中国经济与社会的富裕与繁荣程度的赞叹，[1] 与英国科学家李约瑟（Joseph Needham）的专著与巨著中对于古代中国科技的详细描述与高度评价，[2] 根据经济史专家严肃的学术研究结果，即使是与经济发达程度广泛被认为是拔尖的西欧相比，中国在过去的近两千年中也是领先的时期长于落后的时期。Broadberry、管汉晖与李稻葵的研究表明，中国人均 GDP 在宋朝领先全球，只是在 1400 年左右被当时开始领先世界的英国超过，1750 年左右才整体上落后于西欧。[3] 前面提到的麦格逊的测算显示，中国人均 GDP 与西欧人均 GDP 的比例，公元元年为 1，直至 400 年；800 年为 1.1 左右；1000 年为 1.13 ；1300 年为 1 ；1500 年为 0.74 ；1700 年为 0.54，表明在英国工业革命前的 1700 年间，中国经济与西欧经济相比，持平 400 年，领先 900 年，落后 400 年。两个学术研究的结果都表明，中国经济即使与西欧相比也不但未一直落后，反而大部分时期领先，更别说与其他经济体相比了。

---

① [意] 马可 · 波罗（Marco Polo）:《马可 · 波罗游记》(*The Travels of Marco Polo*)，中国文史出版社 2008 年版。

② [英] 李约瑟（Joseph Needham）:《中国科学技术史》，科学出版社 2006 年版。

③ Stephen Broadberry, Hanhui Gran, and David Daokui Li, "China, Europe and the Great Divergence: A Study in Historical National Accounting, 980–1850" , *Discussion Papers in Economic and Social History*, No. 155, University of Oxford, 2017.

两个研究都同时认为，宋朝时期中国经济领先西欧与全球。的确，宋朝是古代中国经济最为繁荣的时期。陈寅恪曰："华夏民族之文化，历数千载之演进，造极于赵宋之世。"[①] 其实不只是文化，经济也是如此。千年前的中国宋朝（历时319年）经济当时不仅登上神州历史上的高峰，同时也傲视全球。但是，也不应该忘记唐朝与汉朝，虽然商业与经济的繁荣程度逊于宋朝，但若相对于同时代的其他国家而言，汉朝和唐朝与宋朝一样是中国富裕与强大的朝代。如果宋朝领先全球没有疑问，则汉朝、唐朝，尤其是唐朝，就是不领先也差不了太多。即使是在总体上走下坡路的明朝与清朝，16世纪初至18世纪末的明清300年的商业繁荣，尤其是在江南地区，也不应该落后于世界平均水平。

所以，可以说，随着资本主义在西方的兴起，中国经济确实在18世纪，或早一些16世纪之后的300至500年间落后于西方，但不能说几千年一直落后于世界。就两千年而论，应该是大部分时期领先，而非落后。当然，具体领先与落后的时间，只有留给经济史专家去作进一步研究了。

其次，前面提到了"历史多因论"，即在近250年前中国未能发展出资本主义从而落后于西方，是很多历史因素所

---

① 陈寅恪：《邓广铭〈宋史职官志考正〉序》，《邓广铭全集》，河北教育出版社2005年版。

造成的，不能归咎于儒家。本书说儒家的“入世有为”主义是中国经济增长奇迹的哲学渊源，不是说其是唯一或充分的条件，而只是说此渊源碰上天时、地利、人和的因素而创造了奇迹，就像基督新教与当时其他的经济基础与精神因素相遇而促成了资本主义的兴起一样。中国没有在 18 世纪发展出资本主义，是因为天时、地利、人和的因素没有具备，而不是由于儒家的阻碍，就像欧洲 16 世纪宗教改革产生基督新教后，直至 18 世纪中叶也没有产生资本主义，也是因为其他的因素没有到位，而不能归咎于基督新教一样。如果以对儒家同样的逻辑对待基督新教，那也可以质疑为何其在 16 世纪至 18 世纪中叶没有促成资本主义的兴起，是没有意义的。

最后，如前所述，儒家本身在演变，其社会作用随之而变化。16 世纪从天主教中分离出来的基督新教在 18 世纪中叶才促成了资本主义的兴起（详见第六章）；16 世纪初至 18 世纪末的 300 年间儒家“入世有为”的方向从“政治有为”转向“经商有为”后才促成了明清的商业繁荣（详见第五章）；过去的 40 年儒家“入世有为”主义的方向再次从“政治有为”转向“经济有为”从而创造了中国经济增长奇迹（详见第五章），加之 10—13 世纪宋朝的经济与商业繁荣正好也是儒家复兴和宋明理学开创并盛行的时代，这都是很符合逻辑的历史进程，并不与基督新教和儒家在别的年代没有造就经济奇迹相矛盾啊？

不知以上的回应有说服力否?

第九，至于本书的意义何在，如刚才所说，笔者写本书是有观而描，有感而发，有想而述，有思而论，并非意在提供特定的社会意义或政策建议。当然，意义是有的，不过要展开讨论需要篇幅，而笔者不想以此再占本书的篇幅从而冲淡本书的主题。在此仅简单提及两点意义。

其一，本书的主要观点，即，国人的五大经济行为特征是过去40年中国经济增长奇迹的人文性因素，与儒家的“入世有为”主义是五大经济行为特征的哲学性渊源这两大原创性观点应该对今后中国经济进一步增长的前景有很强的预示意义。预示意义在于，既然过去40年的经济增长奇迹归宗于人文与哲学因素，而人文与哲学性因素是历史形成的，具有高度的持续性，那么我们对于今后中国经济增长根本性动力的存在，进而增长前景就应该继续有信心。当然，由于历史性的原因，国人的五大经济行为特征在减弱，中国的经济增长速度在放缓。但由于是人文与哲学性的，五大经济行为特征的减弱是逐步与缓慢的，从而中国经济增长速度的放缓也是渐进式的，在发展程度达到发达经济体的水平之前，虽不能继续高速增长，但将中高速增长。关于这一前景的经济学探讨，将在附录2中进行。

其二，上述两大观点对于世界上其他发展中国家的启示意义也是显然的。即，要实现经济起飞，这些国家的人民思想上应该“入世”，行动上应该“有为”，具体在经济行为上，应该建立起致富、吃苦、好学、节俭及竞争的精神。这绝不是说他们应该信仰儒家，而是说要建立起如此的文化取向与精神。至于能否与如何在他们固有的宗教、文化或哲学中引入如此的文化取向与精神，是这些国家应该认真研究的课题。

第二章

中国经济增长奇迹一览及论证

第一节　过去 40 年中国经济的超高速增长

现代经济以 GDP（Gross Domestic Product），即国内生产总值来测度。

40 年 GDP 年均增长 9.4%

据中国国家统计局数据，如图 2.1 所示，中国的经济增长速度，即 GDP 增长速度（按不变价计算，即去除通货膨胀因素后的实际增长速度，全书同，除非特别说明），自 1978

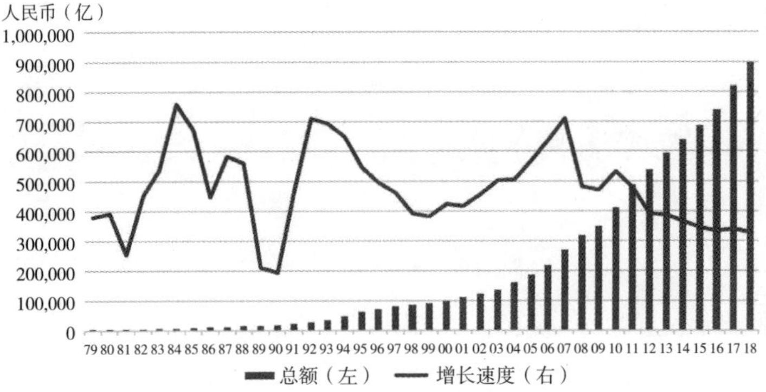

数据来源：国家统计局

图 2.1　1979—2018 年中国 GDP 总额及其增长速度

年开始起飞，虽然1979年、1980年与1981年仍在8%以下，但1982年强劲上升超过9%，此后一直到2010年，除1989—1990年由于政治风波一度下降至4%与1998年和1999年因为亚洲金融风暴分别放缓至7.8%与7.7%外，其余年份均在8%以上，且大部分在10%或以上。2010年后，增长速度历史性地逐步放缓，但直至2018年仍保持在6.5%以上。

1979—2018年，中国GDP年均增长9.4%。其中，1979—2010年，年均增长速度达9.8%，四舍五入就是双位数增长了。分组来看，1979—1988年，1989—1998年，1999—2008年与2009—2018年，分别年均增长10.0%，9.6%，10.2%与7.9%。

增长的构成及动力

为从数据上坐实年均9.4%的经济增长速度，让我们在宏观经济层面分别从供给和需求端来考察增长的构成及动力。

在供给或生产端，GDP由第一产业（农、林、牧、副、渔业）、第二产业（工业与建筑业）与第三产业（服务业）的增加值组成。1979—2018年间，第一、第二与第三产业增加值分别年均增长4.4%，10.6%，10.4%。大致来看，1979—2004年间，第二产业增长最快，年均达11.7%，这一阶段为工业起飞时期；2004—2018年间，第三产业增长最快，年均达 9.8%，这一阶段为服务业崛起时期。

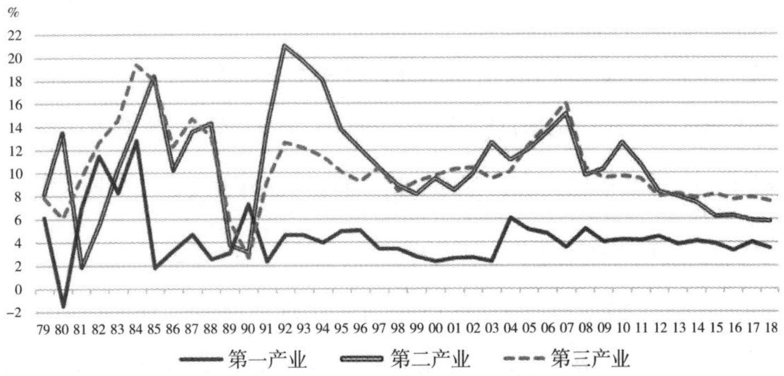

数据来源：国家统计局

图 2.2　1979—2018 年中国三大产业增长速度

从第一、第二与第三产业增加值占 GDP 总额比重来看，如图 2.3 所示，1979—2010 年间，第二产业占 GDP 比重最大，表明经济由第二产业主导；2011—2018 年间，第三产业占 GDP 比重最大，表明经济由服务业主导。因而，第三产业，即服务业，现在已是中国经济的主导力量。

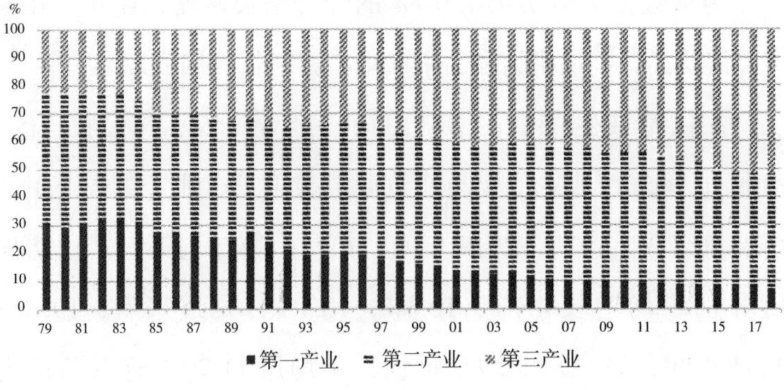

数据来源：国家统计局

图 2.3　1979—2018 年中国经济三大产业增加值占 GDP 比重

若论三大产业对 GDP 增长的贡献度（即三大产业增加值的增量与 GDP 的增量之比），图 2.4 显示，2006 年以前，大部分时期第二产业的贡献度最大，说明经济增长主要由工业驱动；2006 年以后，绝大部分年份，尤其是最近几年，第三产业的贡献度最大，显示服务业已成为经济增长的主要驱动力量。的确，从供给角度，中国虽仍然是世界工厂，拥有全世界最大且远超第二位的工业规模，经济增长的主要动力也已转为服务业，而非像有些人说的那样，仍由工业所驱动了。

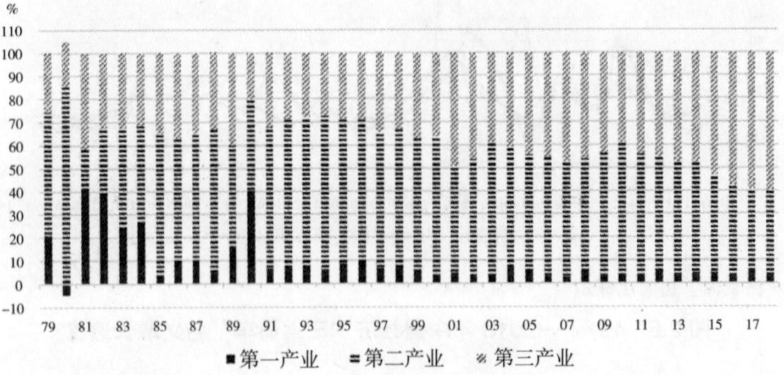

数据来源：国家统计局

图 2.4　1979—2018 年三大产业对 GDP 增长的贡献度

在需求或支出端，GDP 由消费支出（包括居民消费支出与政府消费支出）、固定资本形成，与净出口（货物及服务出口 - 商品及服务进口）组成，前两者与货物出口，简称为消费、投资与出口，经常被市场称为驱动经济增长的“三驾马车”。过去 40 年，这“三驾马车”均高速行进，名义（按当年价格计算，即未去除通货膨胀因素）的年均增长速度分别为 14.5%，15.3% 与 19.1%。1979—1994 年间，商品出口增长最快，年均达 29.5%，这一阶段为出口飙升时期；1995—2010 年间，固定资本形成增长最快，年均 15.4%，这一阶段为投资膨胀时期；2011—2018 年间，消费支出增长最快，年均 11.9%，此阶段为消费超越时期。

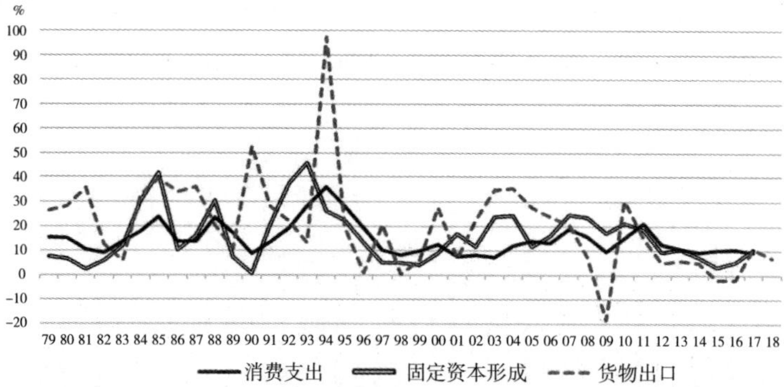

数据来源：国家统计局

图 2.5　1979—2018 年中国经济“三驾马车”名义增长速度

从消费支出、固定资本形成与净出口占 GDP 总额的比重来看，如图 2.6 所示，过去 40 年消费支出占 GDP 比重一直最高，绝大部分年份在 50% 以上，说明消费一直在经济中占主导地位。2008—2012 年间消费支出占比降至 50% 以下，接近固定资本形成占比，很多人便说这一段时期经济由投资主导。但此后消费占比又回升至 50% 以上。

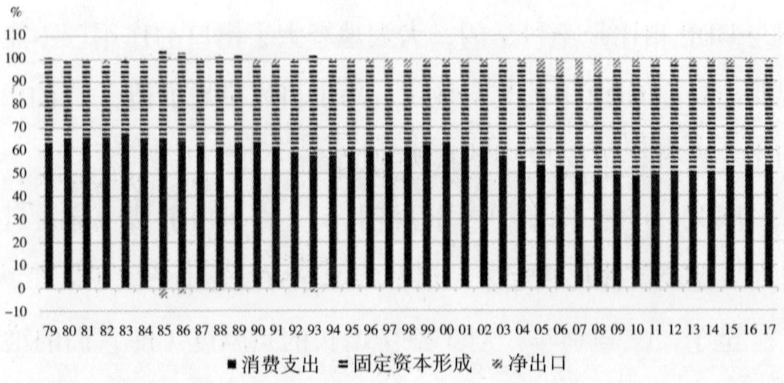

数据来源：国家统计局

图 2.6　1979—2017 年消费支出、固定资本形成与净出口占 GDP 比重

至于净出口占比，从未超过 10%，绝大部分时间低于 5%，有些年份甚至为 0 或负数。很多人经常以货物出口总额，而非上述的净出口额占 GDP 的比例来说明出口在 GDP 中的地位。图 2.7 显示，这一比例在大部分时期是在 15% 左右，高时达 35%，低时至 5%。但应该指出的是，因为出口总额是总产值（Gross Value），GDP 是增加值（Value Added），出口总

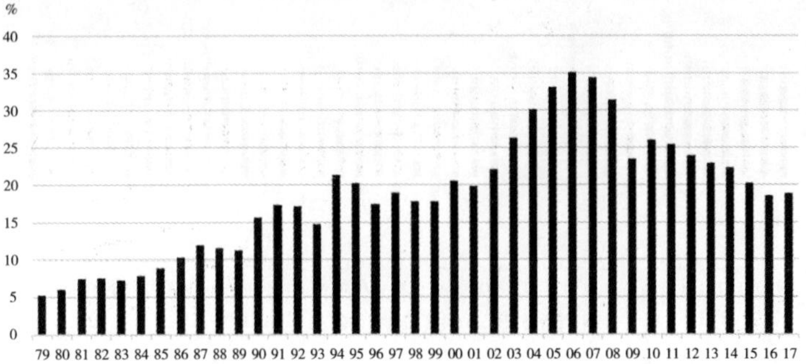

数据来源：国家统计局

图 2.7　1979—2017 年货物出口与 GDP 的比例

额与 GDP 相比是不科学的，大大地夸大了出口的作用，不能说明出口在 GDP 中的真实地位。净出口才是增加值，与 GDP 相比才表明其在 GDP 中的真实地位。

因此，严格来讲，中国经济其实一直是由消费主导，只是与发达经济体比较起来，消费的主导力度还不够罢了。

至于“三驾马车”对于经济增长的贡献度（即它们的增量与 GDP 的增量之比），从图 2.8 可以看出，过去 40 年中的 30 年左右都是消费的贡献度最大，其中一半左右时间超过 50%。2008 年政府为了应对全球金融海啸推出“4 万亿投资”稳定增长措施后，2008—2014 年间投资的贡献度超过或接近消费的贡献度。但此后消费的贡献度又回超并不断上升。净出口对于 GDP 增长的贡献度，除个别年份外，与消费贡献度的差别就更大了。

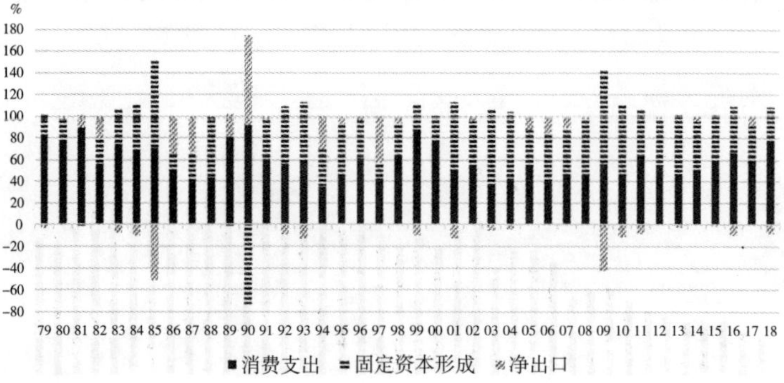

数据来源：国家统计局

图 2.8　1979—2018 年消费支出、固定资本形成与净出口占 GDP 增长的贡献度

可见，过去 40 年中国的经济增长总体来说是由消费驱动的，很多人通常所说的投资驱动或出口驱动都只是发生在少数年份。尤其是，现在中国经济增长已经明显地由消费驱动，而并非有些人所说的由投资或出口驱动了。

所以，中美贸易争端对于中国经济的影响并非像很多人认为的那么大，只要内需（内部需求，即消费与投资），特别是消费能够保持较高增长，贸易争端对于出口的负面影响就可在很大程度上得到弥补，中国经济仍能保持一个中高速的增长速度。这是一个很大的研究课题，但并非本书的重点，所以将在附录 2 论证。

谓之为经济增长奇迹毋庸置疑

应该说，经济增长速度超过 6% 就算高速经济增长。当然，有人认为超过 7% 才能算。如表 2.1 所示，2017 年，就人口超过 3500 万（世界各国的平均人口数目）的中等规模及以上的主要经济体而言，GDP 增长速度在 6% 以上的经济体全球只有 9 个。也就是说，如超过 6% 算高速增长，当今世界高速增长的主要经济体也不到 10 个。而若按 7% 以上才算，则只剩埃塞俄比亚、土耳其、孟加拉与坦桑尼亚 4 个经济体高速增长，连中国、印度与越南都被排除在外了，显然是不合适的。所以，以 6% 为界定义高速增长更为合理。

表 2.1　2017 年世界 3500 万人口以上且高速增长经济体的人口与增长速度

	人口（亿）	GDP 增长（%）
埃塞俄比亚	1.05	10.25
土耳其	0.81	7.44
孟加拉	1.65	7.28
坦桑尼亚	0.57	7.10
中国	13.86	6.90
越南	0.96	6.81
缅甸	0.50	6.76
菲律宾	1.05	6.68
印度	13.39	6.68

资料来源：联合国

那又如何定义高速增长期呢？没有一定的标准。笔者认为，期内年均增长速度超过 6%，且其间连续低于 6% 的年份不超过 3 年或其间年份总数的 10%，就算高速增长期，较为合理。按此标准，1979—2018 年的 39 年，中国 GDP 年均增长 9.4%，且其间只有 3 年，即 1981 年、1989 年与 1990 年低于 6%，所以称为高速增长期是毫无疑问的。

而且，9.4% 超过 6% 3.4 个百分点，因而完全可以说是超高速的经济增长。既然是长达 40 年的超高速增长，谓之为经济增长奇迹毋庸置疑。

第二节　人类历史上最大的经济增长奇迹

更重要的是，岂止是经济增长奇迹，而且是人类历史上最大的经济增长奇迹。

这一论断成立吗？真的是人类历史上最大的经济增长奇迹吗？有依据吗？

对此，首要的问题是如何判断是不是人类历史最大的经济增长奇迹。这个问题其实很简单。人类历史上历时最长，增长速度最快，且增长最为稳定的经济增长，就是人类历史最大的经济增长奇迹，应该没有疑问吧？请看以下的比较与论证。

让我们先简要回顾一下人类的经济增长史，再比较中国与其他国家的经济增长。

人类经济增长史的简要回顾

人类的经济增长史，正如很多经济史专家所指出的，在直至18世纪中叶英国工业革命前的近两千年间其实都乏善可陈，人均GDP年均增长速度为零或接近于零。鉴于这些年人口增长的速度也很缓慢，人均 GDP 增长速度与 GDP 增长速度差别很小。那个年代没有 GDP 的数据统计，但根据广为引用的麦迪逊的测算与朱天的整理[①]，如表 2.2 所示，1500 年至英国工业革命产生前夜的 1750 年，英国人均 GDP 仅年均增长 0.18%。英国工业革命起航后的 100 年间，即 1750—1850 年间，英国的人均 GDP 年均增长速度前 50 年没有超过 0.5%，后 50 年仅 0.21%；跟随快而后起的德国与美国则后 50 年没有超过 0.75%；其他跟随慢或没有跟随的国家增长速度就更低了。1850—1914 年第一次世界大战爆发，工业化国家的人均 GDP 增长速度才超过 1%，但低于 2%。此后至 1945 年第二次世界大战结束的 31 年间，由于两次世界大战的破坏，增长速度又有所降低，除日本外（2% 左右）都没有超过 1.5%。

表 2.2　历史上的经济增长

国家或地区	当年人均 GDP（单位是 1900 年的美元）						人均 GDP 年均增长率				
	1500 年	1750 年	1800 年	1850 年	1900 年	1940 年	1500—1750 年	1750—1800 年	1800—1850 年	1850—1900 年	1900—1940 年
英国	1,086	1,695	2,097	2,330	4,492	4,988	0.18%	0.43%	0.21%	1.32%	0.26%
美国			1,296	1,849	4,091	7,010			0.71%	1.60%	1.36%
德国	1,146	1,050	986	1,428	2,985	5,403	-0.03%	-0.13%	0.74%	1.49%	1.49%
日本		598	641	681	1,180	2,874		0.14%	0.12%	1.11%	2.25%
中国				600	545	562				-0.19%	0.08%
印度					599	686					0.34%
巴西			683	683	678	1,250			0.00%	-0.01%	1.54%

资料来源：朱天对麦迪逊测算的整理

① 朱天：《中国增长之谜》，中信出版社 2016 年版。

说实在话，笔者刚看到麦迪逊的测算结果时感到惊讶，特别是没想到英国工业革命爆发后的100年间经济增长速度竟是如此之低，低于1.5%（1750—1850年间由于工业革命英国人口增长加快，但年均增长也低于1%，所以人均GDP增长低于0.5%意味着经济增长低于1.5%）。笔者在看到这个测算结果之前，是不敢轻言过去40年的中国经济增长是人类历史最大经济增长奇迹的。当时对于有正式统计数据的时期，笔者将中国经济增长数据与其他国家的相比较，有信心断定是中国的增长奇迹最大，但对于没有正式数据统计的18世纪中叶工业革命后英国的经济增长速度有多高，心里没有底，认为有可能超过过去40年中国经济的增长速度。而且，当时对英国工业革命前世界经济增长的状况，知道不高但也由于缺乏统计数据而不敢断定。看到麦迪逊的测算后，知道工业革命后英国及其他工业化过程中的国家的人均GDP年均增长速度不到1%，之前各国的增长更是接近于零，才对过去40年中国经济增长是人类历史上最大的增长奇迹的说法有了信心。美国建国后人口增长很快，但年均也没超过3%，所以美国这一段时期的经济增长速度高于英国但也不会高太多。

有人可能会质疑，麦迪逊的测算结果准确吗？可靠吗？由于没有正式的统计数据支持，准确肯定是谈不上了。但麦迪逊是世界著名的经济史专家，他的测算也是尽量地建立在史实分析的基础之上，虽然一些学者就其对一些特定国家的测算结果提出过质疑，但对他英国工业革命前的1750年间世界人均GDP增长接近于零的测算结果，到目前为止尚未见有人严肃地挑战。所以就只能认为他的结果相对地可靠了。而且，鉴于不到2%的测算结果与过去40年中国经济年均增长9.4%的实际结果比较，相差太大，即使是前者有误差也不会误差近5倍，改变不了后者大大快于前者的事实。

其实，世界经济只是在第二次世界大战以后才出现了可观的增长。因此，我们的比较就可以在时间上局限在1945年以后了。

据世界银行数据，1960—2016年间，全球GDP年均增长3.5%。

如图2.9、图2.10及表2.3所示，1971—2016年间，世界各大洲中，亚洲经济增长大大领先，年均增长4.6%，比其他四大洲高1个百分点以上。

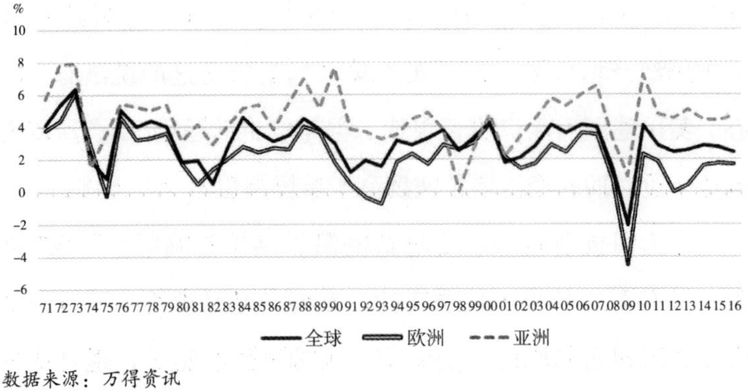

数据来源：万得资讯

图2.9　1971—2016年全球、欧洲与亚洲GDP增长速度

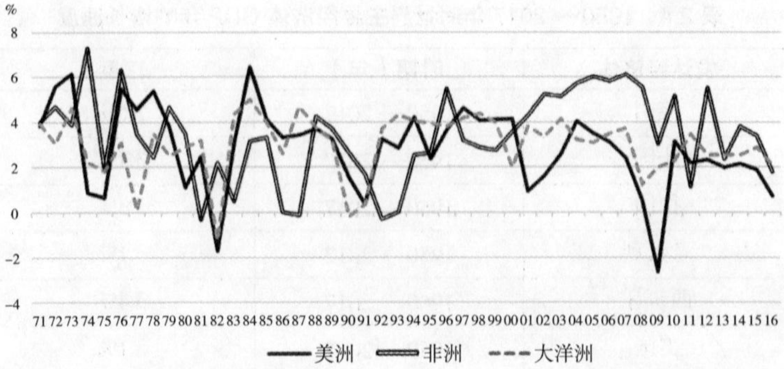

数据来源：万得资讯

图 2.10　1971—2016 年美洲、非洲与大洋洲 GDP 增长速度

表 2.3　1971—2016 年间 GDP 年均增长速度

全球	3.0%
欧洲	2.2%
美洲	2.8%
亚洲	4.6%
非洲	3.4%
大洋洲	3.0%

数据来源：万得资讯

表 2.4 为 1951—2017 年间世界主要经济体 GDP 年均增长速度。可见，传统的发达经济体，即经过近 200 年左右的发展到第二次世界大战结束时已达高收入水平的经济体，由于发展已经成熟，增长速度普遍低于发展中国家，而经济增长速度高的经济体都集中在东亚与南亚，主要是东亚，南亚只有印度一家。这些经济体，除日本现在已经明确地归入成熟的发达经济体外，均被称为新兴经济体。

表 2.4　1950—2017 年间世界主要经济体 GDP 年均增长速度

发达经济体	时期（年）	速度
英国	1950—2017	2.5%
法国	1950—2017	3.1%
德国	1950—2017	3.3%
意大利	1950—2017	3.1%
西班牙	1960—2017	3.4%
美国	1950—2017	3.1%
加拿大	1960—2017	3.2%
澳洲	1960—2017	3.5%
日本	1950—2017	4.4%
新兴经济体	**时期（年）**	**速度**
韩国	1960—2017	7.4%
中国台湾地区	1960—2017	7.3%
新加坡	1960—2017	7.3%
中国香港地区	1960—2017	6.2%
马来西亚	1960—2017	6.3%
泰国	1960—2017	6.0%
菲律宾	1960—2017	4.3%
印尼	1960—2017	5.2%
中国	1952—2017	8.2%
印度	1960—2017	5.3%
越南	1984—2017	6.4%

数据来源：世界银行，日本内阁经济和社会研究所，万得资讯

基于以上数据，我们的比较又可在空间上局限于东亚与南亚。

中国经济高速增长期最长，增长速度最高，且增长最稳定

鉴于以上人类经济增长史的简约回顾，我们只需将第二次世界大战后中国的经济增长速度与东亚的日本、韩国、中国台湾地区、中国香港地区、新加坡、印尼、马来西亚、泰国、菲律宾与越南等国家及地区，加上南亚的印度的增长速度相比较就可以了。

第二次世界大战后，很多国家及地区先后发力，都在较长一段时期取得了年均 6% 以上的高速经济增长。其中的佼佼者，如表 2.5 所示，日本的经济增长速度在 1951—1973 年历时 22 年的高速增长期年均达 9.0%，但 1974—2017 年骤降年均至 2.2%；亚洲四小龙，即韩国、中国台湾地区、中国香港地区与新加坡的经济增长速度，在 1961—1997 年历时 37 年的高速增长期分别年均达 9.2%、9.2%、7.6% 与 8.6%，但 1998—2017 年分别降为年均 4.0%、3.8%、3.3% 与 4.8%；印度的高速增长期始于 20 世纪 90 年代初，至 2017 年年均增长 6.8%；中国，则如前所述，在 1979—2018 年的 40 年高速增长期内年均增长速度高达 9.4%，且仍在以 6% 以上的高速度增长。

表 2.5　第二次世界大战后中国与其他新兴经济体高速增长期与其后的非高速增长期 GDP 年均增长速度

	高速增长期(年)	年数	速度	非高速增长期(年)	年数	速度
中国	1979—2018	40	9.4%			
日本	1951—1973	23	9.0%	1974—2017	44	2.2%
韩国	1961—1997	37	9.2%	1998—2017	20	4.0%
中国台湾地区	1961—1997	37	9.2%	1998—2017	20	3.8%
中国香港地区	1961—1997	37	7.6%	1998—2017	20	3.3%
新加坡	1961—1997	37	8.6%	1998—2017	20	4.8%
印度	1991—2017	27	6.8%			

数据来源：世界银行，日本内阁府经济社会综合研究所，万得资讯

图 2.11—图 2.14 分别为中国高速增长期与日本、韩国、中国台湾地区、中国香港地区、新加坡、印度与越南 7 个经济体高速增长期内年度经济增长速度的比较。这一比较直观地显示，迄今为止，中国高速增长期长于任何一个其他经济体（中国、印度与越南的高速增长期仍未结束），且高速增长期内经济增长速度的高度（9.4%）高于任何其他经济体。

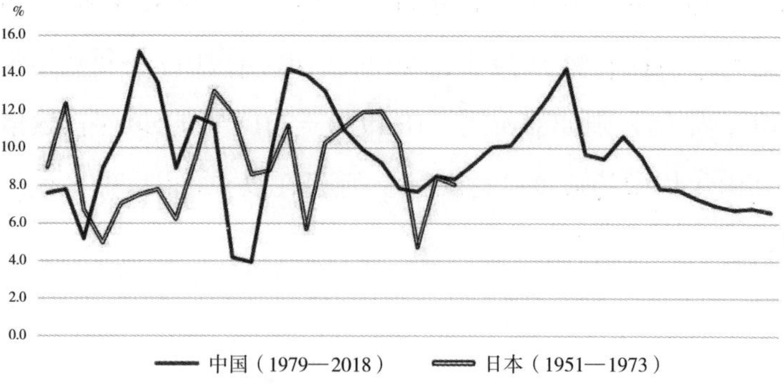

数据来源：世界银行，日本内阁府经济社会综合研究所

图 2.11　中国与日本高速增长期 GDP 增长速度比较

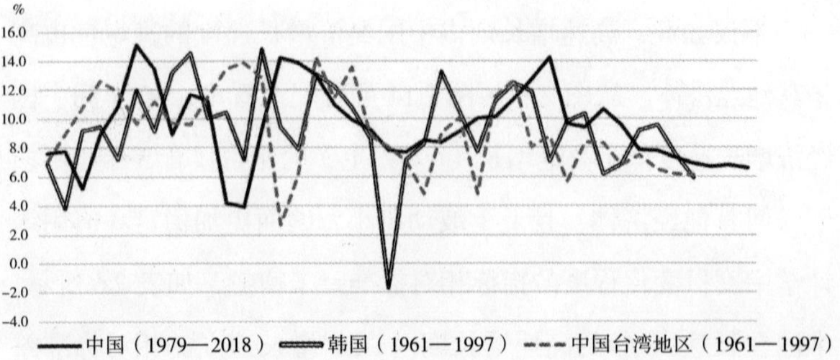

数据来源：世界银行，万得资讯

图 2.12　中国与韩国及中国台湾地区高速增长期 GDP 增长速度比较

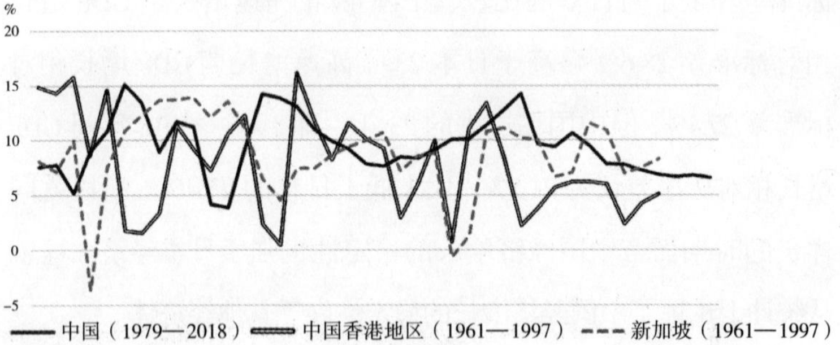

数据来源：世界银行

图 2.13　中国与中国香港地区及新加坡高速增长期 GDP 增长速度比较

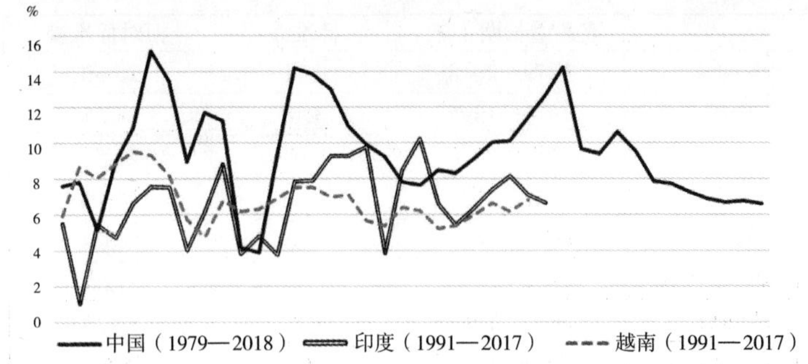

数据来源：世界银行

图 2.14　中国与印度及越南高速增长期 GDP 增长速度比较

不仅如此，高速增长期内中国经济增长速度的稳定性也高于其他经济体。从图 2.11—图 2.14 可直观地看出，40 年间中国经济增长速度低于高速增长（6% 以上）的年份仅有 3 年，不多于任何其他经济体，且上下波动要小，因而更加稳定。应用统计学中度量变化程度的指标相对标准差来衡量，如表 2.6 所示，中国在长达 40 年的高速增长期内 GDP 增长速度的相对标准差小于除日本以外所有经济体高速增长期内 GDP 增长速度的相对标准差。至于与日本的比较，中国 40 年高速增长期 GDP 增长相对标准差 28.6% 略高于日本 23 年高速增长期 GDP 增长相对标准差 27.4%，但中国在过去的 23 年，即 1996—2018 年间 GDP 增长相对标准差仅为 21.5%，大大低于日本的 27.4%。所以就同样长的时期而言中国经济增长的稳定性也强于日本经济。这就从统计上论证了中国经济增长的稳定性高于其他经济体。

表 2.6　中国与其他经济体高速增长期内 GDP 增长标准差与相对标准差比较

	高速增长期（年）	标准差	相对标准差
中国	1979—2018	2.71	28.6%
	1979—1995	3.48	34.8%
	1996—2018	1.95	21.5%
日本	1951—1973	2.46	27.4%
韩国	1961—1997	3.15	34.0%
中国台湾地区	1961—1997	2.90	31.6%
新加坡	1961—1997	3.75	43.2%
中国香港地区	1961—1997	4.60	58.6%
印度	1991—2017	2.19	32.9%

图 2.15 与图 2.16 为中国 GDP 增长速度与另外 4 个东南亚国家，即马来西亚、泰国、印尼与菲律宾在它们的高速增长期的 GDP 增长速度的比较。可以看出，这些经济体的增长，无论是增长速度还是稳定性，都不能与中国的增长相提并论。结合上面的分析，就是说，过去 40 年的中国经济增长奇迹超过了 20 世纪 60—90 年代的东亚经济增长奇迹。

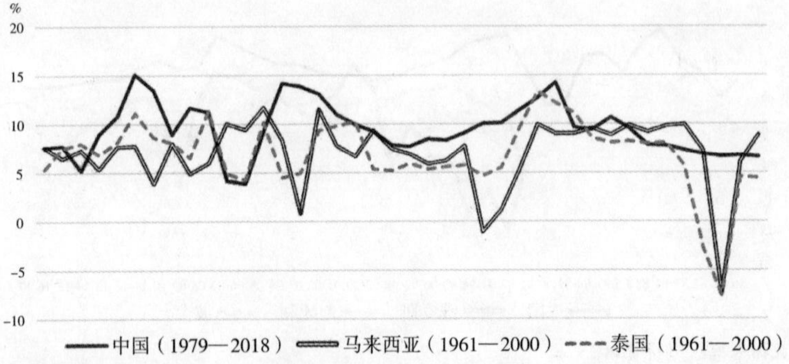

数据来源：世界银行

图 2.15　中国与马来西亚及泰国高速增长期 GDP 增长速度比较

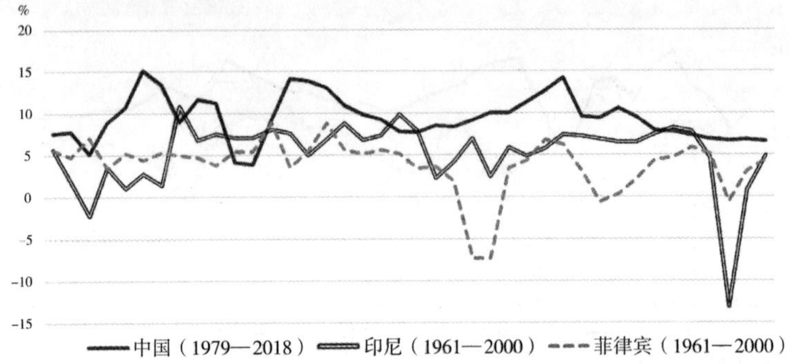

数据来源：世界银行

图 2.16　中国与印尼及菲律宾高速增长期 GDP 增长速度比较

为了防止遗漏，图 2.17 与图 2.18 为中国 GDP 增长速度与俄罗斯、匈牙利、波兰、捷克、保加利亚及罗马尼亚等几个 20 世纪 90 年代以来也进行市场化改革的前社会主义国家的 GDP 增长速度的比较。不难看出，这些经济体的增长更难于与中国的增长相比了。

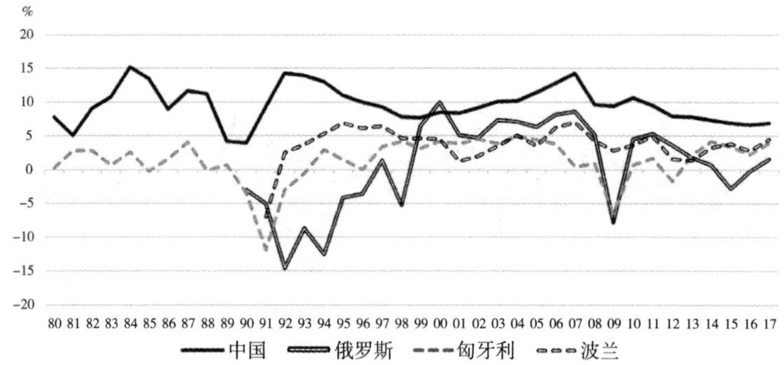

数据来源：万得资讯

图 2.17　1980—2017 年中国与俄罗斯、匈牙利及波兰 GDP 增长速度比较

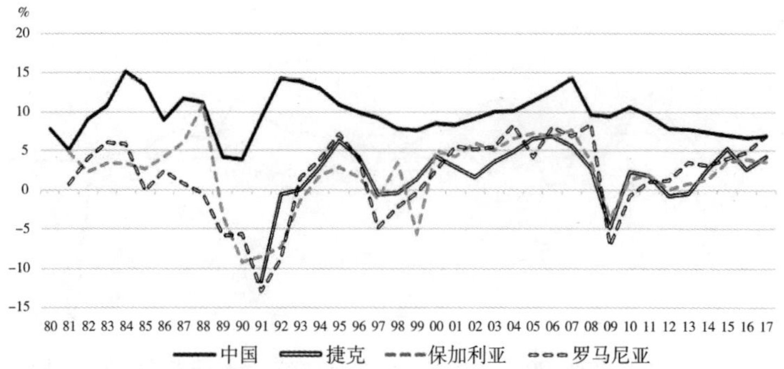

数据来源：万得资讯

图 2.18　1980—2017 年中国与捷克、保加利亚及罗马尼亚 GDP 增长速度比较

称为人类历史最大的经济增长奇迹毫不夸张

上述一系列的比较证实，在迄今为止的人类历史上，除中国外，没有哪个国家持续了 40 年之久的 6% 以上的高速经济增长，也没有哪个国家的经济能够在高速增长期间年均增长速度达到 9.4% 这样的高度，更没有哪个国家的经济增长速度能够在如此长的期间内有如此高的高度上实现相对标准仅为 28.6%，近 23 年仅为 21.5% 这样的稳定性。

鉴于此，中国历时 40 年，年均高达 9.4%，且相对标准差低于 30% 的经济增长是迄今为止人类历史上持续时间最长、速度最高且最为稳定的经济增长，超过英国工业革命、东亚经济奇迹与印度经济起飞等所有的经济增长奇迹，因而谓之为人类历史上最大的经济增长奇迹，是毫不夸张的，以现有证据怎么检验都不会改变的历史事实。

至于今后，印度、越南及菲律宾等国的经济增长速度，由于发展阶段的原因将超过中国，但高速增长期能否超过 40 年有待观察，且它们迄今为止的增长速度都仅在 7% 左右，与中国的 9.4% 有相当大的差距，大概也难以改变中国经济增长为历史最大经济增长奇迹的局面。

数据质疑改变不了最大增长奇迹的事实

以上对于中国经济增长奇迹的呈现与论证都是基于国

家统计局的数据。那么一个长年萦绕着人们的质疑就出现了，即，国家统计局的数据可靠吗？ GDP 增长速度没有被高估吗？

实际上，只要看看过去 40 年国家面貌的巨变与人民的收入及生活水平的迅猛提高，此质疑本应已经消除了。但不少人仍在质疑，似乎成了一个不可证实的命题。尽管如此，笔者在此归纳一下个人在长期与中国数据打交道的过程中所形成的一些看法与观点。

第一，的确，一些地方政府有虚报 GDP 的现象。但我们应用的是国家统计局的数据，而中国国家统计与地方统计是相互独立的两个统计系统，所以不能因为地方数据有问题就断定国家数据也有问题。

第二，就国家统计系统而言，由于统计方法与技术以及统计人员水平仍较发达国家落后，数据的准确性肯定差于发达国家。但就不准确的方向而言，则是有的数据高估，有的数据低估。

第三，就 GDP 数据而言，除了方法与技术及统计人员所导致的偏差外，导致高估或低估的主要因素是统计范围的局限与被统计企业与个人的高报或低报倾向。

第四，就统计范围而言，首先，如朱天、伍晓鹰、张军等人指出的，对服务业的覆盖不够，造成 GDP 数据被低估。其次，对民营经济的覆盖也有差距，对地下经济更是无从覆盖，再次导致低估。而这些领域正是中国经济增长最快的领域，所以也造成了 GDP 增长数据的低估。

第五，就企业与个人的高报 / 低报倾向而言，国有企业由于管理层出于业绩表现的考虑有高报倾向，民营企业与个人则由于税务或不露富等考虑有低报倾向。至于高报的多还是低报的多，见仁见智，但鉴于民营企业占经济比重已大大超过国有企业，加之个人在经济中的地位，笔者认为总体而言低报的多于高报的，进而 GDP 增长再次被低估。

第六，刚才说了，只要看看国家面貌的巨变与人民收入及生活水平的迅猛提升就应该能够体验到经济增长的快速。国家面貌的巨变大家都应该能够感觉到，但难以将之定量化。可是，就个人收入的迅猛增长而言，改革开放初期已经参加了工作的年纪较大的人如果有心并具有一定的计算水平是可以自己定量化的。回忆一下改革开放初期每月的收入多少（城镇平均 50 元以下），现在收入多少（城镇平均 5000 元以上），40 年增长 100 倍以上；除去通货膨胀，大多数人的年均实际收入增长应该超过 9.4%。个人的实际体验可以证明 9.4% 的 GDP 增长速度是没有高估的。

第七，即使有所高估，也改变不了中国经济增长奇迹是人类历史最大经济增长奇迹的结论。根据朱天对于麦迪逊测算的整理[①]，1980—2010 年间中国 GDP 实际增长 7.85%，而不

---

① 朱天：《中国增长之谜》，中信出版社 2016 年版。

是官方的 9.59%，官方数据高估了 1.74 个百分点。如上所说，对这一结果笔者并不认同。但即使是认同，表 2.7 显示，麦迪逊对其他经济体 GDP 增长的测算也都低于相关国家及地区的官方统计，如低于印度官方统计 4 个百分点，因而就 30 年高速增长期而言，中国的 GDP 增长速度也就略次于韩国、中国台湾地区和博茨瓦纳（一个人口不超过 300 万人的非洲国家）而位列第四。但中国经济已高速增长了 40 年且还未结束，而上述 3 个经济体高速增长期维持了不到 40 年后已经完结。所以，按照麦迪逊的测算，中国的经济增长奇迹也是最大的。

表 2.7　持续高速增长 30 年的国家或地区

	增长最快的 30 年	30 年期复合增长率	1950—1960 年	1960—1970 年	1970—1980 年	1980—1990 年	1990—2000 年	2000—2010 年
韩国	1965—1995	7.4%	3.7%	5.9%	6.6%	7.8%	5.6%	3.8%
博茨瓦纳	1960—1990	7.3%	1.5%	4.9%	10.5%	6.5%	2.1%	2.0%
中国台湾地区	1962—1992	7.1%	4.0%	6.5%	7.6%	6.6%	5.3%	3.4%
中国	1980—2010	7.0%	4.0%	1.6%	3.1%	5.8%	6.2%	8.9%
日本	1950—1980	6.7%	7.6%	9.3%	3.3%	3.4%	0.9%	0.7%
新加坡	1964—1994	6.7%	0.4%	6.8%	7.4%	4.6%	4.1%	3.2%
沙特阿拉伯	1950—1980	6.1%	5.2%	7.4%	5.7%	−3.8%	0.01%	1.4%
中国香港地区	1958—1988	6.0%	3.5%	6.2%	6.3%	5.3%	2.3%	3.4%

资料来源：朱天对麦迪逊测算的整理[①]

① 朱天：《中国增长之谜》，中信出版社 2016 年版。

第三章

浅层成因

——经济学解释：生产要素的大规模投入与生产率因子的迅速优化

本章将在经济学框架下应用各种经济增长理论解释过去40年中国经济增长奇迹的成因。这些经济学成因，包括生产要素的大规模投入与各项生产率因子的迅速优化。第一章已经解释，经济学成因，由于被公开讨论甚至争论过，又因为其背后还有更深的成因，所以被称为浅层成因，没有贬义；它们又根据各自所在的层面及与其他成因之间的因果或承继关系，分为表层成因、次层成因与次次层成因。

应该指出，关于这些经济学成因的研究文献已汗牛充栋，本章试图归纳主要的研究结果，但只是试图而已，不仅挂一漏万在所难免，甚至可能连主要的都抓不住，就只能说是归纳部分研究结果了。对每一个理论的研究成果归纳完后，笔者将进行点评，给出自己的评价与观点。在最后一节的总评中，除了对经济学成因给出一个总的演绎性追溯之外，还将指出，对于每一个经济学成因的余问未消，从而表明整个经济学解释在深度上的局限性，为下一章的深层追踪提供入口。

第一节将对现代经济学中的经济增长理论作一个综述，第二、三、四节分别根据不同的经济增长理论在表层、次层与次次层剖析中国经济增长奇迹的各经济学成因；第五节为笔者对于这些成因的总体点评。

第一节 经济增长理论综述

经济增长显然是一个经济问题，要追踪中国经济增长奇迹的成因，当然应该从已经发展成熟的现代经济学开始。而现代经济学的一个分支就是经济增长理论（Economic Growth Theory），追踪自然就应先在经济增长理论的框架下展开。

经济增长理论，顾名思义，就是研究经济增长规律和解释经济增长动力或成因的理论。经济增长理论的两大主题，一是经济持续增长的动力来源是什么？二是经济增长是否会产生收敛性的结果？第一大主题正与中国经济增长奇迹的成因有关，第二大主题与今后中国经济增长的前景问题有关。所以，希望能够在经济增长理论的框架下回应人们对于过去40年中国经济增长奇迹的成因追问。

经济增长理论已有200余年的发展历史，这一历史其实也是现代经济学的发展史。以拉姆齐（Frank P. Ramsey）1928年的经典论文[①]为分水岭，可将经济增长理论从时期上一分为

① Frank P. Ramsey, "A Mathematical Theory of Saving", *The Economic Journal*, 38 (152), 1928.

二。1928 年以前是经济增长理论的奠基阶段，这一阶段的增长理论称之为古典增长理论；1928 年之后是经济增长理论的成熟阶段，这一阶段的理论称之为现代增长理论，包括主流经济学派的新古典增长理论和新增长理论，也包括非主流经济学派的结构主义发展理论，制度变迁理论及经济成长阶段论等。

古典增长理论

古典增长理论涵盖很多特征不同的增长理论。亚当·斯密《国富论》中的“分工促进经济增长”的理论、马尔萨斯《人口原理》中的人口理论、马克思《资本论》中的两部门再生产理论，与熊彼特《经济发展理论》中的创新增长理论等，都属于古典增长理论的范畴。这些理论呈现丰富多彩的思想，又有着独自的分析框架、思维路径与研究方法。亚当·斯密和马克思的经济增长理论建立在古典经济学的基础之上，而熊彼特的增长理论源于奥地利学派的分析传统。应该说，作为古典经济学家的亚当·斯密、马尔萨斯、马克思与熊彼特是将经济理论与增长理论结合起来的第一代增长理论家，明确地指出了劳动分工、人口增长、两部门再生产与创新等因素对于经济增长的推动作用。古典经济学是经济增长理论发展的第一个高潮。

现代增长理论

现代增长理论更是体系庞大。现代增长理论的一个起点是广为人知的哈罗德–多马模型（Harrod–Domar Model），在凯恩斯（John M. Keynes）的短期分析中整合进经济增长的长期因素，突出资本累积在经济增长中的决定性作用。从方法论角度，另一个起点是拉姆齐于1928年在《经济学期刊》上发表的《储蓄的一个数理理论》一文，首次提出了研究动态经济增长的方法。

哈罗德（Roy F. Harrod）与多马（Evsey D. Domar）以哈罗德–多马模型在20世纪40年代掀起了现代增长理论的第一个浪潮；索罗（Robert M. Solow）和米德（James E. Meade）以新古典增长理论从20世纪50年代中期直至80年代推动了一个更大规模的现代增长理论的浪潮；罗默（Paul Romer）与卢卡斯（Robert E. Lucas）则自20世纪80年代开始持续至今以新增长理论主导着现代增长理论的第三次浪潮。

索罗、斯旺（Trevor Swan）和米德的新古典增长理论与罗默和卢卡斯的新增长理论已成为当代增长理论的主流，很多人认为就是现代增长理论的全部。但笔者认为，就经济增长的成因而言，非主流经济学派的结构主义发展理论、制度变迁理论与经济成长阶段论都能作出解释，其解释的力度、广度、深度、可理解程度与可信度都不亚于主流经济学派的新古典增长理论与新增长理论，甚至在很多情况下，如对中国经济增长奇迹的解释，有过之而无不及，所以都应该属于现代增长理论中不可或缺的组成部分。

就研究经济增长的成因而言，现代增长理论与古典增长理论有着明显的继承关系，所不同的，一是方法论，即定性与定量，或理论性与可实证性方面的区别，二是随着现代经济演变所造成的经济增长成因的多样化，现代增长理论，尤其是非主流经济学派的增长理论，提供了更多、更为切实与更深的解释。必须指出的是，如前所述，经济学框架下的经济学成因，即使在本书都被称为浅层成因，也都呈现在不同的层面，因而有深度上的差别，之间也存在因果或承继关系。大致而分，新古典增长理论解释的成因处在表层，新增长理论与非主流增长理论分析的则是新古典增长理论不能或不意图解释的更深一层的成因。因此，本章将新古典增长理论解释的成因称为表层成因，而将其他增长理论导出的成因称为次层或次次层成因。整个现代增长理论中，制度变迁理论较之其他理论更为根本，其解释的成因较之其他理论解释的次层成因又处于一个更深的层次，所以称为次次层成因。

可以说，迄今为止国内、国外关于中国经济增长奇迹经济学成因的各种研究绝大部分都可以纳入现代增长理论的框架之下，有意或无意地采用了此框架中的一个或几个理论。下面就试图在这一框架下归纳主要的研究结果，在各个层次或从各个角度展现中国经济增长奇迹的经济学成因，并对各种成因的解释给出笔者的评论与观点。在此再次声明，笔者的归纳是主观的，且由于阅读范围与文献消化能力所限，难免挂一漏万，甚至主要的都未必能抓住，所以说归纳部分研究结果可能更为合适，在此只能表示遗憾。笔者将在最后一节进行总评，并演绎性地总结自己的观点，指出各种理论解释中国经济增长奇迹相对意义上的正确性与深度上的局限性。

第二节 表层成因：新古典增长理论的解释——劳动力和物质资本的大量投入与全要素生产率的迅速提高

新古典增长理论简介

新古典增长理论，或新古典增长模型，即由索洛、斯旺和米德于20世纪五六十年代共同建立的影响最大与应用最为广泛的经济增长理论或模型。

索洛首先构建了他的增长模型（Solow Growth Model），[①]汲取了现代增长模型的先驱者哈罗德–多马增长模型的优点，但摒弃了后者劳动力与资本不能互相替代而比例固定的假设，解决了经济增长率与人口增长率不能自发相等的问题，使其得到了根本性的优化。索洛模型的假设条件包括：

① Robert M. Solow, "A Contribution to the Theory of Economic Growth", *Quarterly Journal of Economics*, 70（1）, 1956.

（1）只生产一种产品，此产品既可用于消费也可用于投资；

（2）产出是一种资本折旧后的净产品，即该模型考虑资本折旧；

（3）规模报酬不变，即生产函数为一阶齐次关系式；

（4）两种生产要素（劳动力和资本）按其边际实物生产力付酬；

（5）价格和工资可变；

（6）劳动力充分就业；

（7）劳动力和资本可相互替代。

斯旺同时也独立地推导出了相同的模型。但索洛–斯旺模型没有将技术进步作为重要因素纳入，这是一个重大缺陷。1960年，索洛和米德对该模型进行补充，引入了技术进步。[①] 修改后的模型被称为索洛–米德模型，采用科布–道格拉斯生产函数形式，其基本公式为：

$$G = a\,\Delta K/K + (1-a)\,\Delta L/L + \Delta T/T$$

其中，G 为总产出（经济）增长率；K 为物质资本，$\Delta K/K$ 为物质资本增长率；L 为劳动力，$\Delta L/L$ 为劳动力增长率；T 为技术水平，$\Delta T/T$ 为技术进步率；a 和 $(1-a)$ 分别代表物质资本和劳动力对总产出的贡献度。

---

① Sanket Suman, "Solow's and Meade's Contribution towards Economic Growth", Economics Discussion (www. economicsdiscussion. net).

这一模型直观地告诉我们，总产出增长率，即经济增长率的高低取决于：（1）劳动力，即人口的增长率；（2）物质资本的增长率；（3）技术进步率。这就在生产要素层面明确地指出了经济增长的动力或成因。

模型其他的几个主要结论也很重要，但同时也显示出模型的局限性。（1）无论从任何一点出发，经济的平衡增长路径收敛；（2）在其他外生变量相似的情况下，人均物质资本低的经济有更高的人均资本增长潜力，人均收入低的经济有更高的经济增长潜力；（3）只有技术进步才能导致人均产出永久性地增长；（4）通过调节储蓄率可以实现人均最优消费和最优资本存量的"黄金律"增长；（5）储蓄率的变化会暂时性地影响增长率；其显著变化对平衡路径上的产出变化只有较小的影响，且作用缓慢。

索洛–米德模型不仅体现了凯恩斯主义，而且体现了古典增长学派的经济思想，所以被称为新古典增长模型，其所阐述的增长理论被称为新古典增长理论。

劳动力与物质资本往往被称为生产要素。所以索洛–米德模型也被称为要素决定模型，即经济增长取决于要素投入（劳动力与物质资本投入）量的增加，也取决于要素投入效率（技术进步）的提高。实际上，越来越多的人发现并同意，要素投入效率不仅仅取决于技术的进步，还取决于经济结构、经济制度、劳动力素质（即人力资本）等各个方面的优化。

所以要素投入效率又称为全要素生产率（TFP：Total Factor Productivity），而非仅指技术进步。因此，索洛–米德模型的直观表述为：经济增长率取决于劳动力与物质资本投入的增加与全要素生产率的提高。

索洛–米德模型也受到了很多的批评，除了上述技术进步相对于全要素生产率的过窄定义外，主要是针对其将全要素生产率作为单个变量，且为余项变量（Residual Variable），称为索洛余项来处理，以及其外生性假设，而这恰恰是经济增长的关键。因此，有人说其是通过“假定的增长”来解释增长，这留待于后面再论。

应用新古典增长理论解释中国经济增长奇迹成因的部分研究结果

自中国经济增长奇迹开始显现以来，国内外很多经济研究者便应用计量经济学技术，使用改革开放以来的中国经济统计数据，来构建索洛–米德生产函数的计量经济模型，以定量地考察劳动力、物质资本和全要素生产率对中国经济增长的贡献度。这是研究者们定量探讨中国经济增长奇迹成因的最初尝试。

对这一计量经济模型的研究有很多，本书很难大部分列出，更别说全部列出了。且考虑到 1998 年以前的时间序列数据有限，表 3.1 仅列出了 2000 年后的一些研究结果。

表 3.1　新古典增长计量经济模型的部分测算结果 —— 劳动力、物质资本和全要素生产率对中国经济增长的贡献度

研究者（发表年份）	劳动力（%）	物质资本（%）	全要素生产率（%）	数据区间（年）
Gregory C. Chow & Kui-Wai Li（2002）①	13	55	32	1978—1998
王小鲁（2000）②	27	57	16	1979—1999
李宾、曾志雄（2009）③	9	71	20	1980—2007
张雄辉、范爱军（2009）④	6	92	2	1978—2006
樊钢（2009）⑤	19	40	41	1979—2005
周跃辉、周定根（2018）⑥	27	49	24	1997—2013
施发启（2006）⑦	10	47	43	1978—2004

---

① Gregory C. Chow & Kui-Wai Li, "China's Economic Growth: 1952-2010", in *Economic Development and Cultural Change,* University of Chicago Press, 2002.

② 王小鲁：《中国经济的可持续性与制度变革》，《经济研究》2000 年第 7 期。

③ 李宾、曾志雄：《基于全要素生产率变动的再测算：1978—2007》，《数量经济技术经济研究》2009 年第 2 期。

④ 张雄辉、范爱军：《基于全要素生产率的中国经济增长因素分析》，《科技管理》2009 年第 1 期。

⑤ 樊钢：《中国经济需要下一个 30 年高增长——中国经济增长因素的分析与展望》，《理论建设》2009 年第 5 期。

⑥ 周跃辉、周定根：《2017—2021 年：中国经济潜在增长率测算分析与政策建设》，《国家行政学院学报》2018 年第 2 期。

⑦ 施发启：《对我国生产率的分析和测算》，内部报告，北京大学中国国民经济核算与经济增长研究中心，2006 年。

续表

研究者（发表年份）	劳动力（%）	物质资本（%）	全要素生产率（%）	数据区间（年）
董敏杰、梁泳梅（2013）①	4	85	11	1978—2010
俞林（2011）②	-4	36	68	1978—2009
胡蕾（2011）③	16	57	27	1980—2008

从上表可以看出，大部分的测算结果都表明，对经济增长的贡献度，物质资本最大（都在36%及以上，平均为58.9%），全要素生产率次之（平均为28.4%），劳动力最少（平均为12.7%）。也就是说，对改革开放后中国经济的增长奇迹，物质资本投入的贡献最大，与中国经济在改革开放后30年的大部分时间里很大程度上是外延性经济的特征似乎相符。全要素生产率的贡献也较可观，说明中国的生产效率也确有很大的提高并推动了中国经济的高速增长，不像一些人认为的中国经济的高速增长全靠物质资本与劳动力的大量投入拉动。劳动力的贡献度似乎小于人们的预期，显示人口红利的作用远没有很多人想象的那么大。

---

① 董敏杰、梁泳梅：《1978—2010年的中国经济增长来源：一个非参数分解框架》，《经济研究》2013年第5期。

② 俞林：《基于索洛模型的我国经济增长实证分析》，《无锡职业技术学院学报》2011年第2期。

③ 胡蕾：《基于索洛模型的我国经济增长实证分析》，《现代商贸工业》2011年第19期。

表 3.2 所示为部分研究者使用各种其他的方法，包括参数与非参数的，对改革开放后的不同时期全要素生产率对中国经济增长贡献度的测算结果。

表 3.2　采用其他方法测算全要素生产率对经济增长贡献度的部分结果[①]

研究者	时期（年）	贡献度（%）
原国家计委科技司课题组	1979—1996	46.0
科技部研究中心	1978—1997	47.0
“十五”科技规划研究总体组	1979—1998	48.0
中国社科院数量经济与技术经济研究所周方	1978—1996	38.9
中国社科院数量经济与技术经济研究所乔根森	1978—1995	36.2
史清淇	1991—2000	39.6
杜希双	1981—1997	31.7
中国人民银行货币政策分析小组	1991—2001	20.0
郭庆旺、贾俊雪	1979—2004	10.1
徐瑛、张秀山、刘凤良	1978—2003	26.0
于洁、刘润生、曹燕、庞景安	1979—2004	17.0
李京文、钟学文	1978—1995	36.2

表 3.2 中测算结果的平均值为 33%，比表 3.1 中全要素生产率测算结果的平均值高 4.6 个百分点，说明采用其他方法单独测算出来的全要素生产率对中国经济增长的贡献度比新古典增长计量模型测算的要大 16% 左右。

---

① 于洁、刘润生、曹燕、庞景安：《我国全要素生产率与科技进步贡献率分析（1979—2004）》，《软科学》2009 年第 23 卷第 2 期。

笔者点评

应该说，以上的研究者们应用现代计量经济模型与其他定量方法的尝试是值得称道的，上述的测算结果也有很大的启发性。但是，虽然笔者一开始从事经济研究就是构建计量经济模型，博士研究生的研究领域也是计量经济模型及其应用，出于以下几个原因，笔者对于上述计量经济模型的结果持有一些保留意见。

首先，应该注意到，各个模型测算结果之间的差异很大。对于全要素生产率贡献度的测算，低者2%，高者68%；对于劳动力贡献度的测算，更是高见27%，低见-4%。劳动力在改革开放后的30余年对中国经济增长的贡献度为负（表3.1以外的好几个计量模型的测算结果也是如此），是令人难以理解的。因此，很难从这些测算中得出一个统一的结论。其次，上述模型所使用的数据区间较短，平均只有20年左右，且各不相同，短至16年，长至32年，而且，起码改革开放初期宏观数据的质量是不高的。最后，更为重要的是，计量经济模型的应用本身面临一个数据的"结构性变化（Structural Changes）"问题，即在数据样本区间如果数据产生结构性的变化，也就是本质性的变化时，或应用统计学的语言为"非平稳（Non-stationary）"时，计量经济模型技术的适用性，从而所建模型及其测算结果的可靠性就应打折扣。而众所周知，改革开放后的中国经济，无论是运行方式、经济结构、经济制度还是市场机制无一不在剧烈的变化之中，变化后与变化前有着本质的不同。因而这一时期中国的经济数据面临着典型的“结构性变化”问题。在科布–道格拉斯生产函数两端的各个变量，即总产出与劳动力、资本及全要素生产率，本身的时间序列在改革开放过程中就呈现“结构性变化”，而它们之间的关系更出现了“结构性变化”。这是改革开放导致经济体制与结构剧烈变动这一特殊性所决定的。从这一点看，过去 40 年的中国经济数据，比发达国家与其他尚未在改革开放过程中或改革开放力度小于中国的发展中国家的数据相比较，面临着更为严重的“结构性变化”问题。因而，应用这一时期的中国数据建立计量经济模型需要更加小心，对于模型结果的解读也应格外谨慎，结果的可信度必然降低。当然，有一些方法来消除或调整数据中的“结构性变化”，但并不成熟，在大多数的上述研究中也未见使用。

这绝不是说索洛–米德模型不适于解释过去 40 年的中国增长奇迹，只是说应用现有中国数据来构建这一模型的计量经济版本时有其局限性。当然，上述各个计量经济模型统计上的显著性表明，在生产要素层面，物质资本与劳动力的大规模投入和全要素生产率的迅速提高是改革开放以来中国经济增长奇迹的直接动力，已经是重要的测算结果。只是在资本、劳动力和全要素生产率各自的贡献度到底有多大这一问题上，如前所析，测算结果的可信度应打折扣。

从笔者的观点来看，鉴于前述改革开放以来中国经济所经历的“结构性变化”之大，笼统地讲述过去40年哪个的贡献更大比较困难。正是由于“结构性变化”之大，应该按照变化分期进行研究，即变化前为一个时期，变化后为另一个时期，然后分别对前、后时期进行分析。当然，对中国经济而言，在过去的40年可以找到多个“结构性变化”点，因而可以分为多个不同的时期。这需要做大量的研究工作，且时间序列数据的充足程度成为问题，所以难以做到。但起码可大致以亚洲金融风暴发生期间的1998年为界分为两个时期，第一期为1978—1998年的第一个20年，第二期为1998—2018年的第二个20年。

前一个20年，笔者认为，劳动力的有效投入对中国经济增长的贡献最大。首先，改革开放刚开始时，即20世纪70年代末80年代初，人口红利很高，即劳动适龄人口比率很高，导致初始劳动力存量很大。此后劳动人口继续快速增长，人口红利进一步扩大。其次，劳动适龄人口的劳动参与率大幅提高，乡镇企业、农民工以及个体户的崛起为大量的农村及城镇闲置劳动力参与劳动提供了条件，进而为工商业的发展提供了大量廉价的劳动力。最后，如以有效劳动论，改革开放后人们的生产积极性大大提高，每人的有效劳动时间，或效率显著提升。这一点可能要归入全要素生产率的因素之中了。总之，大量劳动力的有效投入极大地促进了当时的经济起飞。

关于物质资本的大量投入，改革开放前29年积累了大量工业资本，改革开放后这些初始物质资本存量得到了更有效的利用，即初始资本利用率大幅提高。然后随着固定资产投入的高速增长，资本快速积累，形成整个经济的外延式大规模扩张。

关于改革开放初期的劳动力与物质资本存量，有必要指出，改革开放之前的29年间，即1949—1978年间，虽然由于政治形势动荡，计划经济体制僵化与过度重视重工业发展等原因，中国经济几经波折，大起大落，尤其是经过“大跃进”与“文化大革命”，经济结构畸形发展，人民生活水平的提高缓慢，但这一时期积累了大量的劳动力与资本，为改革开放后中国经济的发展提供了潜在的初始劳动力与物质资本存量这一历史性贡献是不能抹杀的。这一时期人口大幅增长，从1949年的6.12亿人增至9.56亿人，年均增长1.5%，在人类历史上也是人口快速增长的时期之一。这就为改革开放后的经济发展提供了初始劳动力存量，而1980年又开始实行计划生育，这就产生了巨大的人口红利，进而促成了改革开放后中国经济的迅速起飞。其实，不仅是劳动力存量，还有劳动力质量，即所谓的人力资本，在这一段时期，作为新中国重视教育的成果，也得到了很大的提升，这将在后面详细讨论。还必须正视的是，这一时期中国的经济增长速度并不低，年均达 6.5%，尤其是重工业增长速度更高，年均 9.8%（名义）。相应地，工业资本，特别是重工业资本得到了相当程度的积累，只是利用率不高。《剑桥中华人民共和国史》[①] 与麦迪逊的《中国经济的长期表现——公元 960—2030 年》[②] 都指出了这一点。麦迪逊在书中更将这段时期归入“新中国充满活力的发展过程”。在改革开放初期的 20 世纪 70 年代末 80 年代初，这些物质资本，或者说工业基础，包括机器、设备、厂房等得到了更好的利用，为当时的经济起飞起了很大的作用。所以从初始劳动力与物质资本存量角度，完全否定改革开放之前 29 年的经济发展及其成果是不客观的。当然，随着经济的快速发展与现代化，劳动力与物质资本都不断更新与升级。但在改革开放初期相当于改革开放劳动力与物质资本的原始积累，没有这一积累，经济起飞可能没有那么迅速。

关于全要素生产率的提升，在改革开放的前一个 20 年，包括初期，虽然快速发展的大部分是中低端产业与产品，特别是基本消费品，看不到多少技术含量，但完全否定这个时期生产效率的提高是不对的。表 3.1 中索洛–米德模型的计量

---

① ［美］罗德里克·麦克法夸尔，［美］费正清编：《剑桥中华人民共和国史》，中国社会科学出版社 1990 年版。

② ［英］安格斯·麦迪逊：《中国经济的长期表现——公元 960—2030 年》（修订版），上海人民出版社 2016 年版。

经济模型的测算结果之一是，1978—2006年间的全要素生产率对经济增长的贡献度只有2%，这完全是低估，是不可能的。仅就技术进步而言，虽然中低端产品的技术水平不高，但比起改革开放前还是有很大的提升，技术还是明显地进步了，不可能对经济增长没有贡献。更重要的是，全要素生产率还包括人力资本、制度变迁、经济结构优化、市场开放及后发优势等因素，这些因素的优化在改革开放的前一个20年也是显著的，对经济增长的驱动是很强劲的。索洛–米德模型没有分别探讨这些因素的贡献，而将它们总括于全要素生产率这一个指标之中，但作为这些因素的综合结果，全要素生产率肯定是大幅提升了并对经济增长作出了重大贡献。

后一个20年，即1998—2018的20年，劳动力、物质资本与全要素生产率对于经济增长的贡献度构成有所变化，应该是全要素生产率最大，物质资本第二，劳动力第三。人口红利，在2005年左右就随着刘易斯拐点的到来而开始减小。当然，只是减小，而不是消失，应该说至今也未消失。但毕竟比前一段时期减小了很多，对于经济增长的拉动作用相应减弱。城镇化，即农民进城打工的速度减慢，导致一段时期某些东部沿海省份出现局部的“劳工荒”问题。同时，人们生产积极性的快速提升效应趋于饱和。所以后一个20年劳动力的有效投入对于经济增长的贡献从前一段的最大变成最小。与此相反，全要素生产率的贡献度从第三变成第一，即从最小变成最大。这一段时期，特别是其后半期，即 2008—2018 年的 10 年，全要素生产率中的诸生产率因子全面大幅提升。经济制度方面，各项改革进一步深化；中国 2001 年加入 WTO，为中国经济开创了新的开放局面，致使中国经济快速融入全球经济，并以其强劲的市场竞争力打开国际市场，为中国经济的新一轮高速增长创造了条件。经济结构方面，八大（“十三五”规划前称为七大，后加入数字创意产业变成八大）战略性新兴产业崛起，从无到有，其增加值占 GDP 总量之比 2017 年已达 10%，预计 2020 年升至 15%，大大改善了中国的产业结构，同时加快了经济增长。技术方面，新一代信息技术，导致互联网、移动通信、物联网，以至于人工智能的崛起，加之在高端制造与生物技术方面的突破，显著地提升了中国的高科技水平，进而推动经济升级与发展。人力资本方面，增长更是突飞猛进，每年大学毕业和入学的人数分别超过 800 万与 700 万，每年世界顶级杂志发表论文的数量和全球性申请专利的数量出现井喷式的增长，已分别排名全球第一与第二，直追美国，对经济增长的贡献是如何估计都不会过高的。

索洛–米德新古典增长模型与理论的确在生产要素层面，即与经济增长直接相关的生产活动层面，为我们从宏观上理解中国经济增长的成因提供了解释，即劳动力、物质资本与全要素生产率都是重要的成因，其重要的程度在改革开放的前后两个时期有所不同。这些成因是显然的，也可能正是因为新古典增长理论而成为显然，所以本书才称之为表层成因。

但遗憾的是，新古典增长模型与理论对于最为重要的全要素生产率没有分解；而其中的各生产率因子的分别贡献才最为关键。经济学界广泛认为这是索洛–米德模型的一个重大缺陷。下一节将这些因子从全要素生产率中分解进行个别的剖析。由于如此的承继关系，本书才称这些生产率因子为次层成因。

第三节　次层成因：新增长理论、结构主义发展理论与经济成长阶段论的解释——各项生产率因子的迅速优化

全要素生产率中所涵盖的各项生产率因子很多，本节将它们归纳在三大经济增长理论的框架之下，即，新增长理论框架下的技术进步与人力资本，结构主义发展理论框架下的产业结构、城镇化、区域结构及收入分配等，与成长阶段论框架下的后发优势。下面分别在三大增长理论的框架下对这些生产率因子的优化如何成为中国经济增长奇迹的动因进行分析。另外一大生产率因子为制度变迁，在过去40年中国的场景下就是改革开放，无疑不能忽视；不仅是不能忽视，且就成因的因果或承继关系而言，应是比上述各项表层与次层成因更为深一个层次的背后成因。也就是说，正是由于改革开放解放了体制束缚与人的思想，才使得表层与次层的成因成为中国经济增长奇迹的推动力量。所以，改革开放在浅层的经济学成因中处于最里层，称之为次次层成因。

新增长理论的解释——技术进步与人力资本的跃升

1. 新增长理论简介

新增长理论以分解“索洛余项”为主线，分解全要素生产率中技术进步与人力资本两大生产率因子，并分析它们如何内生化地促进经济增长。

新增长理论兴起于20世纪80年代中后期，其提出的背景主要是针对新古典增长理论所无法解释的两大现实问题。一是各国经济的长期持续增长问题。经济增长率的长期数据表明人均产出的增长是递增而非递减的，而新古典增长理论下资本的边际产出增长率是趋于下降的，这正是新古典增长理论在解释经济的持续增长方面的缺陷。二是不同国家在收入上存在的巨大差异问题。根据新古典增长理论，从长期发展来看，发展中国家的经济发展水平可以与发达国家趋同。但实际的统计数据显示，发达国家与发展中国家的收入差距有不断拉大的趋势。为解决这两个问题，以罗默与卢卡斯为代表的一批经济学家摒弃了新古典增长理论的核心假设，在对新古典增长理论重新思考的基础上，提出了一套对技术进步与人力资本进行内生化的新经济增长思路，并据此探讨长期的经济增长前景。

新增长理论将技术进步与人力资本从新古典增长模型中

分离出来，并将它们在模型中内生化，从而导致要素收益递增，资本收益率不断上升，人均产出无限增长。其内生化思路主要为：知识外溢和边干边学；线性内生；开放性内生；专业化和劳动分工内生。

新增长理论的首个成果是罗默的内生型增长模型，[①]其思路是通过引入期望从发明中获利的研究人员从事的研究工作，将技术进步内生化。罗默把导致技术进步的新思想、新知识或创意作为独立因子纳入增长模型之中，由于新思想与其他的普通商品不同，具有非竞争性和外部性，使得新思想所带来的效益规模递增。

罗默模型的生产函数为

$$Y=K^{a}(AL)^{1-a}$$

其中，Y 为总产出，A 代表新思想，其他符号与索洛—米德模型同。如果 A 也被视为生产的投入要素而变化，就能使劳动力 L 和资本 K 也产生递增收益，从而使得经济的规模效益递增，保证经济长期增长。这就既能说明为何经济能长期增长，也能解释为何各国经济增长率存有差异。同时，既然新思想能够带来收益，也能够作为商品在不同国家和地区之间进行传播和转移，从而提高全世界的总产出水平，特别是

---

① Paul Romer, "Endogenous Technological Change" ,*Journal of Political Economy*, 98, 1990.

对于后进国家来说可以产生赶超效应。

其后，卢卡斯将人力资本作为一个独立的因素纳入增长模型。[①] 他将舒尔茨的人力资本引入索洛模型，视其为模型中“技术进步”的另一种增长动力形式，并使之内生化从而成为经济增长的真正源泉与发动机。所谓人力资本，与前述的物质资本相对应，指的是依附于人身上的知识与技能。人力资本一方面是固定资产投资的副产品，即内生于固定资产投资，另一方面具有“外溢”效应，即一个厂商的人力资本积累对其他厂商的资本生产率产生贡献。这意味着，每一个厂商的知识技能水平，即人力资本，在整体经济运行过程中边干边学。通过这种内生知识外溢作用，产生规模递增效应。

2. 应用新增长理论解释中国经济增长奇迹成因的部分研究结果

与新古典增长理论及模型同样，新增长理论及模型本意在于寻找经济增长的动力机制，即技术进步与人力资本如何在模型中影响经济增长。这当然同时也为解释经济增长的成因，即技术进步与人力资本对于经济增长的贡献，提供了理论基础。但不像新古典增长模型，基于新增长模型的计量

① Robert E. Lucas, “On the Mechanics of Economic Development”, *Journal of Monetary Economics*, 22, 1988.

经济模型及分析没有那么多，问题可能在于如何度量技术进步与人力资本方面的困难。对于中国经济增长奇迹的成因解释而言，实证的研究就更不多。根据谭姝、马苏 2008 年的研究，1978—2000 年间，人力资本对中国经济增长的贡献为 19.8%，比较显著。[①] 李志强、陈泽坤则应用 1986—2013 年数据测算出，技术进步每进展 1%，中国经济增长速度提高 0.394%。[②]

但在理论上，很多关于新增长理论对于中国经济增长的启示及政策含义也间接地为中国经济增长奇迹的成因提供了解释。

过去几十年来，国内经济学界对于新增长理论的兴趣与日俱增，很多研究者根据新增长理论提出对中国经济发展道路的选择建议及对政府的政策建议。归纳起来，主要在以下几个方面：

第一，树立人力资本和新思想观念。新增长理论的知识技能，即人力资本是经济增长动力源泉的观点对于具有丰富人力资源的中国具有重大意义。以前，人力资源主要是看人口或劳动力数量。但新增长理论告诉我们，重要的不是劳动

---

① 谭姝、马苏：《人力资本与中国经济增长的关系探索》，《财经问题研究》2008 年第 2 期。

② 李志强、陈泽坤：《制度变迁与技术进步对中国经济增长的影响》，《经济与管理研究》2015 年第 36 卷第 12 期。

力数量，而是劳动力的质量，此质量首先是劳动力的知识与技能水平，更高层次的则是创造新思想的能力。

第二，加强教育投资。既然知识、技能、创新能力是经济增长的动力源泉，教育就是关键。正规教育、非正规教育和边干边学都是知识技能与创新能力的积累途径，因而对于大学教育、中专教育以及成人教育等应该加强投资。

第三，加强人才制度建设。企业应尽快建立起一整套完善而又可行的人才培养、选拔、交流和使用机制，形成有利于人才，特别是拔尖人才脱颖而出的环境。要积极吸引“海归”，鼓励留学人员回国工作。要大力发挥现有科技人才特别是中青年科技人才的作用，使他们在边干边学中得以成长。

第四，加强创新机制建设，促进大众创业、万众创新。必须坚持不懈地提高国家的自主开发能力，加快培养新的科技力量。要从制度上鼓励创新，保护创新，培养创新，真正形成大众创业、万众创新的局面。

第五，加强技术开发和研究，提高科技水平。政府应加大科技投资，并鼓励企业也加大科技投入，争取研究发展（R&D）占 GDP 比重超过 2.5%，赶上发达国家的水平，真正做到科技兴国。

第六，加强国际间的科技交流与合作，促进知识的国际传递与交换。应鼓励大专院校、科研机构与企业多与外国同伴进行科技方面的交流与合作，以更低的成本获得世界最新研究成果。

以上这些基于新增长理论的建议不断地被提出，得到了政府的重视，在不同程度上被政府所采纳。所以，中国经济增长奇迹也部分地归因于这些建议；反过来说，既然奇迹已经出现，其成因也应包括这些建议的内容，即，加强技术开发与研究，加强创新机制建设，树立人力资本和新思想观念，加强教育投资，加强人才制度建设及加强国际间科技交流等。

3. 笔者点评

笔者认为，新增长理论的主要贡献体现在三点上：一是从全要素生产率中突出技术进步与人力资本的作用，尤其是后者的作用。实际上，前者在很大程度上可以认为是后者的一个结果。二是技术进步与人力资本的内生化，分别通过研发人员与资本的增加进行内生。当然，其内生的方式，即线性内生，过于简单化，引来很多批评。三是指出人力资本，即知识技能与创新的外溢效应，即一家厂商投资所产生的人力资本提升会对其他厂商及整个经济产生扩散性的外部效应，进而推动经济增长。

就本书的目的而言，主要是技术进步与人力资本对于中国经济增长奇迹的贡献度问题。虽然实证的研究结果并不多，但笔者相信两者的贡献度是很大的。特别是在改革开放后的第二个20年，即过去的20年，两者的贡献度加起来超过30%，应该是没问题的。

与劳动力与物质资本的情形相同，应该承认，改革开放之前的29年，除了“文化大革命”中的若干年份之外，国家对于教育与科学技术是很重视的，并在推广教育，无论是中小学教育还是高等教育，与培养科技人才方面取得了很大成绩。其结果，在人力资本与科学技术方面有了值得称道的积累，使得改革开放初期人力资本与技术已有可观的存量，体现在广大农民工的受教育程度与工程师的数量与质量都达到了一定的高度，为经济起飞作了人才与技术准备。这一点也表明，不能完全否定改革开放之前29年的教育、科技成就及其对于之后40年经济起飞的意义。当然，更大的进展是在改革开放后的40年。

那么过去40年中国在人力资本与技术进步方面到底有多大的进展呢？下面作一个简单的回顾。

人力资本方面，40年来，中国坚持教育优先发展，教育事业取得巨大进步，国民受教育程度大幅提升。15岁及以上人口平均受教育年限从1982年的5.3年提高到2017年的9.6年，劳动人口平均受教育年限达到10.5年。2017年，小学学龄儿童净入学率达99.9%；初中阶段毛入学率为103.5%；九年义务教育巩固率达93.8%；高等教育毛入学率达到45.7%，高于中高收入国家的平均水平。中小学教育的普及，使得中国近3亿农民工的文化水平与工作技能大大提升，进城工作后能够迅速并有效地胜任工厂的工作。这一点是中国相对其他发展中国家的一个很大的优势，是中国的出口与工业生产高速增长的主要原因之一。在国外投资开厂的企业家应该对此深有体会，参观过中外工厂运行并进行比较的人定会对此认同。高等教育的录取率超过75%，每年入学与毕业的大学生人数分别超过700万与800万，对中国这样一个发展中国家不能不说是一个巨大的成就，与40年前，特别是70年前相比，真是令人感慨万分。

结果是，科技创新队伍不断壮大。2017年，全国研发人员总量达到621.4万人，按折合全时工作量计算的研发人员为403.4万人年，是1991的6倍，1992—2017年间年均增长7.1%。中国研发人员总量在2013年超过美国，已连续5年稳居世界第一位。同时，知识产出水平实现跨越，科学论文产出飞速增长。2016年，中文科技期刊刊登科技论文49.4万篇，为1990年的5.5倍；国外三大检索工具《科学论文索引（SCI）》、《工程索引（EI）》和《科技会议录索引（CPCI）》分别收录中国科研论文32.4万篇、22.7万篇和8.6万篇，分别位居世界第2、第1和第2位。论文质量也得到大幅提升，根据基本科学指标数据库（ESI）论文被引用情况，2017年中国科学论文被引用次数已超过德国、英国上升到世界第2位。

专利情况也实现量、质齐升。2017 年，中国专利申请数为 369.8 万件，是 1991 年的 74 倍，1992—2017 年间年均增长 18.0%；专利授权数为 183.6 万件，是 1991 年的 75 倍，年均增长 18.1%。同时专利质量同步提高，以最能体现创新水平的发明专利为例，2017 年发明专利申请数达 138.2 万件，占专利申请比重的 37.4%，比 1991 年提高了 14.6 个百分点；平均每亿元研发经费产生的境内发明专利申请 70 件，比 1991 年提高了 19 件。中国成为世界知识产权产出大国。截至 2017 年年底，中国发明专利申请量已连续 7 年居世界首位。2017 年，中国通过《专利合作条约》（PCT）提交的国际专利申请跃居世界第 2 位；受理商标注册申请 574.8 万件，注册量居世界第一；著作权年登记量突破 274.8 万件，其中作品与计算机软件著作权登记量分别达到 200.2 万件和 74.5 万件。

技术进步方面，改革开放以来，中国研发经费持续快速增长，2017 年达 17606 亿元，为 1991 年的 123 倍，1992—2017 年间年均增幅达 20.3%。按汇率折算，中国研发经费总量先后超过英国、德国，并于 2013 年超过日本，成为仅次于美国的世界第二大研发经费投入国家，目前每年对全球研发经费投入的贡献超过六分之一。研发经费投入强度（研发经费占 GDP 之比）屡创新高，2002 年首次突破 1%；2014 年又迈上 2% 的新台阶，达 2.02%，2017 年再提升至 2.13%，整体上已超过欧盟 15 个主要国家的平均水平，达到中等发达国家水平。

其结果，高技术领域成就斐然，硕果累累。神州载人飞船与天宫空间实验室实现平稳交会对接；新一代静止轨道气象卫星、合成孔径雷达卫星、北斗导航卫星等成功发射运转；蛟龙号载人潜水器、海斗号无人潜水器创造新的最大潜水纪录；自主研发的超算系统“神威·太湖之光”居世界之冠；赶超国际水平的第四代隐形战斗机和大型水面舰舰相继服役。国产大飞机、高速铁路、三代核电、新能源汽车等部分战略必争领域抢占了制高点，实现了从“跟跑”到“并跑”“领跑”的跃升。高新产业迅速崛起，2017 年，规模以上高技术制造业实现主营业务收入 15.9 万亿元，比 2012 年增长 55.8%，年均增长 9.3%；八大战略性新兴产业（新一代信息技术、节能环保、生物、高端装备、新材料、新能源、新能源汽车与数字创意）增加值占 GDP 的 10% 以上。尤其是新一代信息技术，已经在很多方面引领全球。基础研究也取得了突破性进展。2017 年中国基础研究经费为 975.5 亿元，为 1995 年的 54 倍，1996—2017 年年均增长 19.9%。基础研究在量子科学、铁基超导、外尔费米子、暗物质粒子探测卫星、CIPS 肝细胞等领域取得重大突破；屠呦呦获诺贝尔生理学或医学奖，王贻芳获基础物理学奖，潘建伟团队的多自由度量子隐形研究位列 2015 年国际物理学十大突破榜首。

以上人力资本与技术进步方面的跃升，大部分是在过去的 20 年中实现的，根据新增长理论，必然对中国经济增长起到了巨大的推动作用。的确，这一跃升，在次层层面，不断地创造出新的经济增长点，是过去20年中国经济增长奇迹产生的最重要成因之一。

结构主义发展理论解释——要素禀赋下的产业发展选择、科学的产业升级路径、大规模城镇化、区域经济一体化等

1. 结构主义发展理论简介

结构主义发展理论是发展经济学的分支之一。发展经济学，广义而言是研究所有经济的发展问题，狭义则通常是指研究发展中国家如何实现工业化和现代化，或如何实现经济起飞的问题。结构主义发展理论应用结构主义或非均衡的方法研究发展中国家的经济增长问题，在方法论上与新古典主义经济学的总量与均衡分析正相对立。

结构主义经济学家认为，发展中国家存在市场缺失和结构刚性的缺陷。在缺乏市场与结构弹性条件下，价格的相对变动对资源重新配置的推动作用很小，供给与需求向均衡交叉点的运动不能自动进行，从而市场不能出清，缺口无法填平。即，发展中国家经济普遍存在的不是自我均衡的体系，而是持续的不均衡状态。所以，研究发展中国家的经济发展问题不能使用适于研究发达国家经济问题的总量均

衡方法，而应该应用结构主义的方法，即对经济结构进行分析的方法。具体而言，就是对经济各构成部分的状态、这些部分与其他部分的关系及这些关系如何演变等进行分析的方法。

例如，结构主义发展理论的代表人物钱纳里特别指出，经济增长是生产结构转变的一个方面；生产结构的转变首先要适应需求结构的变化，并且能更有效率地对技术加以利用。在预见力不足和需求流动有限制的既定条件下，结构转变有可能在非均衡的条件下发生，在生产要素市场上尤其如此。因此，劳动和资本从生产率较低的部门向生产率较高的部门转移，能够加速经济增长[①]。

经济结构的组成部分，可以是宏观意义上的经济各部门、各行业，也可以是各部门、各行业中的子部门、子行业，或者可以是经济活动中的各种变量，如劳动力、资本、技术进步、人力资本、投资、消费等。总之，可以是按照某种需要来划分的任何类别。例如，刘易斯关于城市、农村二元结构的划分，[②] 钱纳里的"两缺口"模式关于经济活动类别的划分，包括积累过程中的投资、政府收入和教育三个类别，资源配

---

① H. B. Chenery, "The Role of Industrialization in Development Programs", *American Economic Review*, May , 1955.

② W. A. Lewis, "Economic Development with Unlimited Suppliers of Labor", *The Manchester School*, 22 (2), 1954.

置过程中的国内需求、生产和贸易三个类别，以及人口与分配过程中的劳动力配置、城市化、人口转型、收入分配四个类别等。

结构主义发展理论研究经济结构的变迁或转型，并分析这种变迁或转型对于经济发展或增长的作用。

结构主义发展理论的研究方法因问题而异。就产业结构转型研究而言，有“狭义产业结构转型”方法，主要是投入–产出模型法，又有“广义结构转型”方法，主要是结构主义 CGE（Computable General Equilibrium，可计算的一般均衡）模型法。自 20 世纪 70 年代末以来，结构主义学家改变了传统的一般地分析产业结构的方法，而是从某一个角度来研究包括产业结构转变在内的结构转型。

结构主义发展理论经常受到理论框架粗糙、微观基础不足与不便于定量化的批评。不过就笔者来看，这几个缺点在分析具体的发展中国家经济问题的过程中可能变成切合实际、实用性强与易于理解等优点。笔者认为，结构主义方法是更为实用的经济研究方法，尤其对于发展中经济体的研究，包括下述的对中国经济增长奇迹成因的研究。

2. 应用结构主义发展理论解释中国经济增长奇迹成因的部分研究结果

在结构主义发展理论框架下解释中国经济增长奇迹的成

因，首推林毅夫的新结构经济学。[1]

新结构经济学理论研究发展中国家经济结构的决定因素及其选择。该理论在前述的新古典增长理论和上述的结构主义发展理论的诸多洞见的基础上，提出了一个发展中国家经济可持续增长的经济学框架。此理论强调，发展中国家经济发展的过程中，在发挥市场和政府协同作用的同时，必须考虑不同发展阶段的结构性特征，这些结构性特征在很大程度上由各个国家要素禀赋结构及其所衍生的竞争力所内生决定，而非旧结构主义所假设的那样，由权力分配或其他外生的固有刚性因素所决定。

新结构经济学的核心观点是：一个经济体在每一个时点上的经济结构应由其在那个时点上的要素禀赋，包括资本、劳动力、自然资源及其结构所决定。处于不同发展阶段的经济体，要素禀赋的相对丰富程度是不一样的。发展中经济体通常资本比较稀缺，但劳动力与自然资源相对丰富；发达经济体反之。对于每个经济体而言，要素禀赋在每一个时点上是给定的，但它随时间变化而变化。任何一个经济体在每一个时点上的要素禀赋，实际上是这个经济体在那个时点上的总预算，而要素禀赋的结构则决定了要素的相对价格。这样，处于不同发展阶段的经济体的资本、劳动力及自然资源的相

① 林毅夫：《新结构经济学》，北京大学出版社 2012 年版。

对价格就不同。而不同要素的相对价格，就决定经济的比较优势。此比较优势就是这个经济体的竞争优势。如果每个经济体都是根据这个比较优势来发展，这个经济体就一定是最有竞争力的。

从通过分析要素禀赋结构来研究如何更好地促进经济发展这个角度，可以说新结构经济学是在结构主义发展理论的框架下发展起来的，也可以说是结构主义发展理论的一个新的分支或派别。但在理论观点及研究方法上，其与传统的结构主义发展理论，或称之为旧结构经济学，有着诸多不同。理论观点上的根本不同在于，旧结构经济学认为，导致发展中国家难以发展资本密集型产业的市场失灵，是由不正确的价格信号所外生决定的。与之相反，新结构经济学认为，发展中国家之所以无法建立起资本密集型产业，是由其要素禀赋结构所内生决定的，资本的稀缺，软性和硬性基础设施的落后都使得资源从已有产业向资本密集型产业配置并不能给发展中国家的企业带来利润。另一个重要区别在于，旧结构经济学认为，政府对经济活动的系统性干预，如扶植进口替代，是从“发展中经济体”转变为“工业化经济体”的核心手段；与之相反，新结构经济学视进口替代等结构性变化为发展中国家在发展过程中的自然现象，只要替代的或新兴的产业符合变化后的禀赋结构所决定的比较优势。因而，新结构经济学的结论就是，发展中国家只有发展与其当前阶段禀赋结构所决定的优势产业，才能促进经济增长，实现工业化与现代化。

林毅夫认为，过去40年，中国正是按照新结构经济学的思路发展了这一时期中国所具禀赋结构所规定的优势产业，才实现了经济的高速增长，创造了中国经济增长奇迹。这些优势产业，在改革开放初期为轻工业，随后为出口业，接着为重化工业。这些产业的先后崛起引领中国经济的高速增长，进而促成了中国经济增长奇迹。这样，新结构经济学便在结构主义发展理论的框架下进行理论创新，不仅为发展中国家的经济发展建议了一条发展路径，也在次层面提供了一个中国经济增长奇迹的成因解释。

文一对于中国经济增长奇迹的解释也是在结构主义发展理论的框架下展开的。[①] 他提出，自1860年第二次鸦片战争失败以后，中国已经进行了四次工业化尝试，第一次是紧接着鸦片战争后的洋务运动；第二次是辛亥革命后新共和政府通过模仿美国的政治制度来推动中国工业化进程；第三次是1949年中华人民共和国成立后计划经济体制下的大规模工业化建设；第四次便是1978年改革开放后的工业化进程。前三次尝试都没有成功，只有第四次，即现在仍在进行中的改革

① 文一："中国崛起的秘诀与挑战——'新制度经济学'批判"，清华大学国情研究院"国情"讲坛第六期，2018年。

开放所推动的工业化成功了，从而引爆了一场中国的工业革命，也就是本书所讨论的中国经济增长奇迹。为何只有这次成功呢？他的解释是，中国这次所选择的产业升级路径与工业革命模式高度吻合，也符合自己的比较优势。这一产业升级路径是：第一个阶段，即 1978—1988 年的 10 年间，中国成功地复制了英国历史上用两三百年所走过的乡村繁荣，也就是原始工业化阶段，促成了乡镇企业的爆发，解决了所有前计划经济国家都面临的“粮食安全”与“消费品短缺”的问题；第二个阶段，也是 10 年，从 1988—1998 年，中国终于在原始工业化的基础上引爆了中国的第一次工业革命，以规模化和劳动密集型方式生产和出口大批日常消费品，城乡各地的劳动密集型工厂应运而生，农民工开始大规模流动，从而成为全球最大的纺织品出口国，进而成为全球最大的轻工业品生产国与市场；第三个阶段，从 1998 年开始，通过基础设施升级和高铁联网等顺利地引爆了中国的第二次工业革命，实现冶金、钢铁、矿产、大型机械设备、精密仪器、化工材料等的规模化大生产，“中国制造”整体水平急剧上升。正是这一个产业升级路径，促成了中国的工业革命，创造了中国经济增长奇迹。

李佐军等构建了一个经济发展动力体系，将决定和影响全要素生产率的所有因素归结为经济发展供给边的“三大发动机”，即，制度变革、结构优化、要素升级。[①]其中，结构优化与结构主义发展理论的思路一致。此体系中的结构优化，是经济增长的重要发动机，包括产业结构优化，区域结构优化，财富分配结构优化等。产业结构优化，也称之为产业升级，包括非农产业比重提高（即工业化）、服务比重提高（经济服务化）、高新技术产业和先进制造业比重提高、战略性新兴产业比重提高、农业现代化等。这些优化的结果是，高附加值产业比重上升，进而带来经济效益或生产率的提高。区域结构优化包括大规模城镇化，城乡一体化，和区域经济一体化，致使人口和生产要素从较低生产率的农业和农村向较高生产率的工商业和城市转移，提升整个国民经济的运行效率。财富分配结构优化意味着收入和财富从倾向于政府向倾向于企业和民众转变，从主要集中于垄断行业向各个行业公平分配转变，从少数人暴富向大多数人共同富裕转变，从而调动更多人的积极性、创造性，有利于投资与消费的平衡，带来经济效益的提高。不管是哪种结构优化，其实都是分工协作的深化，根据亚当·斯密的理论，都可以极大地提高生产率。李佐军认为在结构主义发展理论框架下的这些结构优化是中国经济增长奇迹的重要动因。

---

① 李佐军主编：《中国发展动力研究报告：找准中国经济发展动力》，社会科学文献出版社 2016 年版。

关于产业结构优化，刘伟和张辉对1990—2002年期间分四个阶段测算出产业结构变迁对全要素生产率和中国经济增长的贡献率。[①]结果表明，1990—1992年间、1992—1995年间、1995—1997年间与1997—2002年间，产业结构优化对全要素生产率的贡献率分别为58.2%、42.3%、34.9%与11.3%，呈递减趋势，与技术进步的贡献度相比较，在第一阶段大于技术进步贡献率，在后三个阶段则小于技术进步贡献率；对经济增长的贡献度分别为5.9%、3.1%、7.0%与3.2%，总体也呈下降趋势，与技术进步贡献率比较，也是第一阶段大于技术进步贡献率，后三个阶段小于技术进步贡献率。这一测算结果反映出，从20世纪90年代初至21世纪初，产业结构变迁与技术进步对全要素生产率和经济增长的贡献度互相补充但又此消彼长。

在结构主义发展理论框架下对于中国经济增长奇迹成因解释的研究很多，除了上述几个集中分析产业结构优化作用的研究之外，关于大规模城镇化、区域经济一体化，以及消费结构、投资结构、就业结构、对外投资结构等对经济增长贡献的文献众多，难以一一列出，却都从某一个结构性的角度提出了有意义的解释。

---

① 刘伟、张辉：《中国经济增长中的产业结构变迁和技术进步》，《经济研究》2008年第11期。

3. 笔者点评

笔者认为，结构主义发展理论研究发展中国家的经济发展是一条正确的思路。这不仅是因为理论上的正当性，即发展中经济不同于发达经济的一个本质特征就是结构性非均衡，所以理所当然应该应用结构主义的方法来进行研究，更是由于笔者觉得，就研究实际经济问题而言，结构主义的研究方法，与其他经济理论的研究方法相比，特别是与主流经济学派的以均衡模型为基础的研究方法相比，更为看得见，摸得着，好理解，结果也较好判断，比较形而下，因而比较可信。

而且，结构主义发展理论框架很大，容纳性强，很多实际经济活动中的变量，只要认为对经济发展有意义，都可以作为研究对象，不会受到理论假设的过多限制。这对于研究过去 40 年中国经济这样一个复杂经济体的增长奇迹来说尤有意义，可以少受理论及方法论上的约束。

也正因为如此，要评论在结构主义发展理论框架下哪个研究结果是正确的，哪个是错误的，比较困难。只能就对于经济增长贡献度的大小谈谈看法。

笔者认为，在经济结构层面，产业结构自然是最为重要的。产业结构优化既是经济增长的结果，又是经济增长的动因。就本书的研究目的而言，后者自然更为重要。过去 40 年，在高速经济增长的同时，中国的产业结构也产生了根本性的优化。在宏观经济层面，从农业仍占重要地位转变成以工业经济为主导，再以服务经济为主导。在制造业层面，从以重工业为主，先转变为以轻工业为主，又转变为以重化工业为主，现正在转变为以高科技行业，特别是以新一代信息技术为首的新兴产业为主。这大致上正是林毅夫和文一分别提出的以禀赋资源选择产业和科学地进行产业升级的过程。当然，以高科技行业为主导在两位前期的研究中没有提到，是因为这只是近 5 至 10 年的发展。但产业结构的优化是中国经济增长奇迹的结果还是成因是一个问题。两位都认为是成因。笔者也认为是成因，所以赞同林、文二位的观点。但是不是唯一的成因，或最大的成因呢？唯一不能说，是否最大就要看在哪个层面说了，还要看在哪个理论框架内。就次层面而论，有结构主义发展理论、新增长理论与阶段成长理论之争，到底哪个贡献最大，恐怕是永远也说不清的。在结构主义发展理论框架内，如果说林、文两位对于成因的解释力最强，笔者同意。一是因为产业结构在诸多经济结构中的地位最为重要，二是林、文两位论述的产业结构在改革开放后各经济发展阶段中的优化的确对中国经济增长起到了决定性的作用。当然，两位的理论也有区别，林毅夫是以禀赋资源概念为起点，然后推出以禀赋资源来选择产业结构才可能成功地发展经济，促进经济增长；文一是从工业革命发生的规律为起点，只有在每个阶段都按照工业革命产业的规律选择产业结构，才能引爆工业革命。两位都认为过去40年中国在各个阶段都正确地选择了产业结构，所以才创造了中国经济增长奇迹，只不过林毅认为中国是按照禀赋资源原则作了正确的选择，文一认为是按照工业革命的规律选择到位，殊途同归。林、文的研究是对于中国经济增长奇迹成因有力的结构主义解释，理据较充分，推理较严谨，也较易于理解。

城镇化是一个在结构主义发展理论框架内与产业结构优化同样重要的经济增长动力。从经济学角度，城镇化的直接效应是生产要素从农村向城市聚集，先是劳动力聚集，还包括资本、产业、企业、服务业与政府部门的聚集。马歇尔（Alfreid Marshall）曾描述："许多性质相似的小企业集中在特定的地方，即通常所说的工业地区分布。"[1] 就聚集过程而言，首先，劳动力从劳动生产率低的农业部门向工业部门流动和聚集。其次，要素在产业间流动和聚集。依据配第–克拉克定律（Petty–Clark Law），劳动力与资本及技术从第一产业向第二产业流动和聚集，再向第三产业流动和聚集。再次，要素在城市不同功能区流动和聚集，导致城市功能出现分化和整合，产业区和生活区被区分出来。最后，要素从低附加值领域向高附加值领域流动和聚集。

---

① Alfred Marshall, *Principles of Economics*, London: Macmillan, 1920.

城镇化对于经济增长，尤其是发展中国家的经济增长的推动作用显然是巨大的。从供给角度，劳动力向城市聚集，为城市经济提供大量廉价的劳动力，这是发展中国家在技术与制度处于劣势的情况下取得国际市场竞争力的唯一途径与优势。这一优势使得发展中国家本土产业得以崛起，进口得以替代，出口得以高速增长，进而经济得以起飞。同时，劳动力聚集还创造出生产的规模效应，包括内部规模效应和外部规模效应，进一步推进工业与经济的增长。需求方面的作用同样不可忽视。首先，农民进城后消费水平大大提高。当然，在农村生活时也有消费，但水平低下，很多是自己种粮种菜自己吃，自给性消费，只到附近的镇上买点米、油、盐及基本的衣着与日用品。进城后，消费水平，虽然不可能一下子达到城市居民的水平，但无论是吃、穿还是用的数量与质量都比在农村生活时要高得多，同样还有很多以前没有的旅游、文化、交际等方面的服务性消费。其次，农民进城后得有地方住，虽然买不起总得租一个小房间，这必然带动城市的住房建设，同时拉动社区建设与水、电、煤气等公用设施的建设，又引发城乡间及城市间铁路与公路交通的大发展。这都将促进城市以至全国固定资产投资的增长。消费与投资两大需求的增长直接拉动经济增长。无论是从供给还是需求角度看，城镇化对于经济增长的推动效应都绝不可低估。

关于城镇化对过去40年中国经济增长奇迹贡献的研究很多，基本的结论都是贡献度很高，其中一些研究包括定量测算。朱越浦与黄新建给出了一个方法上比较严谨且较有说服力的定量测算结果。[①] 作者采用2000—2012年中国31个省区（不包括港、澳、台）的省级面板数据（Panel Data），引入相关交互项来表示城镇化通过投资、消费、出口对经济发展的影响，强调投资、消费、出口的渠道作用，建立渠道传导视角下的面板数据模型，并根据经济发展水平进行区域划分，在全国及分类地区对这些作用进行分析。分析结果表明，全国而言，城镇化对经济发展的拉动作用明显，城镇化上升一个百分点，人均GDP上升457.63元，即增长1.18%。进一步，对于涵盖北京、上海等11个省市的发达地区，城镇化对经济发展的拉动作用更加明显，城镇化率上升一个百分点，人均GDP上升784.83元，即增长1.28%；对于包括20个省区的欠发达地区，城镇化率上升1个百分点，人均GDP上升297.2元，即增长0.99%。结论是：城镇化对经济发展具有显著的促进作用，无论是从全国、发达地区还是欠发达地区的视角；城镇化对经济的拉动作用，在发达地区高于欠发达地区；在全国、发达地区与欠发达地区，城镇化均可通过投资

① 朱越浦、黄新建：《城镇化对经济发展的影响及其渠道研究》，《运筹与管理》2016年第52卷第2期。

渠道对经济发展具有正向作用，且是显著的；在全国、发达地区与欠发达地区，城镇化均可通过消费渠道影响经济发展，且影响是正向的，显著的；仅在欠发达地区，城镇化通过出口渠道影响经济发展才是显著的，正向的，对全国和发达地区而言，城镇化通过该渠道的影响是不显著的。

以上测算结果与结论大部分都有较强的说服力，只是最后关于城镇化对全国与发达地区的出口的影响是不显著的结论不能令人信服。众所周知，我国出口企业大部分是劳动密集型企业，雇用的工人大多数是农民工，特别是在发达地区的出口企业，而农民工正是城镇化的直接结果。所以城镇化对出口的高速增长是有直接与巨大贡献的，而不应是该文所说的贡献不显著。估计该文只是从需求角度，即消费、投资与出口需求的角度来探讨问题有关，上述通过农民工渠道的影响很大是指对于劳动力供给的影响很大，是从供给角度而言的。看来研究角度不同，结论也有所不同，应从多角度来观察才能得出全面可信的结论。

经济成长阶段论解释——低起点与后发优势的利用与发挥

1. 经济成长阶段论简介

经济成长阶段论是从历史进程来分析经济成长的理论，

由美国经济学家罗斯托（Walt W. Rostow）于1960年在《经济成长的阶段》一书中提出。[①]

罗斯托认为，人类经济发展可分为六个成长阶段。第一阶段为传统经济，不存在现代科学技术，生产主要依靠手工劳动，农业居于首要地位，消费水平很低。第二阶段为经济起飞创造条件，即为从传统经济向经济起飞阶段过渡的时期。第三阶段是起飞阶段，突破经济的传统停滞状态。实现起飞需要三个条件：较高的积累率，即积累占国民收入的10%以上；具有主导经济起飞的部门；建立起能保证起飞的制度。一国只要具备了这三个条件，经济就可以实现起飞；一旦起飞，经济也就可以自动持续增长了。第四阶段是成熟阶段，特点是，现代技术已被推广到各个经济领域；工业朝着多样化发展，新的经济主导部门逐渐代替起飞阶段的主导部门。第五阶段是高额群众消费阶段，为一个高度发达的工业社会。第六阶段为追求生活质量阶段。在后两个阶段，经济增长逐渐停滞甚至衰退。

以上六个阶段中，起飞、成熟、停滞或衰退最为重要，尤其是经济起飞。在西方国家中，实现经济起飞的年代，英国是在18世纪的最后20年，法国和美国是在1850年前的几十年，

---

① Walt W. Rostow, *The Stages of Economic Growth: A Non-Communist Manifesto*, Cambridge University Press, 1960.

德国是在1850—1875年，日本是在19世纪的最后25年。

此理论是罗斯托考察了世界经济发展的历史后提出的。其实用意义在于强调国际贸易对一国经济的发展，对发展中国家追赶先进国家具有重要的指导作用。一些国家在现代化过程中曾经自觉地实践了此理论并取得了很大的成功。但笔者认为，该理论最重要的启示意义，一是指出了低起点是经济高速增长的必要条件，即一个已经经过了经济起飞阶段而行至后三个阶段的经济体，现在称为发达经济体，是不可能再来一次经济起飞的，即不可能再实现高速增长；只有在经济起飞以前或正处于经济起飞的经济体，现在分别称为发展中经济体和新兴经济体，才有可能取得高速增长。二是指出只要其他条件具备，低起点的落后或发展中国家就将实现经济起飞与高速增长，从而表明落后或发展中国家经济起飞的历史必然性。那么其他条件是什么呢？实际上就是我们通常说的相对于必要条件的充分条件。罗斯托实际上也给出了他认为的充分条件，即上述的三个条件。至于这三个条件是否真正充分，如何定义与度量等，则是严肃的研究课题。

2. 以经济阶段成长论解释中国经济增长奇迹成因的部分研究成果

回到本书的研究对象，受罗斯托理论启发，很多人自然会想到，改革开放初期的低起点，是改革开放后中国经济增长奇迹的一个重要成因。这种解释浅显易懂，也具逻辑性与历史性，加上罗斯托经济成长论的理论性观点，无可辩驳。

但如果要问，到底是什么充分条件使得低起点成为中国经济增长奇迹的成因呢？罗斯托给出的三个条件，中国应该都具备了，即，中国的储蓄率 / 投资率，进而积累率大大高于 10% ；起飞的主导部门，中国肯定有了，即制造业；建立能保证起飞的制度，中国在这一点上有没有，可能有争议，但对改革开放后的体制持肯定观点的占多，而且肯定度很高。笔者也持肯定观点。甚至有很多人认为正是这一点才是中国经济增长奇迹的根本原因，这将在讨论制度变迁论的解释时论及。但这三个条件是否就构成了充分条件呢，或这三个条件是否是最重要的条件呢？就见仁见智了。

从必要条件的角度，低起点只是一个笼统的说法。到底低起点造就了哪些条件使得经济起飞呢？也是众说纷纭而值得认真研究。但从低起点观点出发，可以将这些条件都归结为一个称为“后发优势”的综合条件。即，与低起点相对应，落后或发展中国家具有一个相对于发达国家的禀赋的综合优势；这个综合优势就是可以跟随与追赶，进而崛起的优势，谓之为“后发优势”。

以“后发优势”来解释中国经济增长成因的研究也较多。林毅夫的新结构经济学中的“比较优势”中也包括了“后发优势”。他指出，每个发展中国家在按照要素禀赋结构所决定的比较优势去选择产业的过程中，应该利用“后发优势”，以较低的成本和风险引进新的技术、新的产业来加速经济的发展和转型，实现对发达国家的追赶。

郭熙保与胡汉昌认为，发展中国家的“后发优势”有五种类型：资本、技术、劳动、制度和结构的“后发优势”。[1]这五大“后发优势”是推动中国经济增长的强劲动力。资本“后发优势”产生于资本边际报酬递减规律，使得国内外资金大量流入中国的实体经济。技术“后发优势”就是人们通常所说的“后发优势”，可称之为狭义的“后发优势”，即借用发达国家已发展起来的先进科学技术，而非自己从头开发，大大缩短了科技与工业现代化的时间。人力资源“后发优势”包括人力资源数量和质量两个方面。从数量上说，发展中国家人力资源丰富，劳动力成本比发达国家低得多，因此发展劳动密集型产业出口具有比较优势，是明显的“后发优势”。从质量上说，人力资本像物质资本一样，也具有报酬递减的性质，发展中国家从较低水平进行智力开发的效应要高于发达国家，也是“后发优势”。制度“后发优势”是基于发展中国家相对于发达国家有很大的制度效率差距，因而具有制度改善，向先进制度学习与借鉴，以及制度趋同所产生出来的

① 郭熙保、胡汉昌：《后发优势新论——兼论中国经济发展的动力》，《武汉大学学报（哲学社会科学版）》2004（3）。

“后发优势”。结构“后发优势”也产生于发展中国家相对于发达国家在经济结构水平方面的差距，此差距导致发展中国家的经济结构水平通过学习与借鉴向发达国家结构水平追赶与看齐，也产生“后发优势”。所有这些“后发优势”，从经济阶段成长论的角度，也都是中国经济增长奇迹的重要成因。

3. 笔者点评

笔者认为，罗斯托的经济阶段成长论，正凸显了本书研究的重要性。如前所提，根据这一理论，任何经济上低起点的国家，即发展中国家，都有可能，或迟早会实现经济起飞，而发达国家则不能。低起点是必要条件，发展中国家都具备，但发达国家都不具备。所以过去 40 年中国经济的起飞，有其历史必然性。以此作为中国经济增长奇迹的成因解释之一，也是说得过去的。但这一解释的力度较弱。第一，它不能解释为何中国在过去 40 年实现了经济起飞，而不是在其他时期。第二，它只说了经济起飞的必然性，并未说经济增长奇迹的必然性。经济起飞与经济增长奇迹不能同日而语。罗斯托对于经济起飞没有给出严格定义，只是定性地指经济的快速增长，但多快算起飞，见仁见智，但显然不是说要达到过去 40 年中国经济年均增长 9.4% 这样的速度才算经济起飞。经济起飞比经济增长奇迹的标准显然要低得多。经济起飞很多发展中国家都能实现，但经济增长奇迹却不见得，尤其是像过去40年中国所取得的这样一个经济增长奇迹。第三，它不能解释本书研究的原始提问，即过去40年为何独有中国实现了人类历史最大的经济增长奇迹，而其他同样处于低起点或更低起点的国家，甚至历史上所有的低起点国家，都没有能够实现。

罗斯托提出了实现经济起飞的三个条件，并认为是充分条件。但仔细分析，具备这三个条件的发展中国家并不只是中国，应该有不少。第一个条件，10%以上的积累率，是不高的，虽然不是每个发展中国家都具备，但具备的应很多。在中国，积累率曾经超过50%，现在也在40%以上，所以10%以上的积累率是一个很清楚，但很低的条件，容易达到。第二个条件，具有主导起飞的部门，就比较模糊了。何为“主导”，是否任何部门“主导”就行？那农业“主导”也行吗？如果也行，则符合这个条件的发展中国家就非常多。如果一定要是工业部门“主导”，这就是经济起飞的结果而非前提了。第三个条件，即建立起能保证起飞的制度，也很不清晰。能保证起飞的制度，无论是按照经济学理论，还是按现在一般的常识，就应该是市场经济制度。但恰在这一点上，中国与其他发展中国家相比，并不占优势。中国从1978年开始引入市场经济机制，至今不过40年，而有市场经济体制超过40年的发展中国家不在少数，即使是40年内转型至市场经济体制的国家也转型得比中国彻底，中国现在是社会主义市场经济，而大部分转型国家已是完全市场经济了。

所以，罗斯托的三个条件构成不了经济起飞的充分条件，更解释不了中国经济增长奇迹产生的必然性，从而回应不了本书研究的原始问题。中国经济增长奇迹产生的必要条件之一是低起点，这个罗斯托说的没错，但如果说充分条件，那比他说的上述三个条件要多得多了。后面将提到，笔者信奉“历史多因论”。实际上，可以说本书这么努力地追踪成因与如此大篇幅地分析就是为了寻找这些充分条件。

如前所述，由罗斯托的经济成长阶段论所引申出来的“后发优势论”有更大的说服力。只是“后发优势”是哪些，有多少，如何发挥，也如同上述充分条件一样，是很大的课题，不是三言两语，甚至是几个研究课题能说得清楚的。笔者觉得，“后发优势论”最有启示意义的是“学习”对于发展中国家经济起飞的重要性。所谓“后发”，就是因为“前有”或“现有”，所谓“优势”，就是可以通过“学习”“前有”或“现有”而“后发”，而不必自己去创造“前有”或“现有”。所以，“学习”的意愿与能力，是发展中国家经济是否能起飞，甚至创造经济增长奇迹的关键。中国能够在40年内走过发达国家几百年走过的路程，与中国人“学习”的意愿与能力密切相关，以此作为解释中国经济增长奇迹的重要成因之一是自然的。这在下一章讨论国人经济行为时会有更为详细的讨论。

第四节　次次层成因：制度变迁理论的解释
——改革开放的关键性作用

制度变迁理论简介

制度变迁理论是制度经济学的一部分，或源于制度经济学。

制度经济学是将制度作为研究对象的一门经济学分支，研究制度对于经济行为和经济发展的影响，以及经济发展如何影响制度的演变。从方法论角度，制度经济学的最初起源可追溯到 19 世纪 40 年代，以李斯特（Friedrich List）为先驱的德国历史学派主张运用具体的实证的历史主义方法，强调经济生活中的国民性和历史发展阶段特征。19 世纪末 20 世纪初，在美国以凡勃伦（Thorstein B. Veben）、康芒斯（John R. Commons）、米切尔（Wesley C. Mithchell）等为代表，形成了制度经济学派别，重视对非市场因素，诸如制度因素、法律因素、历史因素、社会和伦理因素等的分析。后来尤以对制度因素的研究为甚，以制度为视角，研究制度和分析制度因素在经济发展中的作用。所以在方法论上，制度经济学是德国历史学派在美国的变种，二者一脉相承，都反对主流经济学所使用的抽象演绎法，强调制度分析方法或结构分析方法，认为只有将对制度的分析放在主要的位置上，才能阐明资本主义经济的弊端，也才能弄清楚资本主义社会演进的趋势。制度经济学派以批判资本主义制度本身的缺陷和局限性为己任，强调有必要进行制度改良，因而当时被看成是“离经叛道者”。

20世纪60年代，制度经济学派的经济学家们以历史分析的方法，探讨产权制度及其对经济发展的影响，最重要的代表人物是加尔布雷思（John K. Galbraith），还包括包儿丁（Kenneth E. Boulding）、海尔布罗纳（Robert Heilbroner）、华尔德（Andrew Walder）等。他们采取制度分析或结构分析的方法，说明社会经济现实及其发展方向，并提出从结构方面进行制度改良的设想或方案。研究方法上，他们采用“整体制度分析”方法，同时运用规范经济学方法。

科斯（Ronald H. Coase）在制度分析中引入边际分析法，建立起交易成本概念，为制度经济学的研究发展开辟了新的领域，找到了解释制度存在和制度变迁的方式，从而建立新制度经济学。[①] 自此，制度经济学在方法论上与主流经济学

---

① Ronald H. Coase, “The Problem of Social Cost”, *The Journal of Law & Economics*, Vol. 3, 1960.

逐渐“合流”或“融合”。正因为如此，科斯对制度经济学的研究方法进行了革命性的变革。科斯认为，产权结构的选择或解决纠纷的制度安排，取决于利益关系人之间相互协调和影响的边际交易成本，进而解释了现实社会中存在多样化制度安排的原因：如果交易成本很小或不存在，那么各种制度就是多余的，而制度的重要性与多元化恰恰反映了边际交易成本的现实性。正是引入了边际交易成本概念，使得各种具体制度的起源、性质、演化和功能等的研究，可以建立在比较精确的实证分析之上，创立了可以经验实证的制度分析方法。

以诺斯（Douglass C. North）为代表的制度变迁理论，是制度经济学的最新发展。[①] 这一理论认为，在影响人的行为决定、资源配置与经济效益的各种因素中，市场机制的功能固然重要，但市场机制难以克服“外在性”等问题，而“外在性”是不可否认的事实，其根源在于制度的不合理性。因此，在考察市场行为者的利润最大化时，必须把制度因素考虑进去，而制度是内生变量。因此，深入分析制度变迁，与经济行为主体对制度变迁的反应，是经济学发展的必然要求。诺斯应用包括“成本–效益”分析方法在内的多种方法来研究制度

---

① Douglass C. North, Institutions, *Institutional Change and Economic Performance*, Cambridge University Press, 1990.

变迁。他认为，一项制度安排之所以被创新，即之所以有制度变迁，主要是因为，一方面有许多外在性的变化促成了潜在利润或外部利润的形成，另一方面又由于存在对规模经济的要求，将外在性内在化的困难，以及厌恶风险、市场失败、政治压力等原因，这些潜在的外部利润无法在现在的制度安排中得以实现。因而，在现在制度安排下的某些人为了获取潜在利润，就会率先来克服这些制度障碍，由此导致制度安排的创新，进而形成制度变迁。制度变迁，或“制度创新”，将实现潜在利润，提高收益与成本之比，也促使技术进步与经济结构升级，进而推动经济增长。

应用制度变迁理论解释中国经济增长奇迹成因的部分研究结果

这方面的研究与文献众多，也形成了解释中国经济增长奇迹成因的一个派别。

从制度变迁理论引申出来的一个理论就是，对一个国家或经济体而言，制度变迁是经济增长的根本原因。应用到过去 40 年的中国经济，则制度变迁就是经济增长奇迹产生的根本性原因。那么，过去 40 年中国产生了什么样的制度变迁促成了中国经济增长奇迹呢？

仅从本书有时说过去 40 年，有时说改革开放以来，就可看出，改革开放无疑是中国经济增长奇迹的一个关键性的成因。至于是不是唯一的成因，就看你是否认可制度变迁理论在解释经济增长方面的唯一性了。这也与本书的宗旨有关，将在下一节总评时详细分析。但改革开放，成功地将传统的计划经济体制转变为市场经济体制，虽然是有中国特色社会主义的，毫无疑问地从根本上解放了生产力，使得中国经济起飞进而创造经济增长奇迹。正如盛洪[①]与苗壮[②]所表明的那样，这一转变就是典型的制度变迁。改革就是制度变迁，而作为其成果的中国经济增长奇迹也正好印证了制度变迁理论所推导出来的结论。实际上，这也是最直观，大众最好理解的一种对于中国经济增长奇迹成因的解释。

但问题是，在中国的制度变迁过程中，即改革开放进程中，到底哪些制度因素的变化造就了中国经济增长奇迹呢？这就需要研究了，也正是众多研究者努力寻找的答案。答案自然有很多，都从某种制度因素的角度提供了一定的解释。有些研究者也作了定量的实证分析，得出了一些有参考价值的定量测算结果。

可以从广义的企业制度变迁、政府制度变迁以及政府改革战略三个方面来概括这些因素及其变化。

---

① 盛洪：《关于中国市场化改革的过渡过程的研究》，《经济研究》1996年第1期。

② 苗壮：《制度变迁中的改革战略选择问题》，《经济研究》1992年第10期。

广义的企业制度变迁，包括企业产权制度与保证企业经营的市场运行制度的改革。经济最终是人的经济活动，而现代经济中人的经济活动又是由各种类型的企业组织起来的。所以企业是现代经济中的基本元素，经济增长是由企业这个微观元素实现的；企业制度及其变迁是经济制度变迁的核心，进而成为经济增长的关键。早在20世纪80年代，中国经济学界所流行的“厉股份”、“吴市场”与“杨承包”的说法，就是指厉以宁所主张的企业股份制改革，[①]吴敬琏所倡导的市场价格改革[②]与杨培新所提倡的企业承包制改革，[③]都是从企业制度变迁的角度提出的促进经济增长的改革方案，分别涉及企业产权、产品定价与经营权的改革。厉以宁于1986年提出了所有制改革的主张：经济改革的失败可能由于价格改革，而成功取决于所有制的改革，也就是企业体制的改革。这是因为，价格改革主要是创造一个宜于竞争发展的大环境，而所有制改革或企业体制改革才真正涉及利益、责任、刺激、动力等问题。[④]从企业竞争与激励之间关系的思路出发，张维迎通过一个公有制经济中的委托–代理模型，得出两个关于经济改革成功的命题：一是财政“分灶吃饭”；二

① 厉以宁:《经济体制改革的探索》，人民日报出版社1987年版。

② 吴敬琏:《经济改革问题探索》，中国展望出版社1987年版。

③ 杨培新:《承包制——企业发达必由之路》，中国经济出版社1990年版。

④ 厉以宁:《中国股份制改革的历史逻辑》，原子智库，2018年7月18日。

是“放权让利”致使国有企业经济效益提升。[1]林毅夫引入“自生能力”的概念，认为解释传统计划经济向市场经济体系转型的成功有赖于企业自生能力的成功解决，[2]而企业的自生能力决定其产业、产品和技术选择。因此，中国的经济增长奇迹可解释为：一方面，国家削除原计划制度下制约企业正常化经营管理、产权、公司治理和政府干预等障碍，让企业具备了自生能力；另一方面，构建开放竞争的市场制度，使市场价格反映各生产要素的相对稀缺性，则企业在相对价格的引导下，为提高自生能力而选择和这个经济的比较优势相符合的产业、产品和技术，从而使整个经济的要素禀赋结构得到提升，获得最大竞争力，创造最大社会福利，促成最高经济增长。

关于政府制度的变迁，一般认为在中国具有“政府主导型”特征。这是毫无疑问的。中国政府在企业制度的变迁中的作用是不可否认的。对中国这样一个从计划经济向市场经济转型的国家，企业制度变迁是由政府所推动的。实际上，在其他国家不同程度上也是这样。关于政府制度的变迁，普遍认为改革开放以来中国政府的职能及相关制度法规发生了很大的变化。黄少安提出“政府以行政手段推进市场化过程”

① 张维迎：《公有制经济中的委托人—代理人关系：理论分析与政策涵义》，《经济研究》1995年第4期。

② 林毅夫：《解读中国经济》，时报文化出版企业股份有限公司2009年版。

的假说，认为政府在中国的市场化过程中处于中心位置，而且市场化方面能满足政府的目标函数，二者具有一致性。[①]因而政府利用自身的国家强制力，培养和发展市场体制，放弃对社会经济的全面管制，并逐步扩大市场主体的自主决策比例，从而推动整个社会向市场经济体制前进。杨开忠、陶然、刘明兴明确指出，中国经济转轨的成功在于不断地解除政府在经济各个方面的管制，特别是在原有计划体制外允许非国有部门和市场体制的发展，同时在原有计划部门也相应改革，引入市场竞争因素，从而渐渐缩小计划体制的覆盖范围，使得中国经济的比较优势得以发挥。[②]

尤其是，很多研究都强调地方政府职能转变的重要性。杨瑞龙提出“供给主导型制度变迁方式”的假说，认为拥有资源配置权的地方政府在一定阶段扮演制度变迁的“第一行动集团”角色，对于推动经济改革与促进经济增长起到了特殊作用。[③]他以江苏昆山经济技术开发区为例，提出了“中间扩散型制度变迁”方式模型：实行市场取向改革以后，利益独立的地方政府成为沟通权力中心的供给意愿和企业的制

① 黄少安：《关于制度变迁的三个假设及其验证》，《中国社会科学》2004年第4期。

② 杨开忠、陶然、刘明兴：《解除管制、分权与中国经济转轨》，《中国社会科学》2003年第3期。

③ 杨瑞龙：《我国制度变迁方式转换的三阶段论——兼论地方政府的制度创新行为》，《经济研究》1998年第1期。

度创新需求的中介环节，并以一级行政代理人的身份利用其政治力量主动地追求本地利益最大化。其后，杨瑞龙与杨其静又建立了一个三方博弈模型，研究在改革过程中中央政府、地方政府和企业之间的博弈过程及其经济后果，证明，正是由于地方政府的介入才使得改革得以相对平稳地推进，并能以较低的摩擦成本加快中国的市场化进程。[①]

实际上，政府有资源配置权，尤其是中国政府，包括中国的地方政府。所以中国政府，特别是地方政府在资源配置制度方面的改革变迁直接为企业与市场化改革注入了活力，成为中国改革开放与经济增长奇迹的强大动力。在这方面，最著名的是张五常的“县际竞争”理论。[②]该理论认为，中国的经济制度是一连串的承包合约的组合：“这组合不是引用到个别农户或个别国企，而是引用到有地理界限划分的地区去。我认为这是今天中国的经济制度的重心所在。”此有地理界限划分的地区就是县级区域。张五常指出，该承包合约的组合有足够的协商弹性，促进了地区的竞争和资源使用的效率，在20世纪90年代非常恶劣的环境下，经济尚能像凤凰一样浴火重生，离不开这个刚好在那个时候发挥效应的县际竞争制度。在对中国经验做理论总结时，他说：“当然，从科学的

① 杨瑞龙、杨其静：《阶梯式的渐进制度变迁模型——再论地方政府在我国制度变迁中的作用》，《经济研究》2000年第3期。

② 张五常：《中国的经济制度》，中信出版社2009年版。

角度衡量，我们不能排除还有其他更有效率的合约安排，只是人类没有尝试过。从这个世纪转换的时候看，以一个天然资源相对贫乏的国家而言，我认为中国的经济制度是人类历史上对经济增长最有效的制度。”

张五常倾心观察的是土地被使用的方式。他说：“一个发展中国家，决定土地使用的权力最重要，没有土地就没有什么可以发展。土地得到有效率的运用，其他皆次要。如果在竞争下土地和租值上升，经济是在增长。”这当然是经济学问下的逻辑，在竞争条件下，最好的工地能分配到最有价值的地方去，即高效率配置。那如何高效率配置呢？县与县的投资环境和潜在回报率参差不齐，要求投资者交纳同样的增值税必然会使一些县在竞争中失去投资的机会。但地价可以为负，那些缺乏竞争力的县可以为投资者提供免费的厂房并改进基础设施来吸引投资者。这就大大增加了在增值税分享条件下的土地使用弹性，在县与县之间展开竞争。在此竞争下，各县的干部为地区经济增长而谋划，又加剧了竞争。如此的互相竞争便促进了各县的经济增长。

张军等发现，中国经济增长奇迹很大程度上得益于中国在投资和更新基础设施上的出色成就，而此成就是中国式财政分权模式和政府成功转型的结果。这个分权模式成功的地方在于中央政府用“标尺竞争”取代了对地方政府的政治说教。中央自上而下的管理基于地方发展经济的可度量的标尺，简称政绩，而政绩体现当地基础设施的改善，“招商引资”的程度，从而实现经济增长目标。张军认为，1994 年中国政府的财政分税制改革大大增强了财政分权，从而进一步激发了地方政府建设本地基础设施与发展本地经济的积极性，并得出结论：“分税制改革带来的地方政府行为的变化是解释 1994 之后中国经济市场化和工业化进程的关键。”[①]

至于政府的改革战略，虽也有不少失误，但现在看来大部分的选择是正确的，是中国的制度变迁，或改革开放成功，进而经济增长奇迹的关键性原因之一。中国政府的改革战略，与其他国家的改革战略进行比较，最大的特色就是改革的渐进性。一批经济学家（盛洪，1990；樊纲，1991；孔径源，1992；苗壮，1992；张军，1992；林毅夫、蔡昉、李周，1993；刘铁民，1994）对渐进式改革的特征进行了研究。樊纲认为，中国经济变迁采取“先易后难”的战略，从农村联产承包、价格改革、财政包干、扩大企业自主权等改革阻力较小的领域入手，这些领域的新体制为人们提供了新的机会、新的可能，使得人们能够获得更大的利益，逐渐的“帕累托改进”实现了“较为顺利的改革”。[②]胡汝银认为，中国的渐进性改革体现在，不同部门、不同地区、不同类型企业和经济生活等不同

---

① 张军：《中国基础设施的基础研究：分权竞争、政府治理与基础设施的投资决定》，《张军自选集》，山西出版社 2013 年版。

② 樊纲：《渐进改革的政治经济学》，上海远东出版社 1996 年版。

方面广泛进行差别化改革和逐步增加大多数社会成员私人净收入，国民收入分配向个人或家庭倾斜，家庭储蓄规模和份额不断增大，以及消费品主导型的经济增长，达到扩张性个人境况改善。差别化改革的最大体现就是曾经存在一段时间的“双轨制”，虽然不合理，但在当时是不得已的最佳选择。[①]林毅夫、蔡昉、李周总结中国渐进式改革的优点为三个方面：一是非激进化改革能充分利用已有的组织资源，保持制度创新过程中制度的相对稳定和有效衔接；二是可避免大规模的社会动荡和资源浪费；三是避免了资产存量分配过程中出现的不公平以及由此产生的冲突，使改革得以顺利进行。[②]

一些经济学家曾对制度变迁对于经济增长的贡献度进行了定量测算。李志强、陈泽坤的测算结果表明，1986—2013年间制度变迁每进展1%，经济增长提高0.12%；[③]傅晓霞和吴利学测算出1982—1999年经济制度变迁对中国经济增长的贡献率为35%；[④]刘志迎、陈侠飞则使用1978—2012年的数据测算出，在制度变迁、技术进步、人均物质资本与人力

---

① 胡汝银：《中国改革的政治经济学》，《经济发展研究》1992年第4期。

② 林毅夫、蔡昉、李周：《中国的奇迹：发展战略与经济改革》，联经出版社2003年版。

③ 李志强、陈泽坤：《制度变迁与技术进步对中国经济增长的影响》，《经济与管理研究》2015年第36卷第12期。

④ 傅小霞、吴利学：《制度变迁对中国经济增长的实证分析》，《南开经济研究》2002年第2期。

资本等变量中，制度变迁对中国经济增长的贡献度最大，为45%~48%。[①] 这些测算均将制度变迁作为单个解释变量，难免有笼统简单化之嫌。金玉国（2006 年）则构造了四个制度变量，分别对制度变迁的几个方面进行描述：一是非国有化率，反映经济成分多元化的程度，以工业增加值中非国有工业增加值的比重为代表；二是市场化程度，反映资源配置与经济决策市场化的广度和深度，指标为生产要素市场化指数与经济参数市场化指数的加权平均值，其中，生产要素市场化指数为全社会固定资产投资中“利用外资、自筹投资与其他投资”三项的比重，经济参数市场化指数是所有商品价格中不由国家定价的比重；三是国家财政收入（不包括债务收入）占 GDP 比重，反映经济利益分配中国家分配份额的大小；四是对外开放程度，以国际贸易、国际金融与国际投资三方面指标占 GDP 比重的加权平均数来代表。应用 1981—1999 年的数据，测算的总结果为，制度变迁对中国经济增长的贡献度高达 35.3%。[②]

钱颖一与巴里·温加斯认为“推动市场的经济联邦制”，即将中央与地方分权，对中国经济增长奇迹产生了很大的促

① 刘志迎、陈侠飞：《改革红利：中国制度变迁与内生增长》，《经济与管理研究》2015 年第 36 卷第 10 期。

② 金玉国：《制度变迁对中国经济增长的实证分析》，《会计探索》2006 年 4 月。

进作用。[①]史正富更将中国特色社会主义市场经济体制归纳为一个包含了战略性中央政府、竞争性地方政府和竞争型企业系统的三维市场机制，此体制创造了中国经济增长奇迹。[②]

笔者点评

制度变迁理论对于中国经济增长奇迹成因的解释力，无论是从理论角度还是可经验角度，都是很强的，而且在经济学框架下可以说是其他理论所解释的成因背后的基础性成因。其逻辑是，正是由于制度变迁，即改革开放，才使得经济成长阶段论下的低起点起飞，结构主义发展论下的各种结构升级，新增长理论下的人力资本与技术进步的快速提升，以及新古典增长论下的资本与劳动力的大量投入成为可能。所以很多人一说到中国经济增长奇迹的成因时便会脱口而出，“那还不是由于改革开放了啊”，“当然是改革开放啦”，“改革开放的直接结果”或“就是得益于改革开放”，等等。从制度变迁理论的角度，也的确如此。所以本书才认为改革开放是整个经济学成因中比

① 钱颖一、巴里·温加斯（Berry Weingast）：《中国特色的维护市场的经济联邦制》，《现代经济学与中国经济改革》，中国人民大学出版社 2003 年版。

② 史正富：《超常增长：1997—2049 年的中国经济》，上海人民出版社 2013 年版。

表层与次层成因更为深一层的次次层成因。

就改革方式而言，过去40年中国的改革开放与其他国家的改革开放相比有着非常鲜明的特点，除了上面很多经济学家所提到的渐进性之外，还包括重视国情特殊性的实事求是、坚定不移与灵活可调等。正是由于这些特点，取得了比在其他国家更大的成功，从而造就了中国经济增长奇迹。

从实质上讲，与其他也进行了改革开放的国家比较，中国改革开放的成功之处在于建立了一个社会主义市场经济体制，而非纯市场经济体制。这一体制最大的优点是正确处理了政府与市场的关系，呈现若干重要特征。一是政府启动，主导与指挥着整个改革开放进程。从农村承包责任制，到乡镇企业发展，到企业承包责任制，到价格双轨制，到特区、新区建设，到加入WTO，到现代企业制度，到银行面向市场，到资本市场建设，到国有企业混合所有制，到自贸区构建，到城市群建设，再到最近的市场进一步对外开放等，无不是由中央政府所启动与主导的。二是政府仍推行强有力的发展战略与产业政策。发展战略方面，先农村，后城市；先消费品，后工业投资品；先国内市场，后国外市场；一部分人先富起来，然后带动其他人致富；先制造业，后服务业；先引进外资，后对外投资，等等，无不证明是正确与有效的战略选择。就地区发展战略而言，东部率先发展，然后西部大开发，接着中部崛起，再接着振兴东北，虽振兴东北战略的效果尚不如人意，总体东、中、西差距仍大，战略的整体成果是有目共睹的。产业政策方面，先农业，接着轻工业，后重化工业，再电子信息产业；先内需产业，后出口产业，再内需产业；先传统产业，后机电产业，再八大战略性新兴产业（新一代信息技术、节能环保、生物、高端装备、新材料、新能源、新能源汽车、数字创意），大部分都被证明成功实施并大大促进了经济结构的升级。三是政府仍通过国有企业在经济中占有重要地位。截至2017年年底，国有控股企业总资产仍占规模以上工业企业总资产的37.9%，从而保证了政府战略与产业政策的顺利实施与成功落实。四是政府的作用不光体现在中央政府，同时体现在地方政府，且就很多经济学家，如张五常、张军、史正富、钱颖一等来看，更重要的是体现在地方政府。其中，中央政府与地方政府的分权及互动又是一大特色。五是虽然国有经济仍占重要地位，民营经济却得到了更大的鼓励并取得了更快的发展，占GDP比重从1978年的接近于零攀升至2017年的60%以上，成为中国经济发展的主力军与中国经济增长奇迹的最大贡献者。目前，除了军工企业与有关国家安全与民生的行业外，大部分的行业已是民营企业主导或占领，而且效益最好并享有国内外声誉的企业，如华为、阿里巴巴、腾讯、小米、京东、海尔、联想等都是民营企业。这正是产权制度变迁，或按中国的说法，所有制改革的结果，说明了产权制度改革对于中国经济增长奇迹的贡献。六是国有企业已逐渐地市场化运行。现有国有企业，也是企业，除了需接受政府的产业政策指导与实施国家紧急任务外，理论上是自负盈亏，自生自灭，实际上日常也是以盈利为目的。很多国有企业已经上市，不盈利是难以维持上市地位的。七是民营企业也通过股份制，特别是最近几年推行的混合所有制进入国有企业及垄断性行业，且股份制占比不断提高。今后绝大部分的国有企业将只有国有控股性质，即占有最多股权，但不一定在50%以上，逐渐变成公私合营。八是体现市场化程度的价格体系，除了有关国计民生的公共产品价格，已经全部放开。作为过渡而存在过的“价格双轨制”早已不复存在，目前中国价格体系的市场化程度与市场化程度高的市场国家相比当然有所不及，但与市场化程度较低的市场国家比较可能并不会低。九是民营企业与政府，特别是地方政府的关系并非对立，而是互惠互利。即，在一定的合理与巧妙的机制下，政府为民营企业服务，壮大本地经济，一方面获得税收，另一方面获得政绩，何乐而不为？民营企业依赖政府的支持甚至保护，也情愿配合政府，获得赚钱与发展的机会，更是乐不可支。当然，这也是官商勾结，官员腐败的一个源头，另当别论，但就对经济发展而言无疑是积极与重要的。张五常、张军、史正富等人的研究表明了这一点。如前所述，张五常的“县际竞争佃农理论”甚至认为这种机制导致的县际竞争是人类经济上最好的制度。

十是政府努力调节一部分先富起来与带动其他人致富之间的关系。社会主义市场经济，既然“社会主义”作为定语放在前面，最终目的是全面富裕。尽管要做到这一点很难，到目前为止的成效也不大，贫富差距是当前的一大社会问题，但政府与全社会都意识到了此问题并取得共识要实现全面富裕的目标，且从实际情况看反映贫富差距的基尼系数近年来也有所下降，说明社会主义市场经济体制有可能实现这一目标。其他的发展中国家，如印度、南美及中东国家等的贫富差距问题比中国更为严重，从这些国家住在贫民窟的人口比例就可见一斑。中国即将消灭贫困人口，不能不说是社会主义市场经济的一个巨大成就。贫富差距的拉大，在经济起飞时期是不可避免的，也可以说是起飞的促进因素之一。但当经济发展到一定程度，差距太大反而成经济增长的一个负面因素。缩小这一差距，使中低收入居民的收入与财富增加，而这些居民的消费倾向比富人高，将成为经济增长的新动力。中国经济已经发展到了这个阶段。缩小贫富差距也是保持社会稳定的前提，而社会稳定又是经济增长的前提。

从制度变迁理论的视角，正是改革开放建立起了这样一个社会主义市场经济体制，才促成了改革开放后的中国经济增长奇迹。

第五节　总评

以上应用经济学理论对于过去40年中国经济增长奇迹成因的各种解释，在不同层面，从不同角度来看都有合理性与一定的力度。所以中国经济增长奇迹，虽然是奇迹，也是符合经济学理论的，都能够在不同层面与不同角度从经济学理论中找到相应的解释。有人说中国经济增长奇迹超越了或不符合经济理论，这是不对的。只能说是超越了主流经济学理论，但仍在非主流经济学理论的框架之内，而主流经济学理论在解释实际经济，特别是发展中经济方面的局限性已广为人知，反而是非主流经济学为解释多样化的发展中经济提供了更高的有效性。中国经济增长奇迹的发生，是中国人民及政府实事求是与灵活可调地选择与运用了相应的经济理论，而不是机械地照搬，并且结合中国的实际情况进行了应用创新所取得的成果。

上述的解释这么多，虽然都对，但到底应该首先或主要采用哪一个呢？刚才说了，每一个都只是在某一个层面与某一个角度来说是对的，所以都不能排除其他的解释。肯定新增长理论解释的，不能否认新古典增长理论解释的，肯定制度变迁理论解释的，也不能否认结构主义发展理论解释的。采用哪一个，取决于想在哪一个层面或从哪一个角度来考虑问题。

以上呈现经济学界研究成果时对于经济学成因的追踪是归纳性的，从经济现象开始，先剖表层，后寻至次层，再追至次次层。下面笔者的总点评，将反向追溯，从次次层开始，导致次层，再推至表层，从而试图在经济学理论框架下对过去 40 年中国经济增长奇迹成因作一个演绎性的解释，同时给出笔者的观点。

改革开放以来的中国经济增长奇迹，自然首先应该归功于改革开放。中国经济 40 年来的高速增长过程，也就是改革开放的过程，后是因，前是果。一言以蔽之，就是改革开放解放了由传统计划经济体制所束缚的生产力，进而促使经济高速增长，创造了中国经济增长奇迹。

从哪几个方面解放了生产力呢？第一，通过思想解放，解放了人们的生产积极性，促成劳动力的大量与有效投入，同时人力资本的大大提高。计划经济体制过于强调平等，造成大锅饭，干与不干一个样，导致人们的生产积极性低迷不振，劳动力没有有效地大量投入，人力资本增长缓慢。这可以说是计划经济体制的最大弊病。而改革开放最大的功劳就是把人们的生产积极性和工作欲望调动了起来，即解放了劳动力与人力资本。第二，通过产权制度改革，即所有制改革，解放了企业的生产积极性。计划经济体制下几乎完全的国有体制改革成了多种所有制并存的体制，尤其是促成了民营企业在整体经济的最大比重地位与经济增长的最大贡献者角色，这就从根本上提高了企业的生产积极性。而企业是现代经济的核心，企业的生产积极性提高了，不仅追求生产规模，还追求生产效益，进而不仅大量进行投资以积累物质资本，而且主动从事技术进步与提升人力资本。第三，通过市场化改革，尤其是价格改革，解放了经济结构优化的约束，包括宏观经济结构、产业结构、地区经济结构、对外经济结构、产品结构等的优化约束。市场化改革消除了各种市场限制与障碍，尤其是价格改革使得市场价格成为各种结构性优化的信号与依据，在结构主义发展理论框架下的各种经济结构优化成为可能。第四，通过对外开放解放了低起点下的“后发优势”。所有发展中国家经济都处于低起点，都有潜在的“后发优势”。但此优势能否发挥出来，关键在于能否有效地学习与掌握“前有”或“现有”的优势。大部分的发展中国家未能做到这一点，所以经济仍未起飞，更不用说创造经济增长奇迹。中国的改革开放解放了国人的学习积极性，也消除了学习外国的限制，使得国人的学习潜能得以充分开发，大规模地学习与借鉴“前有”或“现有”的国外科学技术，当然是花钱并以提供市场为代价，才使得“后发优势”得以发挥，从而实现经济起飞。

因此，次次层的改革开放，或制度变迁，导致次层中各项生产率因子，即人力资源、技术进步、结构优化、后发优势，以及表层中的劳动力与物质资本的投入都得到了根本性的优化。

进入次层中的生产率因子，第一，人力资本提升了，即人的知识技能与创新能力提升了，全要素生产率自然就提高。前面已经提到，谭姝、马苏的研究认为，人力资本的提高，对于整个全要素生产率提高的贡献度为19.8%。[①] 要知道经济增长是生产活动的结果，而生产活动是人的活动，没有人的知识技能与创新能力的提升，就没有劳动生产率的提高，也就没有经济增长。第二，经济结构优化了，资源得以合理利用与配置，产业、地区以及产品结构得以根据当时当下的实际情况，该发展的就发展，不该发展的就不发展；该优先发展的就优先发展，该推后发展的就推后发展；该主要发展的就主要发展，该次要发展的就次要发展。就产业结构优化而言，过去40年来，恰当地选择了时机依次发展农业、消费品工业、出口工业、重化工业、电子产业与信息产业，使中国的产业结构水平，进而整个经济的全要素生产率水平达到了今天的高度。第三，技术进步加快了，产品质量得以提升，产品销路得以增加，企业效益得以增强，全要素生产率得到提高。科技是第一生产力。的

---

① 谭姝、马苏：《人力资本与中国经济增长的关系探索》，《财经问题研究》2008年第2期。

确如此，尤其是对现代化经济而言。在当今时代，高科技日新月异，跟不上科技的发展，很快就会落伍甚至被淘汰。因而技术进步的高度，不仅决定企业乃至整个经济的发展水平，而且决定企业甚至整个经济的可生存程度。技术进步，一开始就代表着全要素生产率，全要素生产率概念扩充后，仍是全要素生产率的最重要标志和决定因素之一。第四，低起点“后发优势”发挥出来，潜在的起飞动能释放，又缩短了生产率各因子，包括科学、技术、管理、结构、制度等进步与升级的时间，并避免了进步与升级过程中的失败风险，大大加快了全要素生产率的提升并增加了提升的确定性。

至于人力资本、结构优化、技术进步及“后发优势”的贡献度到底哪个更大，如何排序，当然又是见仁见智。以上是笔者的个人排序。至于为何人力资本排第一，笔者是“世上的一切事情都是人做出来的”这一理念的信奉者，虽然未必“人定胜天”，但是一定“事在人为”。毛泽东的名言“人民，只有人民，才是创造世界历史的动力”，是深刻的历史洞见。说过去40年中国经济增长奇迹是中国人民创造出来的，毋庸置疑。关于结构优化排第二，我们通常所说的经济是指宏观经济，相对于此，结构是在中观层面，对宏观经济有着直接的影响与作用，各个层次与侧面的经济结构的优化直接促进经济增长。尤其是产业结构及时地逐步升级，是过去40年中国经济在每个重要阶段都保持高速增长的关键因素之一。技术进步排第三。技术进步主要发生在微观的企业层面，因而相对于经济的宏观性与结构的中观性，技术进步呈现的是微观性。虽说是微观，其对宏观经济的推动作用当然不可或缺。可以说，宏观经济是由中观结构构成的，但是由微观企业组成的。企业技术进步加快了，企业生产扩大，效益提高，经济自然就增长。过去 40 年中国企业的改头换面在很大程度上体现在技术进步方面的跃升。低起点下的“后发优势”排第四。低起点下的“后发优势”的重要性，一是低起点所决定的经济起飞的确定性提高，二是后发优势所决定的生产率因子提升速度加快，促使经济增长进一步加速。

再从次层成因进入表层成因。上述人力资本、技术进步、结构优化及“后发优势”等生产率因子的进步与升级，大大提升了作为综合因素的处于表层的全要素生产率。新古典增长理论柯布–道格拉斯生产函数中余项的全要素生产率对经济增长的推动作用也就成为显然。这一推动作用在改革开放一开始时就很可观，而随着改革开放的深入日益增大，表层成因中劳动力与物质资本投入的大量增加自然是经济增长的直接动因，如前所述，对过去 40 年中国经济增长奇迹的贡献是不言而喻的，尤其是在 40 年的前半期。这两项投入在表层是两个独立于全要素生产率的解释变量，但不应认为与全要素生产率没有关系。其实，是有因果关系的。前面已经提到，过去 40 年劳动力的大量投入不仅仅是由于自然的人口红利，还在于影响全要素生产率效率的因素之一的改革开放激发了人们的生产积极性，使得实际的劳动参与率大大提高。同时，物质资本的大量投入是居民储蓄率提升与储蓄转为投资的效率提高的结果，而这都与改革开放消除了相关制度约束有关。

如此这般，表层成因中的全要素生产率的大幅提升，和劳动力与物质资本的大量投入直接地促成了过去40年中国经济的高速增长，进而造就了中国经济增长奇迹。

笔者以为，到此为止，已经完成了对于经济学成因的追踪，本书在经济学理论框架下对于中国经济增长奇迹成因的解释与分析就到此结束。

那么，人们对以上解释是否满意呢？上面说过，以上解释在经济学理论框架下，在一定的层面，从一定的角度，都是正确的，大家也都可能认为没错。但认为没错与感觉回答满意不完全是一回事。要感觉回答满意，就应觉得回答不仅正确而且充分，以至于没有必要再追问下去了。那么在读完以上解释后，人们是否觉得解释充分了呢？无须再追问了呢？对有些人来说可能是这样，但对另一些人，包括笔者本人与笔者遇到过的很多人来说，未必就如此。

就以上解释中相对深层次的次次层成因，即改革开放是最根本的经济学成因而论，还有没有继续追问的余地呢？

一个很显然的追问就是，既然改革开放是根本性原因，那其他发展中国家学习中国也改革开放不就行了吗？但过去40年来实行类似于中国改革开放的国家很多，从苏联、东欧国家到越南、印度等，为什么它们没有取得中国这样的经济增长奇迹呢？而且，改革开放无非就是采用市场经济体制，但目前世界上100多个发展中国家，除了几个少数国家仍处于改革过程中之外，都早已实行了市场经济体制，那为什么它们的经济仍未起飞，或起飞后陷入中等收入陷阱而不能自拔呢？更遑论经济增长奇迹了。问题便产生了，即，为何独有中国实行了改革开放就创造了经济增长奇迹，而其他国家也实行了或正在实行却没创造出增长奇迹呢？制度变迁理论不能回答这一问题，所以也不能停止追问。

成长阶段论解释更面临类似的局面。1978年的低起点无疑可以被认为是过去40年中国经济增长奇迹的一个重要原因。但40年前比中国经济起点更低的国家很多，按人均GDP，当时中国排名在135位，有134个国家比中国更低。为何这些国家未能实现经济增长奇迹，甚至经济体离起飞尚远，仍在沉睡呢？而且，现在中国人均GDP世界排名70位左右，其他100多个发展中国家都比中国低。中国仍在以6%以上的速度增长，仍为当今除印度与越南之外增长速度最快的主要经济体，那其他100多个国家为何都还不起飞呢？所以成长阶段论的低起点论解释也必将面临下一步的追问，即，为何1978年中国能在低起点上起飞进而创造经济增长奇迹，而其他国家在差不多甚至更低的起点上没有做到这一点？还是有问可追。

那么其他理论呢？也是同样，或者更加不能令人满意。从新古典增长理论来说，劳动力与物质资本的真正大量投入是经济高速增长的直接贡献因素。但人口红利各发展中国家都有，为何没有形成劳动力的真正大量投入呢？物质资本中国改革初期有一定存量，但后来主要是改革开放后靠人们的高储蓄率积累起来的，那其他发展中国家的国民也可以多储蓄，从而多投资多积累物质资本啊？为何他们做不到呢？至于生产率因素的人力资本、结构优化、技术进步等方面的成就获得，都存在这个问题，即为何这些成就中国取得了而其他发展中国家没有取得呢？如果说是制度因素制约了，那问题又回到了上面，为何中国通过改革开放消除了这些制度制约，而其他国家不改革开放或改革开放了而未能消除这些制约呢？

看来，疑问还是有的，而且还有很多，追问是应该的，而且很必要。

按道理，40 年虽在历史的长河中是短暂的一瞬，但相对于人的生命与现代经济的发展，或相对于“30 年河东，30 年河西”的说法，却不是一个短的历史时期。在这样一个时期，人可以改变很多东西，就像过去 40 年中国经济增长奇迹所展现的那样。就经济改革与发展而言，在 40 年这样一段时期内，市场经济体制下的各生产要素及生产率因素可以对空间差异作出充分的适应性调整而发生应有的变化。尤其是在国际化、全球化的今天，资源、技术、知识、资金与制度各因素增长或改善力量方面的差距都可以在这样一段时期通过自我学习和与他国交流而得以缩小。也就是说，各国经济增长模型的诸变量——劳动力、物资资本、人力资本、技术进步、经济结构以至于经济体制的变化应该在这样一段时期内趋同，或应用学术语言叫收敛（Convergence），进而各国的经济增长速度趋同或收敛。但为什么这一趋同或收敛没有看到且在可预见的将来也难以看到，而唯独中国脱颖而出了呢？一言以蔽之，为何人类历史上最大的经济增长奇迹过去40年独一无二地发生在中国，而不是在其他国家？

这表明，仅从经济学成因，即经济学理论框架下的相关变量，如生产要素、技术进步、人力资本、经济结构、制度法规等，不能从根本上解释为何人类历史上最大的经济增长奇迹发生于中国这一事实。应该还有比这些经济学成因更深层次与更渊源性的因素才能对此作出更为令人信服的回答。

因此，追问将继续，对追问的解释与回应也将深入，这就是下面两章的任务。

第四章

深层成因

——人文解释：国人的五大经济行为特征

第一节 “事在人为”
——人的经济行为对于经济发展的决定性意义

“事在人为”

“事在人为”的成语，相信稍具文化知识的国人都耳熟能详，或起码有所耳闻，意思是，事情的成功全在于人的作为。

此成语言简意赅，蕴含着深刻的人生哲理，在中国文化中源远流长。远可追溯至先秦时期《易经》中的“天行健，君子以自强不息”[①]，孔子《论语·宪问》中的“知其不可为而为之”[②]，与曾子《论语·泰伯》中的“士不可不弘毅，任重而道远”[③]；中可观明代冯梦龙《东周列国志》中的“事在人为耳，彼朽骨者何知”[④]，清朝李玉《永团圆·逼离》中的“事

①《易经》，中华书局。

②《论语·宪问》，中华书局。

③《论语·泰伯》，中华书局。

④《东周列国志》，中华书局。

在人为必克臧”[①]，清朝吴趼人《二十年目睹之怪现状》中的“现在的世界，随便甚么事，都是事在人为了”[②]，与清朝李宝嘉《官场现形记》中的“这里头事在人为”[③]等；近则可见毛泽东“只要有了人，什么人间奇迹也可以创造出来”[④]。连主张“出世”的佛门观音大士（慈航大士）也明确教导：“即便天意如此，也必须事在人为。”[⑤]意为即便上天有心成就于你，你也要通过考验证明自己实至名归才会成功。

人类与世上其他动物的区别，除了生理上的人可立行，动物则只能爬行或飞行之外，就是人类的“有为性”与动物的“无为性”了。即，人类不但会适应自然界，而且会改造自然界，而动物只有适应性而没有改造性。如人类会制造和使用工具，从而进行生产，动物却不会。正因为如此，人类取得了惊人的社会发展成就，控制了自然界与其他任何动物，过上了现代化的生活，而其他动物仍然生活在自然界的原始状态并被人类所控制。也就是说，迄今为止地球上自然界的改观和当今的现代化状态，都是人类改造自然的成果。

---

① 李玉：《永团圆·逼离》，中华书局。

② 吴趼人：《二十年目睹之怪现状》，中华书局。

③ 李宝嘉：《官场现形记》，中华书局。

④ 毛泽东：《唯心历史观的破产》，《毛泽东选集》第四卷，人民出版社 1991 年版。

⑤ 徐人瑞、程瑶初：《历代神仙通鉴》，中华书局。

人的经济行为是经济发展的决定性因素

人类改造自然的活动，就是我们现在所说的经济活动；改造自然界的成就，就是现在所说的经济发展成就。也就是说，有史以来经济发展的成就，本质上都是经济活动的结果，而经济活动的主体是人，所以都是人的成就。

从另一个角度，人从事经济活动，也是人类存在的意义和价值。从猿人变成人类以来，人生存在地球上就有了双重意义，一是消费水平，包括消费数量与质量，不断提高，二是提供更高消费水平的能力不断增强。动物有维持生命的食物即可，谈不上温饱，但人类不但要维持生命，还起码要达到温饱，更要丰衣足食，甚至奢侈铺张。为此，动物的毕生活动只是捕食与寻找栖身之地，而人类则需要改造自然，不断创造更加美好的生活。也就是说，人生下来就需要从事经济活动。从事经济活动是人生存的意义，进行高水平的经济活动是人生存的价值。高水平的经济活动则意味着高水平的经济发展与快速的经济增长。

这又意味着，人如何从事经济活动，决定着经济活动水平的高低，进而决定经济发展水平的高低与经济增长速度的快慢。人如何从事经济活动，谓之为人的经济行为，是经济发展水平与经济增长速度的决定性因素。

人的经济行为对于经济发展或增长的决定性意义，伟大的思想家、经济学家与社会学家们早有论述。

马克思指出："各个人——他们就是生产力——是分散和彼此对立的，而另一方面，这些力量只有在这些个人的交往和相互联系中才是真正的力量。"[①]毛泽东则说："一切事情是要人做的"，[②]"一切物质因素只有通过人的因素，才能加以开发利用"。[③]

著名的发展经济学家刘易斯认为，影响经济增长的直接原因有三个：一是人们从事经济活动的努力；二是知识增长及其应用；三是人均资本和其他资源量的增加。其中前两个原因都是有关人的经济行为，可以说第一个是人从事经济活动的意愿，第二个是人从事经济活动的能力，然后才是第三个原因的自然资源，可见人的经济行为对于经济增长的意义之大。刘易斯特别看重第一个原因，即人们从事经济活动的努力，我们现在称之为工作或劳动，与之相对的是休闲。他强调人对工作与休闲的态度和对劳动及其收入的评价，指出："目前多个社会互相之间差别极大，这表现在其成员利用经济社会的程度上……这些差别可以追溯到三个明显的原因，即对物质产品和为取得这些产品所付出的努力的程度上有不同的看法；对现有的机会有不同的看法；对制度在鼓励努力的

---

① 马克思：《马克思恩格斯全集》第一卷，人民出版社 1995 年版。

② 毛泽东：《毛泽东选集》第二卷，人民出版社 1991 年版。

③ 毛泽东：《论十大关系》，《人民日报》1976 年 12 月 26 日。

程度上有不同的看法。”[①]

著名人类学者亨廷顿（1996）及其他很多东亚社会学者将20世纪后期东亚经济的起飞归因于东亚人民所特有的经济行为，即，勤劳、节俭、纪律、集体主义、崇尚知识、重视信义和家庭责任感等经济行为。[②]著名经济学家刘遵义与社会学家金耀基更将高储蓄/投资率和重视教育的经济行为作为亚洲经济成功的共同主题。[③]

著名社会学家韦伯早在20世纪初就指出，西欧中世纪的基督教经过16世纪的宗教改革后所形成的新教提倡一种新型的人的经济行为，即一方面反对过度的消费，另一方面又追求财富增长的经济行为，正是由于这样一种新型的经济行为导致了欧洲资本主义经济的兴起。他说道："一旦限制消费与谋私行为的解放结合起来，不可避免的实际结果显然是：强迫节省的禁欲导致了资本的积累。在财富消费方面的限制，自然能够通过生产性资本投资使财富增加。”[④]

---

① William A. Lewis, *The Theory of Economic Growth*, London: Allen and Levine, 1995.

② Samuel P. Huntington, *The Clash of Civilization and the Remaking of World Order*, New York: Simon & Schuster, 1996.

③ J. I. Kim and Lawrence J. Lau, "The Sources of Economic Growth of the East Asian Newly Industrialized Countries", *Journal of the Japanese and International Economies*, Vol. 8, Issue 3, 1994.

④ Max Weber, *The Protestant Ethic and the Spirit of Capitalism*, London : Allen and Unwin, 1930.

人的经济行为在经济增长理论中的占位与缺位

人的经济行为对于经济增长的决定性意义，不仅体现在上述思想家与学者的论述中，在经济增长理论中也有占位。

在古典增长理论中，西方近代经济学鼻祖亚当·斯密在其近代经济学奠基之作《国富论》中指出，人类为创造更多的财富而追求经济增长，虽然是由人本身的利益，即私欲所驱动，却是经济增长的原始动力。[①]

创新理论的鼻祖熊彼特强调企业家（当然也是人）的创新行为是经济发展的根本动力。针对传统经济学“生产要素决定经济发展”的理论，他反驳说：“发展主要在于（企业家）用不同的方式去使用现有的资源，利用这些资源去做新的事情，而不问这些资源的增长与否。”“不同的使用方法，而不是储蓄和可用劳动数量的增加……改变了世界经济的面貌。”[②]

舒尔茨（Thodore W. Schults）人力资本理论的著名观点是：在影响经济发展诸因素中，人的因素是最关键的，经济发展主要取决于人的质量的提高，而不是自然资源的丰瘠或资本

---

① Adam Smith, *An Inquiry into the Nature and Causes of the Wealth of Nations*, London：W. Strahan and T. Cadell, 1776.

② Joseph Shumpeter, *The Theory of Economic Development*, New Brunswick and London（UK）：Transaction Publishers, 1983.

的多寡。[1]

就现代经济增长理论而言，前一章介绍过的新古典增长理论中的劳动力就指的是人；新增长理论中的人力资本的人力当然也是人；制度变迁理论中的制度变迁的推动力量也是人；结构主义发展理论所强调的政府对经济活动的干预也是人的干预。

所以，从古典开始，经济增长理论不是没有考虑人，也并不是没有意识到人对于经济发展的作用。但是，在所有这些理论中，人只是作为一个总量性的或无差别性的，外生地或机械地内生出来的变量出现的，没有深入到人的经济行为层面，没有努力研究不同的经济行为导致不同的经济发展后果这一现象。

新古典经济增长理论中的劳动力，学过经济学的都知道，指的是劳动力的数量，即参与劳动或工作的人或就业人员的数量，没有考虑劳动力的质量，更没有考虑由人的经济行为所导致的劳动质量的差别。根据这一理论，劳动力数量多了，经济增长就快，而不管劳动力的实际工作时间、劳动态度、受教育程度、技能水平、知识结构等，更遑论他们的致富欲望、工作态度及储蓄 / 投资愿望等素质了。

---

① Theodore, W. Schultz, "Investment in Human Capital" , *The American Economic Review*, 51（1）, 1961.

新增长理论引入人力资本的概念是一个很大的改进，意图在增长模型中除了劳动力数量外也纳入劳动力质量，并努力内生化这一劳动力质量。但是，在模型中人力资本也只是单个变量，综合性地代表劳动力质量，意指劳动力的知识技能及创新能力，而未能分解劳动力质量，因而忽略了影响或代表劳动力质量的诸多因素，如致富欲望、劳动或工作态度、储蓄/投资意愿、学习热情及纪律意识等。其内生过程过于简单与概念化，仅作为固定资产投入的副产品，很多学者对此进行了批评。

制度变迁理论中制度变革的推动力量是人，变迁的目的是消除制度性约束，也包括对人的约束。但也未在具体是哪些方面由人推动，消除了哪些对人的制度性约束方面深入研究。在制度变迁后，对人的制度性约束的消除如何促进了经济发展或经济增长，无疑是人们所关心的，但制度变迁理论研究的重点似不在此，自然没有给出答案。

既然如前所述，伟大的思想家与经典的经济学家和社会、人类学家都指出了人的经济行为对于经济发展的决定性意义，为何现代经济学理论却没有在此方面做出应有的深入研究呢？笔者认为，这与现代经济学过于强调模型化与范式化的研究方法有关。现代经济学，从研究方法的角度，是以模型化、数学化与范式化主导，以能够模型化、数学化与范式化的经济理论为主流经济学，而未能有效地或充分地模型化、数学化与范式化的理论被认为不够成熟，是非主流经济学。主流经济学理论为了更加主流而追求在模型化、数学化与范式化方面更加完美，甚至到了模型与数学滥用的地步。而为了挤入主流经济学，非主流经济学理论也想方设法地模型化、数学化与范式化，在很多情况下实际是勉强而为之。在这种潮流下，容易定量描述的变量被轻易地纳入研究范围，而难以定量描述的变量便被忽略。人的经济行为，更多地受心理影响，是心理性变量，难以观测，更难以像物理性变量那样定量化，所以，才在经济学理论中被忽略或被简单地处理。

但难以定量化并不意味着不重要，不值得研究。既然重要与值得研究，那难以定量化就应以定性化的方法研究。且现在难以定量化是仅就目前常用的定量技术而言的，并不意味着就永远不能定量化，反而应该试图找到更适合于研究此问题的新的定量化方法。新的定量化方法应以实用化为原则，而非以数学性的高深程度为标准。如样本调查、问卷调查，面板数据分析等社会学与经济学实际问题的研究中常用的方法，虽然简单朴实，但并不比高深的数学及统计学方法在解释像经济行为这样的经济现象方面逊色。尤其是，随着新一代信息技术的加速发展，大数据的应用将在这方面开辟一个新的领域与可能性。

为此，值得一提的是，20 世纪 80 年代后，以理查德 · 泰勒为首的一批经济学家开始对传统理论的“理性人”假设提出质疑，尝试将心理学、社会学的研究方法的成果引入到经济学研究中来，提出了将非理性的经济主体作为微观研究的对象，从而开创了对人的非理性规律进行研究的先河，行为经济学由此诞生。随后大批学者对这一崭新的领域表现出极大的热情与信心并投身于其研究中。一般认为行为经济学正式创立于1994年，已故著名心理学家阿莫斯·特维尔斯基（Amos Tversky）、经济学家丹尼尔·卡尼曼（Daniel Kahneman）、理查德·萨勒（Richard H. Thaler）、马修·拉宾（Matthew Rabin）与美籍华人奚恺元教授等是这一学科的开创性代表。行为经济学家卡尼曼和史密斯（V. Smith）因在行为经济理论和实验经济学方面的杰出研究而获得2002年度诺贝尔经济学奖，可见行为经济学已有力地展现了其存在的价值、学术地位及研究前景。

行为经济学将行为分析理论与经济运行规律、心理学与经济科学有机地结合起来，修正主流经济学关于人的理性、自利、完全信息、效用最大及偏好一致等基本假设的不足。广义而言，行为经济学将五类要素引入经济分析框架:（1）知识不协调;（2）身份—社会地位;（3）人格—情绪定势;（4）个性—偏好淡化;（5）情境理性与局限知识。

行为经济学的研究方法也与正统经济学不同，主要是应用实验的方法，通过有针对性地设定特定的经济环境与决策条件（如特定的问卷、特殊的调查方法等），对人在相应情况下的事实决策结果进行收集与整理，尽可能地反映出人的决策特征及其中的行为经济因素，来构建人的经济行为模型。实际上，行为经济学家是方法论的折中主义者，强调在经济研究过程中的心理学、社会学等学科研究成果的引入，但并不拘泥于相关学科的固有研究方法，而是锐意创新，一方面寻找更适于自己实际需要的研究方法及计算机高新技术对经济变量进行严谨的统计分析，另一方面又敢于将正统经济学中并不重视的数据（如一国人口精确统计、特定环境下实验者的作答 / 反应时间等“边缘化”数据）进行翔实的处理，并大胆地应用于研究中，使得所采用的研究数据真正脱离了传统经济理论研究中理想化环境或严格假定条件下数据采纳的依据，从而更有现实指导意义。正是由于此种更为现实的研究方法，行为经济学才能实现对人的行为这样正统统计学难以定量化的变量进行研究。

笔者认为，行为经济学建立的首要意义，在于开拓了经济学研究的一个新的领域与方向，研究“人”，即研究按照传统经济学观点大部分为非理性的人的经济行为，及其对于经济发展的影响，而不是像传统经济学那样简单地做一个“理性人”假设，即将人的经济行为简单地假设为是理性的。本章将展开的正是对过去 40 年国人的经济行为及其对中国经济增长的分析。虽然着眼点不是经济行为的理性与非理性，而是国人的经济行为特征及其对于中国经济增长奇迹的贡献，但从研究人的经济行为对于经济影响这一点而言，本章的研究与行为经济学的思维是一致的，属于行为经济学的研究范畴。

说到人的经济行为，牵涉的因素就多了。所以行为经济学的研究对象目前局限在前述的五类经济行为，不可能涵盖过去 40 年国人具体的经济行为。但行为经济学的思路与研究方法，对于本书研究国人的经济行为对于经济增长奇迹的意义有很大的启示与支持作用。

第二节　过去40年国人的五大经济行为特征

那么过去40年国人的经济行为有什么样的特征呢？

有心观察者不难发现，与他国人相比，过去40年国人的经济行为呈现五大特征，即，超高的致富欲望、超强的吃苦精神、炽烈的学习热情、高昂的储蓄/投资意愿、强烈的攀比心理。

超高的致富欲望

1978年改革开放以前，人们的目标是政治上的进步，致富欲望作为资产阶级的思想表现成为批判的对象。经过那个年代的人都知道，那时说是按劳分配，实际上基本上是平均分配，劳动不劳动分配到的差不多，个人致富的渠道堵死。不仅如此，致富的欲望也不被允许，认为与社会主义的平均主义思想相违背，与共产主义理想更是对立，是浓厚色彩的个人主义，在当时可能是除了犯罪与所谓的“生活作风”问题之外最大的个人错误了，每每受到批判。

可是，改革开放后的很短时间，邓小平号召“让一部分人先富起来”，使得致富得到了正名，不但致富欲望可以得到表达，致富行动得到认可，而且致富日益成为人们生活追求的目标。以至于随后国人的致富欲望之高，不仅纵向与改革开放前相比形成了鲜明的对照，而且横向与其他国家，无论是发达国家还是发展中国家，无论是西方国家还是东方国家的人相比，均有过之，可谓超高。

其表现，近3000万名大大小小的企业家及近7000万户的个体工商户日夜不停地奋斗创业，为的是积累财富；近3亿的农民工背井离乡外出打工，为的是挣先是几百元，后是上千元，到现在也就是几千元一个月的工资；每年过千万的高中毕业生竞相报考大学，为的是将来有更高的收入；无数的白领频繁跳槽，为的是获得更高的薪酬；过亿的股民活跃于股票市场，屡败屡战，为的是财富增值；数亿的“房奴”购房，很大程度上是赌房地产升值；这些年来如火如荼的万众创业、大众创新，固然有政府倡导与推动的因素，但能够形成目前的声势，背后正是万众或大众超高的致富欲望。总之，一切活动的目标都是致富。致富不仅不是当年的忌讳而是响当当的口号和高大上的追求，以至于整个社会形成一种崇尚财富的风气，且大有矫枉过正至“嫌贫爱富”的趋势。就刘易斯提出的“如何对待财富”的态度而言，国人可以说已经异常高度的财富化了。

表 4.1　1978—2017 年中国民营企业与个体工商户数量

年份	民营企业户数（万户）	个体工商户数（万户）
1978	—	16.52
1979	—	32.57
1980	—	80.61
1981	—	182.8
1982	—	261.42
1983	—	578.27
1984	—	914.25
1985	—	1147.38
1986	—	1186.39
1987	—	1344.18
1988	4.06	1422.14
1989	9.06	1246.4
1990	9.81	1327.42
1991	10.78	1416.35
1992	13.96	1533.91
1993	23.79	1766.87
1994	43.2	2186.6
1995	65.5	2528.5
1996	81.9	2703.7
1997	96.1	2850.9
1998	120.1	3120.2
1999	150.89	3160.06
2000	176.2	2571.4
2001	202.9	2433
2002	243.5	2377.5
2003	300.55	2352.19
2004	365.07	2350.49
2005	430.09	2463.89
2006	498.08	2595.61

续表

年份	民营企业户数（万户）	个体工商户数（万户）
2007	551.31	2741.53
2008	657.42	2917.33
2009	740.15	3197.37
2010	845.52	3452.89
2011	967.68	3756.47
2012	1085.72	4059.27
2013	1253.9	4436.3
2014	1546.37	4984.06
2015	1908.23	5407.94
2016	2309.2	5929.95
2017	2726.28	6579.37

资料来源：国家统计局

表 4.2　1978—2017 年中国农民工数量

年份	农民工总数（万人）	外出农民工（万人）	本地农民工（万人）
1983	—	200	—
1989	—	3000	—
1993	—	6200	—
1995	—	7000	—
1996	—	7223	—
2000	—	7849	—
2001	—	8399	—
2002	—	10470	—
2003	—	11390	—
2004	—	11823	—
2005	—	12578	—
2006	—	13181	—
2007	—	13600	—

续表

年份	农民工总数（万人）	外出农民工（万人）	本地农民工（万人）
2008	22542	14041	8501
2009	22978	14553	8425
2010	24233	15335	8898
2011	25278	15863	9415
2012	26261	16336	9925
2013	26894	16621	10273
2014	27395	16821	10574
2015	27747	16870	10877
2016	28171	16931	11240
2017	28652	17185	11467

资料来源：国务院研究室（《1989—1995中国农民工调查报告》，中国言实出版社，2006）；国家农业部（《2001—2007农业部农民工调查问卷》）；国家统计局2008—2017全国的农民工调查

国人的致富欲望是无时不在的。白天辛苦上班，晚上回到家里后，他国人在享受咖啡、聊天、球赛、聚会或电视节目之时，国人则，企业家在盘算今天企业的盈利，想着与客户交流；个体工商户则在算账，看看今天挣了多少钱，想着明天的销量如何；广大的股民总结一下股票的升跌，计算一下当天的盈亏，想想明天如何操作；有房者搜索今天楼市的信息，尤其是房价升跌的消息，看看自己的房子升（贬）了多少，有余钱的还想想明天去看哪里的楼盘。一般老百姓则回顾一下存款多少及总财富的增减，看看离自己以前设定的目标，还有多少距离。

尤其是，评价个人成就，进而价值的标准，变成收入与财富的多少。朋友之间，甚至是与生人之间，每每问的是："一个月挣多少钱？""年薪多少？""有几套房子，在什么地段？升值了多少？""买股票了吗？赚了没有？"这种赤裸裸的财富询问，不仅外国人觉得奇怪，就连高度崇尚财富与商业化的香港地区的人也难以理解，但在内地人之间却司空见惯。这当然与习惯有关，也与改革开放之前以及之后很长一段时间内大家的工资收入都是公开的秘密这一事实有关，但不可否认的是也反映了国人超高的致富欲望。

看看A股股票市场的动荡，可管窥国人的致富欲望。A股市场的表现真是令人失望，不仅低迷，而且大幅动荡。2007年与2015年的股灾令人记忆犹新，其间还不断地有准股灾。根本原因在于，A股的股票市场机制没有科学地建立起来，其中一个机制缺陷就是机构投资太少，而散户投资者太多。据统计，2017年，A股市场散户投资者持股比例超过40%，大大高于其他国家的股票市场的该比例，更是美国这一比例的10倍左右。表4.3显示，2018年，A股股票账户数目超过4.6亿，B股股票账户数目超过276万；实际A股与B股的股民数目则分别超过1.45亿与240万。中国虽然人口众多，但若抛去农村人口并考虑未成年人口，如此高的股民数量也是惊人的。正是由于散户多，而且大家都短期炒作，投资知识又贫乏，所以造成A股股票市场的大幅动荡。巨大的股民数量，以及他们高度的炒作行为，反映了国人超高的致富欲望的一个侧面。

表 4.3　历年年末全国 A 股与 B 股账户数目

年份	A 股账户数（万户）	B 股账户数（万户）	A 股投资者数（万户）	B 股投资者数（万户）
1996	1203.3	4.57	—	—
1997	1706.77	6.54	—	—
1998	3892.7	18.43	—	—
1999	4461.75	2021	—	—
2000	5773.71	27.42	—	—
2001	6492.15	148.5	—	—
2002	6718.86	154.59	—	—
2003	6855.33	158.22	—	—
2004	7009.99	160.64	—	—
2005	7123.21	161.78	—	—
2006	7556.01	165.06	—	—
2007	12422.22	234.86	—	—
2008	13810.46	240.96	5824.83	236.15
2009	15729.18	246.94	5921.97	237.02
2010	17336.67	251.12	6022.25	237.62
2011	18575.99	253.6	6407.94	237.99
2012	19314.99	254.7	6737.93	238.15
2013	20082.84	256.16	7276.9	238.36
2014	21516.66	257.73	8023.12	238.59
2015	30370.02	270.21	9838.2	240.2
2016	37619.61	272.36	11741.09	240.88
2017	40832.36	274.24	13329.66	241.22
2018	46004.61	276.5	14582.73	241.1

资料来源：中国证券登记结算公司，中国证券监督管理委员会

另一个侧面，则是买房者的数量以及“房奴”的数量，即使相对于庞大的人口数量也非常可观，所以造成房价居高不下。过去几十年的买房需求，有一部分是刚需，即结婚买房或换房需求，但相当一部分是投资或者投机需求，指望买的房子随房价上涨而升值，积累财富。这部分需求之大，无疑是国人超高的致富欲望的另一个明显反映。

金明主编的《再穷也要挤到富人堆里》（2009）举了一个号称咸蛋黄大王的农民改革开放后致富欲望日益上涨从而致富的例子，现引用如下[①]。

“咸蛋黄大王龙金平是湖南省衡东县霞流镇李花村的农民。

“龙金平家紧靠京广铁路，邻里乡村有养鸭的传统。在龙金平 9 岁时，就被生活所迫，每天一大早就用篮子提着 20 只鸭蛋去火车站，偷偷卖给列车员。每只鸭蛋 2 分钱，他也就使用这些鸭蛋的薄利解决了自己的部分生活费和学费。

“1980 年，龙金平高中毕业之后，来到衡阳市某建筑队打工。那时他每天将 2400 块红砖挑上 6 楼。当拿到第一个月 16 元工钱时，他哭了，在乡下时，父母辛苦半年也难挣到这么多钱呀！

“一年的打工经历使他成熟了许多，他不相信在家乡的土地上发不了财。于是，他怀着强烈的致富欲望，揣着打工挣

① 金明主编：《再穷也要挤到富人堆里》，金城出版社 2009 年版。

下的钱回到了家乡，立志干出点名堂出来。

“那个时候，政策还没有放开，城里居民很难吃上农村的新鲜鸭蛋。龙金平发现这个问题后，就决定与爱人每人挑一担鸭蛋，乘火车到广东去卖。车到广州时，已是晚上 10 点多钟，他们往火车站边的大樟树下一倒，便蒙头大睡。第二天清晨，他们又提心吊胆将蛋挑到 10 公里外的清平市场卖。一次来回一个星期，可净赚 50 元。

“政策放开后，龙金平从霞流镇信用社贷款 200 元，他利用这 200 元开始了自己的创业之路。他以家乡作为大后方，在广州不断开拓销售的前沿阵地，赚的钱也越来越多。

“但龙金平不满足。他发现：养鸭毕竟是个传统产业，所以效益不高，乡亲们主要靠出售新鲜蛋来获得微薄的利润，营销途径大多局限于农贸市场交易。一种更为强烈的致富欲望驱使着他去开拓新的事业，那就是：创办自己的蛋品加工厂，变卖原料为卖产品。当地有众多的养鸭专业户，有丰富的鸭蛋资源，有传统的盐蛋、皮蛋加工技术，这些不正是得天独厚的条件吗？

“说干就干，经过龙金平的努力，1997 年 4 月，成立了以鸭蛋收购、加工、销售为主要业务的衡金优质农产品有限责任公司。紧接着，他引入先进技术对鲜蛋进行深加工，从而结束了只卖原料的历史，鸭蛋的加工增加了产品附加值，带动了盐蛋产业的发展。

“通过几年的努力，龙金平创办的公司已发展成为内联千万农户、货畅大江南北的头龙企业。

“接着，龙金平以创办的衡金优质农产品有限公司为龙头，组建了全国最大的咸蛋加工基地。2001 年，他已经向北京、广东、上海、香港等地销售咸蛋黄 1980 万枚，产值达到 1600 万元。在他的影响和带动下，鸭业已成为衡东县的支柱产业，全县有 3.1 万农民因从事养鸭、鸭蛋加工、收购、销售而脱贫致富。

“因此，龙金平多次被省、市、县有关部门评为‘优秀经理’‘先进企业家’‘全省农产品营销大户’，还被评为全省劳动模范。”

其实，龙金平只是全国千万个小企业家中的一位，他超高的致富欲望使得他成功致富并创业，也只是无数此类例子中的一个。的确，超高的致富欲望是过去 40 年国人经济行为的一个鲜明的特征，且以笔者的观察是国人经济行为的最具代表性与最大的特征。

超强的吃苦精神

国人的吃苦精神之强一直是有目共睹的，但过去 40 年不是一般的强，而是超强，他国人绝对难以望其项背。从农民工、工人、白领阶层到企业家，甚至很多政府官员，每人都明白要想致富只有依靠辛苦地劳动或工作，尤其是，要想在低起点上很快地致富，必须要有比他人更强的吃苦精神。

从最底层的农民工谈起。目前有近3亿的农民工背井离乡在城镇工作与生活。他们年纪轻轻就告别父母与故土，或留下妻子与子女在乡下而单身一人来到举目无亲的陌生城镇，做着最底层的各种工厂或服务型工作。其工作条件之艰苦，生活质量之低下，尤其是在20世纪八九十年代，城市人难以想象，外国人更观之而瞠目结舌。笔者读到过一位在华经商的日本商人评价中国世界工厂的文章[①]。姑且不论该文章观点的对错，仅就其中对于中国农民工工作状态的描述而言，还是到位与形容恰当的。

文中写道："有人把日本人比作蚂蚁，但与吃苦耐劳的中国人相比，日本人差得远。""本人工作的企业有一些从事环境卫生的中国女工，她们一声不吭，默默地、不停地每天劳作10小时以上，没有人督促她们，也没有人直接管理她们，只因为她们比其他工厂的卫生女工收入高一点点，她们就十分珍惜。""除非中国人，才能完成这种苦力活。"

现在中国的城市宏观上看都已经很现代化，壮观且靓丽。但微观上观察仍有很多不足，不足之一就是在很多高楼大厦

---

① 楚贝勒：《中国制造，一个日本人眼中的中国世界工厂》，中国劳工通讯，2007年6月20日。

的旁边仍有矮小破旧的老楼。当然，这些老楼里还住着很多低收入阶层的老城市居民，但其中住户的很大一部分是农民工。这些老楼不仅破旧，且通水通电状况不佳，通风、卫生条件更差。农民工为省租金往往是多人共住一套居室，人均住房面积15平方米左右，大大低于城市居民平均的近40平方米。但他们都默默地忍受，白天辛苦干活一天后晚上就将就地居住于此等老楼以便能积攒更多的钱寄回老家去，或为今后成家甚至立业而用。吃的方面除了节假日偶尔与农民工伙伴去餐馆相聚改善一下之外，往往是一个饭盒餐就打发了。整年就是这样，只等春节或其他节日回老家与家人团聚时大吃大喝来弥补了。在智能手机尚不普及的年代，文化生活当然就十分有限。现在好在大家都人手一机，通过智能手机可以享受很多文化内容，但也就仅此而已。想念家乡与亲人当然是农民工最大的精神之苦，尤其是已经结婚而将妻女留在家乡的人。这一点，发达国家的人难以想象，但国人的广大农民工就是在忍受各种物质之苦的同时也忍受这种精神之苦，从而养活了自己，撑起了家庭，也为国家的经济与城市的繁荣作出了贡献。总之，近3亿的农民工，是中国城镇常住人口中最底层的居民，最能体现国人的吃苦精神，应该是世界上最吃苦耐劳的群体了。

其他群体的吃苦精神也令人感叹。物质激励措施的实施，真正实行了多劳多得，使得工人阶级固有的吃苦耐劳精神得以发扬。一开始是承包责任制，然后是普遍实施的奖金制度，以至现在很多企业推行股份分红制度，大大激发了工人们真正的工作热情。改革开放以前说是为国家或集体再苦再累也心甘，应该说有一段时期工人们确实也是这么想的、这么做的。但没有实际利益的政治热情毕竟不能持久，到后期便大幅消退。改革开放后则是为了自己的收入再苦再累也心甘，对工人来说的确如此而且持久如此。为了完成工作任务，上班期间集中精力，不停不歇，不怕脏累，不惧重活，如工作没有完成则主动加班加点，没有加班费也没有怨言。这一点其他国家的工人难以接受，下班走人，加班加钱，工作条件不好上诉，薪金不涨罢工，似乎天经地义。笔者有一朋友在非洲开厂，回来后后悔不迭，抱怨那边的工人一到下午六点下班时间不管工作任务完成没有一定走人，理直气壮，没有商量的余地，甚至给加班费也不留下来。上班时间则是无所用心，慢慢吞吞，嫌脏嫌累。与之相比，他感叹道，中国工人在吃苦耐劳、勤奋工作方面的品质，进而工作效率真是比其他国家的工人高多了。

据国家统计局和经济合作发展组织（OECD）2018年的数据，中国城镇就业人员平均每周工作46小时，比OECD36个成员国中工作时间最长的墨西哥多3小时，比美国、日本与德国更分别多8、9与20小时。

表 4.4　各国每周工作小时数

国家	平均每周	平均每天	国家	平均每周	平均每天
中国	46	9.2	意大利	33	6.6
墨西哥	43	8.7	斯洛伐克	33	6.6
哥斯达黎加	42	8.4	日本	33	6.6
韩国	39	7.8	加拿大	33	6.5
希腊	39	7.8	西班牙	32	6.5
俄罗斯	38	7.6	英国	32	6.4
智利	38	7.5	澳大利亚	32	6.4
土耳其	37	7.4	斯洛文尼亚	32	6.3
波兰	36	7.3	荷兰	31	6.2
以色列	36	7.3	奥地利	31	6.2
拉脱维亚	36	7.2	瑞典	31	6.0
葡萄牙	36	7.2	瑞士	30	5.9
爱沙尼亚	36	7.1	比利时	30	5.8
立陶宛	35	7.1	卢森堡	29	5.8
美国	34	6.8	法国	29	5.8
捷克共和国	34	6.8	荷兰	28	5.5
新西兰	34	6.7	挪威	27	5.5
匈牙利	33	6.7	丹麦	27	5.4
爱尔兰	33	6.7	德国	26	5.2

资料来源：经济合作发展组织

白领员工是改革开放后新兴起来的一个阶层，随着企业现代化的推进与高端服务业的崛起，正在成为一支支撑中国经济的人力资源生力军。这一生力军大部分工作在现代化的写字楼里面，又多具有较高的教育水平，其工作形态接近发达国家的白领。他们本身的自我期许就很高，加之激励机制强，所以就工作态度而言比一般的工人更为积极。他们在工作中吃苦的内容与工人不一样，不存在脏、乱、差的问题，也没有重体力劳动，而主要体现在更按时、按量、按质完成任务的脑力与心理压力上。为完成任务，加班加点是常态，甚至深夜工作至天明也非新鲜之事。看看很多城市的写字楼晚间仍灯火通明，甚至半夜很多房间也灯火未熄的情况，就可见一斑。笔者有时去国内一些公司的写字楼办公室，看到每个员工都在一个隔离起来的方格内坐在微型计算机前工作，感觉他们全神贯注的程度与号称世界上最勤奋的日本与中国香港地区的白领们相比也并不逊色，也就体会到他们的工作效率与发达经济体白领相差不远，进而就能理解他们当中的优秀者的收入也接近甚至超过国际水平了。

再就是企业家。如果论脑力与心理上的压力或吃苦程度，恐怕没有比企业家更大的了。虽然中国市场庞大，创业机会众多，但创业人数更多，市场竞争异常激烈。民营企业家如果没有吃苦奋斗的精神，没有在脑力与体力上顶住竞争压力的意志，要成功创业是不可能的。他们表面光鲜，看上去意气风发，且挥金如土，但实际上所面临的各种困难，以及克服困难所付出的艰辛，是常人难以理解的。笔者有一次与来自西班牙的学生谈中国经济，其中谈到中国人的吃苦精神时，有听众提问说体现在什么地方，我回答说对工人而言是不怕脏、不怕累，对企业家而言则是不断地开会与宴请，并特别解释说，对企业家而言每天的宴请并不是去享受大餐，而是工作，是联络客户、合作伙伴与官员。席间的喝酒更非酒欢，而是表示诚意的重要手段。喝酒对身体不好现在人人都知道，难道企业家会不知？他们不但知道，而且天天亲身体验。但为何要乐此不疲呢？不是乐此不疲，而是苦此不疲，为的是建立与巩固业务渠道。天天宴席，说明他们天天在别人享受大餐时仍在工作，天天喝酒则是天天以自己的身体为代价来取得工作成效。这一点，外国人难以理解。但在中国礼节文化、吃文化与酒文化的大背景下，这就是企业家的重要工作方式之一。有多少业务是在宴席中通过一杯又一杯五六十度的烈性白酒的干杯中而谈成的，同时，又有多少企业家的“三高”（高血压、高血脂、高血糖）、大肚腩与酱肝脸色是在干杯过程中形成的。这些对身体的伤害甚至毁灭性的打击企业家心知肚明，但为了公司与生意的成功，他们是以自己的身体“偏向虎山行”。中央政府反腐以后，加之考虑年轻人生活现代化而少喝酒或赶时髦只喝红酒及啤酒等低烈度酒的趋势，笔者曾经一度认为，茅台等高烈度的白酒一定过剩，销量一定大跌，价格一定下降。可实际情况却是，这些年来它们仍然短缺，销量仍在增长，价格仍在上涨，茅台的股票价格屡创新高，为 A 股表现最好的股票之一。这说明，酒文化仍在持续，虽然官员缺席了，但企业家继续在酒席上与客户及合作伙伴谈判并促成交易。

这是中国企业家特有的中国式“吃苦”。当然，这主要是对创业的第一代企业家而言，其下一代，即富二代的情况就有所不同了。

中国的政府官员，虽然贪官不少，但勤奋工作者也大有人在。即使是贪官，应该承认，很多也是勤劳异常并政绩显著的，只是经不住金钱的诱惑与家人的压力及掺和，犯下贪腐大罪，功难折罪。平心而论，官员参加企业家的酒宴，有的是在酒宴上达成腐败交易，但有的也是在与企业家沟通，助其成长，进而促进地方经济发展。他们也未必不知道酒对身体的伤害，也未必就想尝尝好酒。在中国的酒文化背景下，这也是他们与企业家交流的一个机会，也是工作的一部分。上一章分析制度变迁对中国经济增长奇迹的意义时提到，地方政府在本地经济发展乃至全国的经济增长奇迹中扮演了重要角色，其中一个因素就是这些地方政府的官员与企业家形成了有效互动，而很多的互动正是在酒席中进行与完成的。

普通官员，在中国都是好大学的毕业生。中央政府官员是北大、清华、人民大学等顶级名牌大学毕业，地方政府官员则要么是北京、上海的名牌大学，要么是本地顶级大学毕业，在一定程度上都是精英。他们留在政府工作而没有下海去赚钱的原因，一是虽智商高但无经商本事或意识，当官就是出路了；二是反腐以前的确一些职位的官员可以发财，即能通过腐败得到财富及其他很多好处；三是仍有残存的封建士大夫思想，倒不一定是当官为民，而是当官可以干成大事，进而一步一步往上走，官越做越大的所谓“事业心”或精英意识。不管是出于什么原因，都是勤奋工作的动力。的确，中国政府虽然在宏观层面由于行政体制改革仍不到位的缘故，如盖章过多，效率仍然不高，但在微观层面，即官员个人的办事效率方面是不低的，其中一个重要原因就是官员勤奋工作的态度与精神。为了能一步一步地不断得到提拔，他们必须表现自己。他们具有精英的知识与资历，在不能发财的情况下，如果再不能当个大官，是不服气的，不甘心的。所以，他们中的很多人也是勤奋异常，任劳任怨。即使没有加班费，加班加点也是家常便饭。在工资有限且反贪后外快断绝的情况下，他们要撑起家庭的重担，平心而论是很辛苦的。中国官员的工资之低，当然是说相对工资，即相对于社会平均工资而言的工资水平之低，在全世界是不多的，更别说绝对工资了。在香港有时与同事或朋友谈到中国官员的工资水平，他们都很惊讶，说难以想象这么低。比如，国家四大国有银行董事长与行长的年薪，在几年前中央还未限薪时是 200 万人民币，那时我的同事就说这么大的银行的董事长与行长拿这么点钱，如何能把银行办好呢？后来中央限薪了，降为 60 万元人民币，他们就更加惊讶与不理解了，问我为什么。我跟他们解释是因为这些董事长与行长原来都是中央政府的部委官员，现在仍然享受官员待遇，所以工资不能太高。我说即使是60万元比他们原来在政府工作时的年收入已经高了3倍左右了，如他们还在政府部门工作年收入只有20万元左右。同事们听了不说话，觉得难以置信。现在如果没有吃苦的精神，或正统一点说没有艰苦奋斗的精神，是当不了政府官员的。

这样，从农民工、城市工人、白领阶层、企业家到政府官员，普遍地呈现一种吃苦的精神，其强度与其他国家比较可以说是超强的。

炽烈的学习热情

国人的学习热情之炽烈，在国外可能闻所未闻。首先体现在对于学业，即升学与学位孜孜不倦的追求上。从幼儿园、小学、中学、大学、硕士研究生到博士研究生甚至博士后，国人对升学真是乐此不疲，激烈竞赛，不惜十几年甚至二十年的“寒窗苦”，在国外难以比拟的沉重功课负担中将学业步步提升，进行到底。

表 4.5 中国 1978—2018 年高校入学与毕业人数

年份	入学人数	入学录取率	毕业人数	年份	入学人数	入学录取率	毕业人数
2018	—	—	834 万	1997	100 万	36%	83 万
2017	700 万	74.46%	795 万	1996	97 万	40%	84 万
2016	705 万	75%	765 万	1995	93 万	37%	81 万
2015	700 万	74.3%	749 万	1994	90 万	36%	64 万
2014	698 万	74.3%	727 万	1993	98 万	34%	57 万
2013	694 万	76%	699 万	1992	75 万	25%	60 万
2012	685 万	75%	625 万	1991	62 万	21%	61 万
2011	675 万	72%	608 万	1990	61 万	22%	61 万
2010	657 万	69%	575 万	1989	60 万	23%	58 万
2009	629 万	62%	531 万	1988	67 万	25%	55 万
2008	599 万	57%	512 万	1987	62 万	27%	47 万
2007	566 万	56%	448 万	1986	57 万	30%	39 万
2006	546 万	57%	377 万	1985	62 万	25%	32 万
2005	504 万	57%	307 万	1984	48 万	29%	29 万
2004	447 万	61%	239 万	1983	39 万	23%	12 万
2003	382 万	62%	188 万	1982	32 万	17%	46 万*
2002	320 万	63%	134 万	1981	28 万	11%	14 万
2001	268 万	59%	104 万	1980	28 万	8%	15 万
2000	221 万	59%	98 万	1979	28 万	6%	9 万
1999	160 万	56%	85 万	1978	40.2 万	7%	17 万
1998	108 万	34%	83 万				

* 因为 1978 年春秋两季入学的学生同时在 1982 年毕业

资料来源：国家统计局

中国的学业竞争从幼儿园就开始。幼儿园本来应是儿童的乐园，但在中国已经开始识字、读书并设置了一些小学前的准备课程，为进优秀小学展开竞争。小学的竞争明显加大，课程量庞大，作业繁重，此外家长们为孩子们另加了钢琴、舞蹈、奥数、外语等课外学习，以争取进入好的中学。中学的竞争更是达到了高峰，为了能上大学，特别是能进名牌大学，学校、家长们与孩子们共同努力，全力以赴地准备决定今后人生的高考考试。校内专心上课，校外完成大量作业并参加各种辅助课程，整体学业之繁重，举世无双。高考那天，学生视考场如战场，与考试一拼到底。家长则在考场外心急如焚，待孩子从考场出来时，视孩子的神情或心石落地或失望至极，均溢于言表。大学的 4 年相对轻松，可以说是对前 12 年中小学学业追求的一个补偿，但临毕业，学习好的又展开新一轮的考硕士研究生的竞争。硕士研究生后又竞相上博士研究生，甚至之后还有博士后。有条件的去国外留学，好的均以国外名牌大学为目标。现在中国留美学生数量已为外国留美学生之冠，在很多其他国家也是这样。

当然，近年来，也有一些是凭着财富去国外留学的，其中一部分是在国内考不上好大学或不想吃国内大学的竞争之苦而到海外留学的。但这主要是从 21 世纪开始的，20 世纪八九十年代出去留学的都是靠自己的真本事拼出来的，且即使 21 世纪以来的大部分也是如此，只凭家庭有钱而去的毕竟是少数。

而在学校期间的学习之刻苦，外国人听之必将惊讶与佩服不已。曾担任过日本民主党党首，日本政府环境卫生厅长官（环境卫生部部长）与日本国会议员的华裔女政治家莲舫女士，父亲是台湾人，母亲是日本人，自己出生于东京，会讲一口流利的中文，曾在北京大学汉语中心留学，对于中国人的好学精神十分敬佩。她说："北京大学从清晨到深夜，大家总是在学习，早上5点开始图书馆就已经有人排队了。清华大学也一样。中国真是了不起，一直在用一种探求的精神在学习。这一点，应该成为日本社会学习的榜样。"[①] 大家都知道，日本本身在世界上就是一个有名的好学国家，中国在好学方面能成为日本社会学习的榜样，说明国人是多么好学，在世界上必定名列前茅。虽然莲舫女士观察的是北大、清华两所中国最著名的大学，但在好学方面，其他大学并不逊色。从清晨学习到深夜，对中国学生而言是普遍现象，"挑灯夜战"是家常便饭。这还是莲舫女士对相对轻松的中国大学生活的观察，若她知道中学生的学习情况，就更会感叹不已了。

国人的学习热情之炽烈特别体现在对于外语和国外科技文化的学习方面，尤其是在改革开放初期。改革开放以来国人学习英语的热情和所花费的精力外国人是难以想象的。笔

① 徐静波：《日本唯一华裔议员：中国人太好学了》，《第一财经日报》2009年8月20日。

者20世纪80年代初在北京读研究生期间，很多同学花在学习英语方面的时间几乎可以说与花在学其他学科的所有时间相当。其中一位同学家住北京，骑自行车回家或从家来校的路上必定是双耳挂着耳机在练英语听力，其他学校则有背英文词典的人。对于国外科技知识和文化的态度则是来者不拒，多多益善，以至于在受益的同时，也产生了消化不良甚至负面影响。可以说，就学习外国而言，当时的国人横向比无人能及，纵向比想必也是程度空前。

现在来看，当年一半左右的时间花在学英语上，有所不值。能够读懂英语是应该的，否则看不懂外国文献。但仅做到能读懂，特别是读专业书，是相对比较容易的，花上1/4的学习时间就足够了。但是当大家都不满足于读懂，而目标在能写、能听、能说。可这在没有英语环境的情况下谈何容易，几乎是不可为之事。可一部分人不相信其不可为而为之，另一部分人则知其不可为而为之。不管何种情况，都是学习效率十分低下，浪费了大量的时间与精力。当然，很多人当时的目标就是为了出国留学。即使如此，效率还是低，对出国后的帮助也不大，写、听、说英文只有在有了英文环境的情况下学习才会有效率。尽管如此，当时大家学英语用力之深，一方面表现了国人开放学习的心态，另一方面体现了国人的好学精神。可以说，国人炽烈学习热情的最大体现就是改革开放初期学习英语的热潮。

国人工作后的持续学习热情也是他国人难以想象的。工作几年后再读硕士或博士研究生，或者读大学学士学位的大有人在，参加各种培训班及职业课程也不在少数。其中，多数人是要补充与更新知识，以更好地迎接将来的工作挑战或承担更大的责任，但不排除少数人是为了沽名钓誉，在商场或官场上得意或失意之余，弄个学位装扮自己。真正出于更新与补充知识而读硕士或博士甚至学士学位的当然值得称道，尤其是那些已经成家并拖家带口的，学习之艰难又更压过他人一筹，充分体现了好学之情的炽烈。至于那些出于沽名钓誉之目的弄个学位的人，当然是没必要，但也体现了他以及整个社会崇尚学位的风气。

据笔者了解，世界上最崇尚学位的国家，就是中国，除了前述的学生、家长与学校共同为学生上大学而拼命之普遍现象之外，国人在评价一个人时学位所占的分量大大高于其他国家。一个年轻人，不管是富二代还是官二代，如果没有一个大学学位，要找个好对象也是困难的。稍受过教育的父母在有人给自己的女儿介绍对象时，虽然首先问的可能是对方的收入和财富及家庭情况等，但这是在假设对方已具大学学士学位的前提下。一旦得知对方连大学学士学位都没有时，其他方面的条件再好也可能拒绝。本身受教育程度较高的父母及女孩，还会关心是哪个大学得到的学位，得知是名牌大学当然欣然接受，如不是则会追问是否为一本，如一本都不是就有可能重新考虑了。若女孩及其父母本身就是高学历，则是否为研究生毕业成为一个条件，会问“读研了吗”或“读博了吗”。名牌大学硕士、博士当然是香饽饽，外国的大学，尤其是外国的名牌大学，那就更加分了。

改革开放以后，其实即使是在当今唯钱是问的年代，国人对于学位的痴迷及对学位高低的在乎，在很多外国人看来也是匪夷所思。尤其是对博士的热衷、偏好与崇拜超出了实际的利益追求范围。据笔者的观察，博士学位并不是在每个社会都得到重视。受到重视的是在美国、德国、韩国、俄罗斯及中国台湾地区，而在英国、日本、中国香港地区、新加坡及很多发达与发展中国家和地区，博士学位并没有很高的地位，甚至被认为是多余的。为何会产生这种区别，尚不得而知。如在中国香港地区，除了大学之外，政府与公司的工作人员都很少具有博士学位，即使是做研究工作的，如银行的经济师甚至是首席经济师，如果不是中国内地背景的，都仅有硕士学位，甚至学士学位。与之相比，内地背景的首席经济师则清一色的博士，甚至很多经济师也具有博士学位。有一次笔者甚至听到一位同事评价一个人时说，此人大学毕业后不想工作，竟然去读硕士，再读博士。很不屑一顾，使我这样一个具有博士学位与内地背景的经济学家听完后瞠目结舌甚至愤怒异常。但这就是很多香港人对于博士头衔的评价。在他们看来，大学毕业后就应该去大公司找工作，赶快挣钱并积累工作经验。至于进一步的学位，今后根据工作需要顶多读个硕士就可以了，除非想在大学教书，读博士纯粹是打发或浪费时间。这种观点现在看来也不无道理，实际上国人对博士学位的观念也在变化，除了想当教授或在公司研发部门工作外，读博士的必要性在很多国人的眼中也在减小。但起码到目前为止，博士仍是一个受人推崇与尊敬且很多年轻人有可能性便会争取的头衔，不管其是否理性，也不管今后如何发展，这是国人学习热情炽烈的又一个体现。

高昂的储蓄 / 投资意愿

改革开放以来，国人的储蓄率不断攀升并一直居高不下。2017 年国民储蓄率 46.4%，大大高于其他国家，无论是发达国家还是发展中国家居民的储蓄率。1979—2017 年间，居民储蓄存款的年均增长速度，全国 22.6 %，城镇 22.8%，农村 21.8%。2017 年年末，人均银行储蓄存款，全国居民为 4.63 万元人民币，城镇居民为 6.19 万元，农村居民为 2.07 万元；2018 年 7 月末，全国居民人均储蓄存款已达 4.90 万元。

表 4.6　2017 年中国与世界主要国家国民储蓄率比较

国家	储蓄率（%）	国家	储蓄率（%）
中国	46.4	俄罗斯	32.8
美国	16.8	印度	30.0
德国	25.7	巴西	12.7
日本	26.2	南非	15.8
英国	15.1	印尼	35.6
法国	14.2	菲律宾	14.0
意大利	20.6	越南	24.9
加拿大	21.7	马来西亚	28.7
澳大利亚	24.3	泰国	36.4
韩国	36.5	土耳其	25.1

资料来源：世界银行

表 4.7　1979—2018 年中国居民储蓄存款

年份	全国居民（亿元）	城镇居民（亿元）	农村居民（亿元）
1979	281	202.6	78.4
1980	399.5	282.5	117
1981	523.7	354.1	169.6
1982	675.4	447.3	228.1
1983	892.5	572.6	319.9
1984	1214.7	776.6	438.1
1985	1622.6	1057.8	564.8
1986	2238.5	1472.4	766.1
1987	3081.4	2075.7	1005.7
1988	3822.2	2679.9	1142.3
1989	5146.9	3734.8	1412.1
1990	7034.2	5192.6	1841.6
1991	9107	6790.3	2316.7

续表

年份	全国居民（亿元）	城镇居民（亿元）	农村居民（亿元）
1992	11545.4	8679.1	2866.3
1993	14763.6	11187.6	3576
1994	21518.8	16702.8	4816
1995	29662.3	23466.7	6195.6
1996	38520.8	30850.2	7670.6
1997	46279.8	37147.6	9132.2
1998	53407.5	42966.4	10441.1
1999	59621.8	48404.6	11217.2
2000	64332.4	51977.1	12355.3
2001	73762.4	59941.1	13821.3
2002	86910.6	71504.8	15405.8
2003	103617.3	85439.6	18177.7
2004	119555.4	98789.2	20766.2
2005	141051	116444.6	24606.4
2006	161587.3	132782.2	28805.1
2007	172534.2	139483.9	33050.3
2008	217885.4	176006.7	41878.7
2009	260771.7	211494.1	49277.6
2010	303302.5	244221.8	59080.7
2011	343635.9	272963.0	70672.9
2012	399551	344935.4	54615.6
2013	447601.6	346332.9	101268.7
2014	485261.3	369157.2	116104.1
2015	546077.9	400535.6	145542.3
2016	597751.1	468128.5	129622.6
2017	643767.6	504086.9	139680.7

资料来源：中国人民银行

的确，据笔者的观察，起码就城镇人口而言，国人中的绝大部分有3000元人民币以上的存款。这与笔者看到的两篇分别发表于2017年11月15日与2016年10月12日的关于美国居民银行存款的报道形成强烈对比。这两篇报道的原文分别如下。

“根据美联储的一项研究，近一半的美国人在紧急情况下没办法拿出400美元的积蓄。美国的穷人和中产阶级在工作中一直处于经济紧张的状态。”[①]

“《今日美国》报道：去年，GoBankingRates对5000多名美国人进行了调查，结果发现他们之中有62%的人储蓄少于1000美元。上个月，GoBankingRates再次向美国人提出问题：他们账户里有多少存款？只是这次调查了7052名美国人。结果呢？几乎10个里有7个人（69%）储蓄少于1000美元。进一步研究调查数据，我们发现，34%的美国人账户上一毛钱储蓄都没有，35%的人储蓄不足1000美元。其余的被调查者中，11%的人储蓄介于1000美元至4999美元，4%的人介于5000美元至9999美元，15%的人储蓄高于10000美元。”[②]

当然，这两篇报道的真实性如何，不得而知。但报道出

---

①《近一半美国人400美元的存款也没有！为什么？》，每日头条（kknews.cc），2017年11月15日。

②《美国到底有多穷？70%的美国人存款少于1000美元》，财经频道，凤凰国际（ifinance.ifeng.com），2016年10月12日。

来也不见美联储与《今日美国》出来否认，说明还是有一定可信度的。而中国方面也只有人均储蓄存款数据，而没有可信的关于居民储蓄的人口分布数据，所以不好直接比较。但笔者相信，近一半的人拿不出 400 美元（按当前汇率低于 2800 元人民币），69% 的储蓄少于 1000 美元（按当前汇率低于 7000 元人民币）的现象在中国是不存在的，中国的居民储蓄存款状况肯定好于这两个数字。

本来，中国的人均居民收入大大低于美国与其他的发达国家，也低于部分发展中经济体，中国的居民储蓄存款应该低于美国及其他发达国家才对。当然，一个解释是，中国的社会保障水平较低，需要储蓄，美国及其他发达国家社会保障体系较高，不需要储蓄。这能解释一部分，但不能解释全部。美国的失业与养老保障不错，但并非充足，医疗保险则令人担忧，否则就不会有关于奥巴马医疗保险方案的争拗了。中国的保险水平较低，但保险范围不断扩大，总体而言并非有的人说的那么低。

就退休人员的保障而言，目前退休金每月好的上万元，差的两三千元，因地区而异，全国平均应在 5000 元左右。当然是不高。但应注意到的一个重要事实是，中国退休人员的住房基本上是自有，而且已经供款完毕。住房按揭贷款的借款者都是中年或年轻人，退休人员的住房大部分是当年政府分配的，后来政府以很便宜的价格（几万元）卖给了个人，现在已值好几百万甚至上千万了。住房问题解决了，又没有房产税，物业管理费很多也没有，有也一般只是几十或几百元，每月几千元吃、穿与日用在目前的价格水平下应该是够用的，退休金高的还大大有余。何况退休金在大部分年份还有所增长；虽然增长速度赶不上在职人员，但赶上通胀是没有问题的。当然，值得担忧的是医疗保险，一般病情下，个人会出总医疗费用不到 10% 的比例，遇到大病或需要贵重药品自付的比例就高很多。但这种情况，在很多其他国家也同样存在。看看当前中国的人均寿命已达 76.4 岁，高于世界平均水平，接近发达国家水平，且若论医疗条件较好的大城市，如上海、北京等，人均寿命已超过 80 岁，在发达国家中也算高的了，就知道中国人的医疗保障水平并非有的人说的那么低。

总之，即使考虑较低的社会保障水平，国人的储蓄率仍高于其应有的水平，也明显高于其他国家居民的储蓄水平。

与高储蓄率相对应的，是高投资意识。在有一定投资渠道的情况下，高储蓄率的目的是为了实现高投资。很多国人已经认识到，除了努力地工作与学习外，让现有的财富增值也是致富，甚至是更快致富的重要途径。发达国家很多居民通过资本市场致富，国人中一些人通过实业投资，很多人通过房地产投资，部分人通过股票投资致富的事例启动了广大国人将储蓄使用于个人投资中去的意识。记得党的十五大首次提出要增加人民的财富性收入，即投资性收入，更鼓励了这一意识。

首先是实业投资。截至 2017 年年底，全国民营企业数量达 2726.3 万家，个体工商户 6579.7 万户，注册资本超过 165 万亿元。民营经济在国家财政收入中占比超过 50%；在 GDP、固定资产投资和对外直接投资中占比均超过 60%；在技术创新中占比超过 70%；在城镇就业中超过 80%；在新增就业中占比超过 90%。有心观察者都能感觉到，民营经济遍布全国城乡，为中国经济发展中最为蓬勃的一支生力军。就个体工商户而言，到各城市的街头便能看到，充斥街道，形形色色，红红绿绿甚至光怪陆离的商铺，涵盖百货店、餐厅、酒吧、美容院、书店、药店、花店、礼品店、修理店、养生店、手机店、房屋中介点等，不一而足，应有尽有。这都是国人将储蓄不断地进行实业投资的结果。

其次是股票投资。应该说，中国的金融市场还较落后，可投资的金融产品不多。尤其是股票市场脆弱，几经股灾，直至今日仍动荡不安且低迷不振。但就是在这种情况下国人对于股票的热衷程度令人吃惊。表 4.3 已经显示，截至 2018 年年底，沪深两市共有股票账户数目 4.6 亿以上，实际股民人数近 1.5 亿。股民人数占总人口比例即使在股票市场发达的发达国家也不算低，在股票市场仍处于建设阶段中的发展中国家就难得一见了。尤其是中国股民对于股票的炒作与投机热情很高，A 股市场的年换手率高达 200% 以上，大大高于成熟市场79%的平均水平，由此可见一斑。股市高涨的那几年，如果用心观察，在股市开市期间，不仅在证券交易所大厅，在居民家中甚至在办公室内都可发现股票炒作的活跃。虽然这些年来A股市场价格表现十分令人失望，但一批又一批的股民却屡战屡败，屡败屡战，乐此不疲，前赴后继。

最后，国人的房地产投资热情更是非同凡响。在中国的城市，特别是大城市，虽然很大一部分人买房是为了自住，但投资或投机性买房的比例之高令人咋舌。城市中产阶层以上人士很多都有两套以上的住房。尤其是高端住宅，投资或投机所占的比例更高，30%应该不是一个过高的估计。据房地产中介信息，在深圳房地产销售高峰期，投资和投机的比例甚至高达80%以上。这正是中国房地产价格飞速上涨并居高不下的主要原因之一。政府实行房地产限购政策之前，中国房地产投资与投机的一个显著特点是异地投资与投机。投资或投机资金流动的方向是从村到镇，镇到小城市，小城市到中等城市，中等城市到大城市，大城市到特大城市，而且越往后资金流动量越大。流向特大城市的资金流动量最大，且资金不仅来自大城市，而且直接来自中小城市甚至村、镇。所谓特大城市是指北京、上海与深圳。这三大城市的房地产最为国人青睐，全国的房地产投资者都瞄准这三大城市，资金相应不断地流入，导致这三地的房价越炒越高，高至其他大城市的2~3倍，中等城市的3~4倍，小城市近10倍的水平，完全脱离了当地居民的收入可负担能力。最终招致政府采取果断的异地房产限购措施，才得以稳定下来。国人如此地热衷于这三个特大城市，固然是向往着它们的名气与相对高得多的教育、文化、医疗水平，最主要的还是相信其房价可以不断地上涨，投资或投机于其中的房地产可不断升值，从而获得巨大的投资收益。

投资意愿强却不一定意味着投资一定成功。从过去40年，特别是后20年的经验来看，实业投资当然值得。但实业投资者数量以千万计，算上个体工商户则接近于上亿，自然不是人人都能成功。尤其是投资初期都有创业性质，而创业者十分之一的成功率已算不错，这是一个规律。所以失败者不在少数。但经济高速增长环境下创业机会不断出现，失败者如东山再起，吸取经验再度投资，则成功率大大提高。一旦成功，特别是民营企业投资者一旦成功，则收益巨大，若再接再厉，企业越做越大，便不仅财富暴增，投资者如果本人经营企业，在个人事业方面也功成名就。

股票投资的收益就很令人失望了，甚至对很多人来说是心头之痛。可以说，除了极少数的高水平专业投资者和利用内部消息与老鼠仓等违法者外，95%以上的A股股民都是亏损的，有的亏损巨大。这对于股民是一个非常大的遗憾；A股市场是对不起广大股民的。究其原因，一是A股的股票市场机制没有科学地建立起来，机制漏洞太多，为非法者提供了机会；二是上市公司及其股东的素质较差，上市圈完钱后不好好经营，原始股限售期解禁后，原始股东就纷纷售股收利；三是投资者结构不合理，机构投资者比例较小，且水平有待提高，散户比例过大，且大部分不具投资知识，只知跟风，别有用心者一号召就跟买跟卖，使得别有用心者赚钱，广大跟风的股民却亏损。这样，原始股东与非法钻营者成了大赢家，广大股民成了大输家。这正是造成当前贫富差距过大的原因之一。

房地产投资可以说是过去 20 年最为成功的大众性投资了。与股票投资 95% 以上亏损刚好相反，房地产投资 95% 以上，甚至可以说 99% 以上都赚钱，是毫不夸张的，只是赚多赚少的问题。另 1% 的失败投资者要么是高位接盘，要么是投资于所谓的鬼城房地产，要么是过于短期且借贷炒作，都只能怪自己过于不慎或运气不佳。过去 20 年间如果早点投资了一个房地产，则从根本上解决了住的问题，只要不失业就根本解决了后半辈子的生活问题；如果早点投资了两个房地产，则不仅解决了住的问题，即使失业也解决了生活问题；如果早点投资了三个或以上的房地产，则不用担心任何生活问题了，起码成为中产阶级，并很可能已进入富人的行列了。对北京、上海与深圳的房地产投资者而言，更是如此。正因为这样，除了生意人之外，就打工族而言，谁的房产多谁就是富人，谁没有房产谁就是穷人，这也是造成贫富差距的一个主要原因，是不合理的。且更为严重的是，如果投资房地产的人这么容易地赚了这么多钱，那每天辛辛苦苦打工意义何在？年轻人有这种想法的大有人在，而他们是国家的希望，如果他们工作积极性没有了，国家的前景就堪忧了。所以，房地产调控是完全必要的，必须坚持。另应采取切实有效的措施缩小贫富差距，并鼓励年轻人努力工作甚至创业。

强烈的攀比心理

国人的攀比心理之强，可谓无与伦比。特别喜欢与他人攀比，尤其是与周围的人或邻近的人攀比。的确，很多人喜欢将自己与其他人进行比较，看看是自己强，还是他人强。比较完后自己强便扬扬得意，自己弱则不甘人后，于是就要攀上去把别人比下来。于是，国人之间的互相攀比现象比比皆是，且愈演愈烈。尤其是喜欢在致富方面攀比。人与人之间，比收入，因而千方百计地跳槽，甚至走后门寻找收入更高的工作；努力工作并通过各种手段升职加薪；拼命地加班加点，有机会便赚外快。比财富，所以拼命地储蓄，又千方百计地投资。比房子，于是买的房子越来越大；价格越来越高；景观越来越讲究；装修越来越豪华；家具越来越高档。比汽车，他人买了我也千方百计地要买，无论有没有需要，且买得越来越贵，结果是开车的人越来越多，交通越来越堵。

比名牌，因此女士们的包与服装越来越高档，使得人均 GDP 不到 10000 美元的中国成为全世界奢侈品销售量最高的国家，且国人成为海外奢侈品市场的最大买家。香港的名牌店充满着普通话的谈价；国外大的名牌店都配有华裔或会说普通话的销售员；国内的礼品充斥着各种名牌，大、中城市的名牌店特别陈列着外国的顶级品牌。街头上经常出现持货真价实品牌的真实富人，也不时可见携假名牌的冒牌富人。

关于个人之间攀比财富的情况，最形象的可能要算若干国人在一起聚餐时不时出现的一个场面了。聚餐刚开始不久，一位 A 男士或女士有意地把话题拉到房地产价格上来。另一位 B 则会问："那你的房子升值了多少啊？"A 回答："50%吧。"B 则先夸："升了不少啊，恭喜你发财了。"接着便自报："我的那套只升了 45%，比你差 5%。"A 便回："那也不少，也值得恭喜。"两人便同时情不自禁地大笑，那笑声真是由衷与开怀。马上其他几位 C、D、E 也加入并自揭房产升值情况，大家又互相恭喜一番，笑声便成了交响曲。可是有几位仁兄或仁妹 F、G、H 坐在那里一言不发，有修养者低头看手机，或欲转换话题，修养较差者脸上已愠怒之色溢于言表，突然蹦出一句："房地产崩盘是早晚的事，你们不要笑得太早。"自然，这几位是尚未买房者。有房者听之，笑声戛然而止，看着这几位仁兄仁妹，露出一脸怜惜的神情，其中后一位年纪稍长的大姐式人物出来圆场："还有机会，还有机会。

咱们谈点别的，谈点别的。喝酒，喝酒。”这个场景，虽有一定程度的戏剧性，但不是杜撰的，相信很多人有所体会。

家庭与家庭也进行攀比，其中的一个重要方面且一个显著的特点，最终也与致富有关，就是比孩子的出息。中国父母对孩子的溺爱之深世上无人能及，同时对孩子的期望之高也是世上他人难以望其项背的。望子成龙，特别是计划生育实行一孩政策以来，成为中国父母的共同愿望，甚至是毕生的奋斗目标与寄托。与攀比心理相结合，这就形成了互相攀比孩子出息的潮流。出息与否先看升学情况或教育水平。于是，一场看谁家的孩子考的大学更好的全国性大赛便开始了。从农村开始，一个村庄如有一人考上大学定要放爆竹庆祝；考上名牌大学则邻近村庄或乡都会前来祝贺；考上北大、清华那起码县教育局领导甚至县领导要接见、祝贺并鼓励；若成为省级状元则县教育局甚至县政府要开大会庆祝了。农村人比较朴实，在这些庆贺活动中是真心庆贺者多，嫉妒者少。城市就不一样了，不会有这么多公共性庆贺活动，但亲戚、朋友与同事们对于某家孩子考上大学的态度比较微妙。一家的孩子考上北大、清华，最高兴的就是他的父母了，其高兴程度甚至高于孩子本人，往往是喜极而泣。亲戚嘛，一般来讲当然也会为之高兴，但若自己有同考的孩子而未考上北大、清华，可能高兴之余会为自己的孩子遗憾，遗憾之余难免有希望自己的孩子今后上研究生时考上北大、清华甚至国外名牌大学而将其比下去的心态。父母的朋友与同事就更是如此。面子上大家都会过得去，当面端起笑脸恭贺，转身立收笑容较劲，盼望自己的孩子能够后来者居上。将此意挂在脸上的修养较差者也不是不存在。当然，比完教育水平，孩子们毕业后就比与致富直接相关的工作、收入与财富状况了。比工作，是在大公司还是小公司，是在金融业、制造业还是服务业，是外资企业还是内资企业。每当说到自己的孩子是在大公司，是在金融业，是在外资企业，都会脸上有光，听者如果自己的孩子也差不多，则回答“真棒”之后，自报家门式地把自己的孩子的状况也和盘托出，大有一比高下之势；如果自己的孩子状况差些，便敷衍几句后赶快借故离开，回家大概要敦促自己的孩子努力换一个更好的工作了。国人对自己的收入多少是不介意公布的，对自己孩子的收入，则高的话也是如此，其实更愿意公布。低的话就要尽量回避了。对于孩子财富的情况更是如此。

推而广之，则是企业与企业、单位与单位、地区与地区、行业与行业之间的攀比。企业与企业之间比收入与利润，于是企业规模越来越大；投资越来越多；产品越来越多样化；债务额越来越高；上市需求越来越强；机器设备越买越新；创新动机越来越大；机构重组越来越频繁。地区与地区之间比 GDP，所以，基建投资规模越来越大；地方企业越来越多；城市面积越来越大；城市容貌越来越现代化；地方融资平台债务越来越高；地方政府发债规模越来越大；政府官员与企业关系越来越紧密；腐败越来越严重（反腐前）；地方经济发展越来越快。单位与单位，和行业与行业的攀比，也类似。由此形成了企业、单位、地区与行业之间你追我赶的火红竞争局面。

在国家层面，则是与发达国家比，追赶发达国家。追赶之用力，当然也是有目共睹，引起世界瞩目。

描述完了国人的五大经济行为特征，有必要再次声明，笔者并不是对其无条件地加以赞赏。笔者承认，若从传统道德的角度，其中的一部分并不值得提倡；从现代情操的角度，也有些不值得鼓励。但是，就对经济的影响来说，它们都是积极的、正面的，值得提倡与鼓励，甚至必须具备。至于理由，请参见第一章第三节第二点。本书是从经济分析的角度考察五大经济行为特征对于中国经济增长奇迹的作用与意义，不涉及或顾及道德与情操方面的价值判断。

第三节　五大经济行为特征是经济学成因背后的决定性成因

如上所述，国人的五大经济行为特征，虽然从其他角度来评价并不全是积极与正面的，但从经济发展角度来看却有着不可估量的正面意义，可以说是中国经济增长奇迹经济学成因背后的决定性成因。

这可以从这些经济行为特征对于第三章所述的中国增长奇迹经济性成因的决定性意义来进行分析。

超高的致富欲望是劳动力大量投入与人力资本及技术进步快速提升的关键性动力

第三章提到，改革开放解放了人的生产积极性。这是制度问题，是制度变迁的功劳。但人的生产积极性本身有多高，解放了以后能够达到什么样的高度，却取决于人内在的致富欲望。没有致富欲望，就没有生产积极性；致富欲望高，生产积极性就高；致富欲望低，生产积极性就低。而国人改革开放后的生产积极性空前高涨，根本上源于国人超高的致富欲望。否则，即使是改革开放了，消除了旧体制对于生产积极性的抑制，国人的生产积极性也达不到如此的高度，经济增长也就难以实现过去40年的奇迹般速度。

结合第三章中所谈到的经济理论分析，超高的致富欲望使得国人在改革开放去掉思想与体制束缚后狂热地追求收入与财富，将人生的活动集中到如何提高收入、如何获得财富与如何积累财富的经济活动上来。为此，每个人都异常积极地参与到劳动或工作中，导致新古典增长理论生产函数中的第一大变量的劳动力数量大量增加，典型地体现在每年过千万的新增城镇就业，每年超800万的新大学毕业生，以及已累计至近3亿的农民工等。同时，每个人又异常勤奋地工作，大大提高了劳动生产效率，并不断刻苦地学习新知识、新技能，迅速地提升了新增长理论最为看重的人力资本，进而加快了技术进步。这样，经济理论中决定经济增长速度的三个最重要变量，即劳动力、人力资本与技术进步在超高的致富欲望的驱动下迅速上升，促成了经济的高速增长。

通俗一点讲，世界上的事，都是人做出来的。不是说人想做就能做出来，但是人不想做就肯定做不出来。所以，人想与不想，或谓之人的欲望如何，是前提。具有强烈的做事欲望，这是人类与动物的根本性区别。所以人类社会有经济，有经济发展或增长；动物界谈不上经济，或顶多只有生存的原始经济，自然没有经济发展与增长。而人想做的程度，即欲望的程度，又决定人做事的用力程度，进而决定事情能否做出来的程度。就致富而言，想致富的人不一定能富裕，但不想致富的人，除了天上掉馅饼这样的偶然事件之外，一定不能富裕。没有致富的欲望，就不愿参加劳动生产，不劳动不生产，连生存都是问题，谈何富裕。而致富欲望的高低，又决定致富的努力程度，进而决定能否富裕起来与富裕起来的程度。致富欲望越高，劳动中的专注程度就越高，且增加知识与增强技能的动力就越强，即人力资本提升越快，劳动成果就越大，富裕程度就越高。这就是个人的致富欲望与富裕程度之间简单的逻辑关系。过去 40 年国人中的一部分人富裕起来了，这部分人的致富欲望相比于其他人一定是更高的，且其中致富欲望超高的人富裕的程度超高。其表现就是劳动的辛勤程度越高，知识与技能提升越快，或经营水平提高越快。这并不是说每个致富欲望高的人都富裕了，当然还有其他的条件，但说每个富裕起来的人都具有强烈的致富欲望一般是不会错的。

而宏观经济是由微观经济所构成的，每个人的经济活动加总起来就是国家整体的经济活动。微观上一部分人富裕起来，必定体现在宏观上国家财富增加，且一部分富裕起来又必定会带动其他人收入的提高，这样国家的财富就整体性增加，即国家的经济就相应地发展与增长。

所以，微观上人的致富欲望的程度对于一个国家的经济增长速度的高低具有关键性意义。笔者最为看重这一点，所以将国人超高的致富欲望作为国人的五大经济行为特征之首，进而认为在人的经济行为层面是中国经济增长奇迹经济学成因背后的，或在人文层面产生奇迹最大的成因。

超强的吃苦精神迅猛地提高劳动力投入及效率与人力资本

经济活动中人的活动，包括体力劳动和脑力劳动。人在体力劳动过程中，劳动参与率（人口中参与劳动的人口比例）的高低，劳动时间（包括上班时间和加班时间）的长短，和劳动时间利用率（真正劳动时间占在岗劳动时间的比例）的大小、与体力消耗（承重、抗压、出汗）的多少，体现了劳动者在体力方面吃苦精神的强弱，直接影响到劳动力投入及效率，即劳动产品数量的多少与质量的优劣。将这些劳动参与率、劳动时间和劳动时间利用率统称为体力劳动强度，则劳动者体力上吃苦精神的强弱决定体力劳动强度的高低，进而决定体力劳动成果的大小。

在脑力劳动方面的吃苦精神直接关系到人力资本，进而技术进步。知识的获得，技能的提升与创新能力的培养是脑力劳动的成果，而脑力劳动成果的大小自然与劳动者的脑力劳动强度密切相关。脑力劳动强度，体现为钻研的程度、学习的程度，及钻研与学习时间的长短。现在大家应该都能够理解，脑力劳动比体力劳动更需要吃苦精神，钻研与学习的过程比搬运砖头与操作机器的过程无疑是更为痛苦的，没有吃苦精神是难以持续的。吃苦精神越强，用于钻研与学习的时间就越长，钻研得就越深，学习得就越多，从而脑力劳动的成果就越大。脑力劳动的成果就是人力资本的提高。

这样，吃苦精神就分别通过增强体力劳动与脑力劳动的强度提高了新古典增长模型中的劳动力投入及效率与新增长模型中的人力资本。

而如上节所述，过去40年国人的吃苦精神是超强的，无论是在体力劳动还是脑力劳动方面。这就迅猛地提升了国人的劳动力投入及效率与人力资本，从而大大地提高经济增长速度，为中国经济增长奇迹作出了巨大的贡献。

上节已提到，笔者尤其对于国人在脑力劳动方面的超强吃苦精神体验深刻，而且很早就预感到这一超强吃苦精神迟早将结出果实，改变中国的科技面貌。但这只是预感，对于实际面貌的改观，也只是最近几年才真正感觉到。大约5年前，笔者对于中国科技与教育方面的进步还了解不多，认为还停留在比较落后的状态。就中国大学的水平而言，当时认为，中国大学的本科生水平很高，因为中国的中小学教育质量高，学生的知识面宽，程度也较深，基础知识打得牢，高于国外；大学期间学的基本还是具有上百年历史的数、理、化基础理论，与国外差别不大。但硕士研究生尤其是博士研究生的论文，是需要与当前国际水平接轨的，而国内研究生导师的水平仍然不高，所以与国外相比，研究生的教育水平仍然有很大的差距。可是，约5年前我与一位大学教授谈到此观点时，他说现在不能这么说了，我们的硕士与博士研究生导师的水平，进而硕士与博士生的水平，也与以前不可同日而语，与国外的差距已大大缩小。也是在5年前左右，与一位中科院的研究员谈到中国的科技水平，我表示仍在中低水平，他说低估了，综合来看已在中等水平，很多领域已达到上等水平，甚至领先水平，而且已经要到爆发期了。这两次谈话后，我就比较关心中国科研实力的发展，这几年才知道，中国在科研方面的进步是跃进式的。如第一章与附录1中所述，中国已成为国际顶尖杂志发表科技论文数量全球第二，申请专利数量全球第一。其他科研方面的成就，也都令人刮目相看。在几十年时间内取得如此成就，真是令人难以置信，感慨万分。而能够取得这样的爆发性成就，笔者相信首先与国人在科研方面的超强吃苦精神分不开，然后便是下面所述国人炽烈的学习热情。超常的吃苦精神已经得到回报，并正在得到更大的回报。看来我这个一贯的乐观者也都有些落后于时代了。

炽烈的学习热情充分利用后发优势，进而推动诸生产率因子全面提升

国人炽烈的学习热情对于中国经济增长奇迹的贡献与作用也很关键，绝不可低估。国民的学习精神和能力，对于任何一个国家的经济发展来说都十分重要，对于发展中国家的经济发展而言则是关键性的。所谓发展中国家，即经济水平落后于发达国家而仍处于发展状态的国家。其落后的一个关键领域就是科学技术与管理，即科技与管理水平明显地低于发达国家。而科技是第一生产力，管理是重要的生产力，发展中国家的经济要发展与增长，要赶超发达国家经济，关键就在于提升科技与管理水平。如何提升呢？当然可以从基础研究开始自己研发与创造。但这显然需要花费很长的时间、精力与资金。捷径自然就是以花钱和开放市场为代价借鉴发达国家的先进科学技术与管理模式，通过应用、模仿、学习、提升，最后超越。这就是上一章所分析的落后国家或发展中国家所谓的后发优势的要义，是阶段成长论引申出来的新古典增长模型中全要素生产率中的一个十分重要的生产率因子。

其中，最为关键的在于学习。没有学习，就只能应用与模仿，甚至应用与模仿程度都有限，更别说提升与超越了。学习的效果当然依赖于学习能力的高低，而学习能力的高低又取决于科技人员的学习热情。学习热情越炽烈，学习能力就越强，对于先进科技学习得就越快，应用、模仿、提升与超越的速度也就越快。进而，“后发优势”就能够得到充分的利用与发挥。

从另一个角度，对先进科技与管理的学习，直接提升人力资本与促进技术进步，在新增长理论的框架下促进经济增长。这是显然的，人力资本的知识、技能与新思想都是通过学习后才被掌握的，技术进步则是其被掌握后用于改进技术的结果。而这根本又在于科技人员的学习热情的高低。根据新增长理论，学习热情通过提升人力资本与促进科技进步对经济增长作出重大贡献。

的确，国人炽烈的学习热情，衍生出国人超强的学习能力，致使国人对外国先进的东西，除了科技之外还包括经济体制、管理体制与经济结构等，都能够迅速学习与掌握，并能够结合中国的国情加以采用或改造。也就是说，国人炽烈的学习热情，进而超强的学习能力，实际上推动了全要素生产率中诸生产率因子，包括人力资本、技术进步、结构优化、体制改革，以及后发优势等的全面提升，为中国经济增长奇迹提供了经济学成因背后的另一个重要的人文成因。

对于国人为何学习能力这么强，有些人认为中国人比其他人聪明。这是一个极具争议性的立论，会引起各国或各民族之间的互相攻击，也会招来种族主义的批评。所以，在国际场合或有外国或外族人在的时候很少人会提及此论。但在国人内部的交谈甚至会议中却会有所提及。姑且不论政治上的敏感性，即使从纯学术或研究的角度，这个立论也难以站得住脚。

确实不时有关于世界各国人民智商（IQ）研究结果的报道，大部分的结果都表明，中国及东亚人的智商，虽不是最高，但高于大多数的他国人。这是否就能说明中国人一定比大多数的他国人聪明呢？恐怕还不能。这些研究的方法有待商榷与科学化。一般而言有两种方法，一是从问卷抽样调查的形式得到数据，再进行归纳分析，得到结果。但就像其他的问卷抽样调查一样，问卷中设定的问题或提问的方式都会影响到结果，没有一个公认的标准。如问卷中的问题可能就是：“你认为哪个国家的人智商高？”而对于这一回答的结果在很大程度上取决于被问者本人是哪国人。即使是中立的被问者，也有一个先入为主而失去中立性的问题。另一种方法是生理学的，根据人脑的生理特征，如脑容量的大小，左脑与右脑的比例等判断人的智商高低。笔者对生理学一无所知，不敢评论此判断正确与否，但认为，在生理学与医学高度发达的今天，如果这种判断真有生理学依据的话，应该早有权威的生理学家或机构起码在学术范围作出公布。也可能由于政治敏感性而不能公布，但在信息如此发达的今天起码应该泄露出来。可是笔者既未见这种信息的公布，也未见其泄露。所以，笔者对此也持怀疑态度。

笔者不否认各国或各个民族的人，或同一个国家及民族的人之间在学习能力方面的差异，但认为学习能力是培养出来的，差异来自于是否经常地、努力地与有效地学习，而这又源于有没有学习热情，或学习热情是否炽烈。人天生的差异，即所谓人是否聪明，不是不存在，但不会太大，不是主要的，可以由后天的学习程度所弥补。如果留心一下，大家不难发现，在中国的外国人，即老外中，中国话说得最好的是黑人，而不是白人，甚至不是与中国有深厚文化渊源的东亚人，包括日本人与韩国人。说明仅从天生而论，不能说一国人比其他国家的人聪明。也可能在某些方面可以这么说，则各国人各有自己的聪明领域，总体而言却难分高低。

笔者相信中国人是聪明的，但不敢说比他国人聪明很多。笔者认为，国人极强的学习能力主要是其学习热情炽烈的结果，而非天生而来。

高昂的储蓄 / 投资意愿直接促进物质资本增长与技术进步

高储蓄率对于经济发展的意义是显而易见的。有了储蓄率才可能有高投资率，进而才可能有物质资本的大量投入。而物质资本是新古典增长模型生产函数中与劳动力同等重要的变量，其大量投入对于经济的起飞以及起飞后经济的持续增长都起着不可或缺的推动作用。对于一个低收入的发展中国家尤是如此，物资资本的积累尤其宝贵和重要，这就要求有尽可能高的储蓄率。

这里有一个储蓄率与消费率对于经济增长的不同含义的问题。如上所述，高储蓄率无疑促进经济增长。但人们也经常听到，尤其是现在更经常地听到高消费率提升经济增长。特别是近年来，一个流行的说法是中国的消费率过低，所以经济放缓压力大，中国应该提高消费率。大家都知道，储蓄率与消费率是此消彼长的。那这两种说法不是互相矛盾吗？听起来确实互相矛盾。但应该注意的是，这两种说法是从不同的角度来说的。储蓄率促进经济增长是从中长期的角度来说的，是针对中长期增长潜力。在经济学框架下中长期经济增长是由供给驱动，即，由上一章所述的各种经济增长理论所涵盖的供给性经济变量所驱动，其中最重要的变量之一就是物质资本。而如前所述物质资本量又是由储蓄率所决定的。消费率提升经济增长，是就短期而言，是针对短期经济波动。在经济学框架下短期经济增长由需求驱动，即，由以凯恩斯主义为主导的宏观经济理论中的诸变量，包括消费、固定资产投资，与净出口（出口 - 进口）所驱动，其中消费最为重要。所以说，如果说有矛盾，是中长期与短期之间的矛盾，是供给与需求之间的矛盾。矛盾的解释为，提高储蓄率，从而降低消费率，是为了中长期经济利益而牺牲短期经济利益，或提高消费率，从而降低储蓄率，是为了短期经济利益而牺牲中长期经济利益。至于哪个是哪个非，没有定论，要看当时的主要矛盾是什么，是中长期性的还是短期性的。

本书探讨的是过去40年中国经济增长奇迹的成因，属于中长期经济增长的范畴，所以高储蓄率被认为是经济增长的动力而非阻力，其在短期内有可能减慢经济增长速度的作用不在本书考虑之列。

当然，高储蓄率还有一个转换成高投资率的问题。有三条转换渠道，一是通过银行系统，居民将储蓄存到银行，由银行贷款给企业等实体经济部门；二是通过实体投资，居民将储蓄直接地投资于建厂、创业、开商铺、摆地摊、买房地产等；三是通过金融投资，居民将储蓄用于股票投资、债券投资及理财产品投资等。平心而论，中国的储蓄/投资转换率总体而言不高，主要在于金融市场不够发达，银行体系效率仍有待提高，资本市场，尤其是股票市场，脆弱动荡，大大影响了转换率。但实体投资渠道的效率还是很高的，中国民营经济的蓬勃发展，万众创业、大众创新的热潮兴起，个体工商业的繁荣昌盛，以及房地产市场的火爆以至于泡沫，得益于居民有效地将部分储蓄直接地投向了这些领域，促成了这些领域实体经济的快速发展，为中国经济增长奇迹作出了不可磨灭的贡献。

关于金融投资，虽然效率较低，国人却是乐此不疲，不弃不舍。其原因，一是指望金融市场机制改善，逐步地市场化与现代化，最终成为经济的晴雨表；二是亏了后总想在此翻身，有朝一日市场反转后回本；三是与国人的赌性较强，希望短期炒作的习性有关。毕竟金融市场波动大，比其他投资有更大的炒作空间。

银行系统与资本市场的储蓄/投资转换率低，并不意味着通过这两个渠道转换过来的投资量微不足道，对实体经济没有起到作用。转换率低，不是说不转换，只是比应该转换的量小一些而已。而大量储蓄用于转换，转换后的投资量必然是大量的，对实体经济增长的促进作用必定是显著的。

要知道，固定资产投资并不只是用于基础设施与房地产，更多的是用于购买或更换新设备以进行技术改造。而技术改造投资是技术进步的源泉之一。虽然房地产由于发展过快而出现泡沫，基础设施与房地产对于经济增长的拉动作用是不言而喻的。而技术改造对于经济无论是量还是质的发展更是决定性的。中国成为世界工厂，发展出了全球第一大制造业，且制造业水平正在追赶发达国家，技术改造投资的贡献功不可没，而这又首先归功于固定资产的大规模投资，进而是国人高昂的储蓄/投资意愿。

强烈的攀比心理进一步强化前四大经济行为特征，推动经济更快增长

攀比心理，促使自己与他人比较，不足则追赶，直至打平甚至超越，是个人奋斗的巨大动力。个人没有这个动力，则故步自封，不能进步，可能仍与猿人无甚差异；每个人都没有这个动力，则社会运行停滞，没有发展，人类可能还生活在原始时代。反之，则个人不断进化，社会不断发展。达尔文的“人类进化论”虽听起来残酷，却道出了自然界的规律。

中国人的攀比心理自古就有且强，在历史的长河中，有些朝代得到认可与发扬，有些朝代却得到抑制甚至批判。当然，也要看是哪些方面的攀比。很多时候，经济与性爱方面的攀比得到抑制，但政治与为“仁”方面的攀比却总是得到鼓励。改革开放之前29年，正是如此，经历过那个年代的人应该有所体会。改革开放解放思想，很重要的一方面就是解放了在经济方面的攀比心理，使其不但得到认可，而且得到鼓励。邓小平的“让一部分人先富起来”就是这一思想解放的号角。本身就固有，遇上解放思想，又有领袖的号召与鼓励，加之西方达尔文“人类进化论”的传播，国人在经济上的攀比心理得到爆发性的释放，并形成令人惊讶的强烈之势。

这一强烈的攀比心理造成了什么后果呢？后果是巨大且多方面的。在个人层面上，使得国人之间在上述的致富欲望、吃苦精神、好学之情、与储蓄/投资意愿等经济行为方面展开了互相竞争，竞争又促使国人的致富欲望、吃苦精神、好学之情与储蓄/投资意愿得到强化。而且形成强化反过来又增强竞争，竞争再度强化的循环局面，最终导致了国人致富欲望之超高性，吃苦精神之超强性，学习热情之炽烈性，与储蓄/投资意愿之高昂性。如前所述，正是这些国人的经济行为特征成为中国经济增长奇迹的人文性根本成因，而强烈的攀比心理又可以说是这些根本性成因的催化剂。

具体例子，如攀比心理使得农村青年竞相外出打工，造就了近3亿的吃苦耐劳的农民工队伍，为中小微民营企业，特别是出口企业的发展奠定了劳动力基础；又如攀比行为致使高中毕业生竞相报考大学，争拿学位，因而国人从幼儿园起就课内课外不停地学习，使得国人的基础教育水平排在世界前列，中、高端人才不断增加，为人力资本的积累打下了坚实的基础。

再如，在国家层面，与他国攀比，加速了国人对国外科学技术和管理体制的学习，进而加快了我国科学技术的进步，管理水平的提高和经济体制的转型，促进经济进一步增长。还有，在家庭、企业、单位、行业、地区层面，都形成了各个层面你追我赶的经济竞赛局面。企业之间竞争之激烈是有目共睹的，有时甚至到了不择手段的地步；地区之间的竞争也是中国一大特色，与地方政府官员同其他地区官员攀比政绩的心态直接相关。

经济方面的攀比心理在道德伦理及情操上的争议性，与致富欲望同样，是非常大的，甚至比致富欲望还要大而为最。世界上大部分的经济伦理，除了下一章将分析的基督新教与新儒家之外，都是强调克己与均富。应该说，人类在大部分的时间里都接受如此的经济伦理。中国的儒家也是同样，更别说道家与佛家了。所以直至现代，在很多人的观念里仍认同并赞赏这一伦理。对这一伦理的反面，即利己与致富，即使是明白在现代社会中难以避免，也是以一种不得已的“与世同尘”的态度对待之，或将之视为短暂的策略性存在。

达尔文的“人类进化论”问世以后，尽管争议不断，在西方还是为统治阶级与精英阶层所接受了。按韦伯的说法，基督新教财富天职观主张创造与积累财富以证明自己比其他人更称职为上帝的选民，拉开了人类在致富方面攀比与竞争的序幕，最终导致资本主义精神进而现代资本主义的兴起。达尔文进化论与韦伯新教财富论对现代经济与社会发展的积极意义已经是显然的。资本主义的经济成就，按马克思 100 多年前的话说，“几十年的成就高于人类社会有史以来的总和”，100 年后的今天就不知高于总和的多少倍了。生活在现代经济与社会的人，虽然会不时怀念工业革命前的田园风光与风土人情，大概很少有人真正想回到那个时代去生活。但尽管如此，达尔文“进化论”仍不断受到民众，包括知识界的批判，韦伯新教财富论受到公开的批判较少，大概与其仍在宗教框架下展开有关，但是真正理解与相信的人恐怕不多，心里怀疑的却不少。

产生这种矛盾现象的原因，一是传统宗教与文化观念的根深蒂固所致，二是与资本主义造成贫富差距越来越大直接相关。实际上，这就回到困扰人类社会的古老命题或提问：平等与效率，到底哪个应该为先？当然是见仁见智，每个人从自己的角度给出自己的答案。统治阶级、精英阶层及大部分知识分子，会说效率为先；普罗大众，包括一部分知识分子，必定会说平等为先。以人数说，一定是主张平等为先的人多；主张效率为先的人少，因为普罗大众一定是人多。但以可实现性而论，多数情况下是主张效率为先者胜，主张平等为先者输，因为统治阶级与精英阶层决定制度。

对这样一个历史性的，重大的，而又常识性的问题，笔者不敢贸然评论，不管如何评论必然招来骂声。但因为与本书有关，仅谈一点个人的，其实也很常识性的看法。

经济与社会应该如何发展，与物理运动存在明显的规律不一样，因为牵涉到人，是没有一个公认的标准的。屁股决定脑袋，每个人从自己的利益出发形成观点，且利益不变观点不改。作为学者，或谦虚一点说，研究者，当然应该站在中立的立场。但何为中立的立场？在一种观点为大多数人所接受的时候，中立点就是偏向大多数的，那就无疑是站在大多数人的立场。这很好选择，但对研究者来说没有意义，随大流就行了。必须认识到真理往往在少数人手里。所以，真正中立的立场就很难找到。

看来对于此种命题很难有一个放之时空而皆准的绝对回答。只能放在一定的时代背景下与地理方位中讨论，才可能得出一个相对被广泛接受的答案。

这样的答案其实也很简单，即对于所研究的特定年代与特定国家来说，主要矛盾是什么？是效率过低而大家普遍贫穷，还是效率过高而贫富差距太大？

第二章说过，英国工业革命前，人类的经济发展乏善可陈，几千年人均 GDP 增长几近于零，人民普遍过着风餐露宿的日子，有的国家好一些，但也好不到哪里去，极少数贵族按当时标准生活奢侈，但按现代标准只是温饱仅有余而已。在这种形势下，资本主义的出现使得经济起飞，解决了大多数人的温饱问题，并逐渐实现经济与社会的现代化，无疑值得肯定。在此过程中贫富差距拉大，但这是资本主义崛起过程中的必然现象，甚至是条件。也可以说是一种代价，这种代价，比起导致大多数人解决温饱问题的经济起飞并生活日益富裕，就当时的情形来说，是值得的。即，当时以效率为先的资本主义主张是正确的。但以后，贫富差距不断拉大，资本主义效率为先的主张日益受到挑战，平等为先的主张日益强烈，因此马克思主义诞生，社会主义兴起。平等为先主义先后在苏联、东欧、中国等社会主义国家实践，当时都认为理所当然，也取得了很大的成功，得到热烈的响应与欢呼。可是，社会主义国家平等优先的主张在实践了一段时间后导致效率越来越低，经济发展大大落后于资本主义国家，全体人民的生活与资本主义国家的人民相比日益陷入困难的境地，最终导致苏联解体，东欧转型，中国改革开放，都重返了以效率为先的道路。

中国的改革开放以效率为先的导向十分明确，平等优先的主张被搁置一边，甚至被批判，邓小平的“让一部分人先富起来”的号召充分显示了这一点。以改革开放初期中国经济与资本主义国家经济相比落后程度之大，这种改革导向无疑是正确的。在此导向下，国人的攀比心理被大大地解放出来是无可厚非的，其对于国人经济行为进而经济增长的巨大积极影响是应该得到肯定与赞赏的。

当然，历史在前进，资本主义经过几百年发展到今日，在发达国家，贫富差距已经到了惊人的地步，效率优先又正在让步于平等优先，欧洲的民粹主义，英国脱欧，与美国前十年左右的华尔街运动及2016年年底特朗普当选，都表明了这一点。可以预期，在不久的将来，平等优先将重新成为主流。但在中国，改革开放仅40年，虽然取得了经济增长奇迹，整个经济的发展水平离发达资本主义国家还有很大的差距，效率的提高还没有走到尽头，贫富差距虽然也已经很大，但在效率继续提高，经济继续较快速增长的形势下人民生活整体性地改善，效率优先还没有受到根本性的挑战，还将持续一段时期。在这一时期内，攀比心理仍然总体上是积极的，应该继续得到肯定。当然，随着平等优先与效率优先的矛盾进一步激化，平等优先的主张必将在将来的某一天在中国也压倒效率优先，到那个时候国人在经济上的攀比心理也是应该重新得到审视。不过，等到那一天到来时再审视也不为迟。

第四节　与他国人比较
——国人的五大经济行为特征最为鲜明与完备

读完上述几节，可能有人会说，五大经济行为特征好像他国人也具备啊，为何说是国人的五大经济行为特征呢？

的确，致富欲望、吃苦精神、学习热情、储蓄/投资意愿和攀比心理在他国人的行为中也有所体现，不管是西方人还是东方的他国人，无论是发达国家的人还是其他发展中国家的人。如人们经常谈到的日本人、韩国人、新加坡人、马来西亚人、越南人以及我国台湾和香港地区的人都具有节俭与重视教育两大特点，而这与我们所说的高企的储蓄/投资意愿与学习热情两大经济行为特征吻合。又如韦伯新教财富论所说的新教徒的以创造财富为天职与节俭、勤勉的品质和超高的致富欲望、高昂的储蓄/投资意愿与超强的吃苦精神也相吻合。从其他国家的一些行为上也都能够不同程度地找出与五大经济行为特征相吻合之处。

但是，还是有区别的，而且区别还很大。区别之一在于，国人五大经济行为特征的鲜明程度。应该注意到，五大经济行为特征都是带有强度之形容词作为前缀的，即“超高”的致富欲望、“超强”的吃苦精神、“炽烈”的学习热情、“高昂”的储蓄 / 投资意愿、“强烈的”攀比心理，表明这五大经济行为特征的异常鲜明性。他国人也有致富欲望、吃苦精神、学习热情、储蓄 / 投资意愿、攀比心理，但是，在强度上没有达到“超高”、“超强”、“炽烈”、“高昂”与“强烈”的地步，因此鲜明性次之。世界上的很多事情都有共性或同质；区分事物的往往是程度，即性质呈现出来的程度。比如人人都不同程度地会唱歌，但不是说人人都能成为歌唱家。只有那些唱得好的，即唱得响亮、悠扬并发音准确的才是歌唱家。他国人也不同程度地具有五大经济行为，就相当于也不同程度地会唱歌，而国人的这五大经济行为具有上述相应形容词所描述的高强度，或异常的鲜明性，相当于唱歌唱得很好，不仅可以称为歌唱家，而且是出色的歌唱家。

区别之二是完备性。即，国人的这五大经济行为特征都很明显，而他国人可能只具备其中的几个行为特征或只有其中几大行为的特征较明显。完备性很重要。比如考大学，除了极少数的特别培养生，如体育、文娱明星之外，是需要语文、数学、物理、化学、政治、历史及外语都考到分数线才能考上的，仅语文、政治、历史考得好，数、理、化不达分数线是不行的。尤其是，如要考上北大、清华，需要多科都达到很高的分数线，有一门虽过了分数线但分数很低也是不被录取的。国人的五大经济行为特征均很鲜明，就相当于大学考生各科考试分数都很高，能考上北大、清华，所以是顶级学生。其他国家的人有几大行为特征具备，而其他几大行为特征不具备，就相当于大学考生有几科考得好，但其他几科考得一般，能考上大学，是好学生，但不是能考上北大、清华的顶级学生。大家都知道，考上北大、清华与考上其他大学是不一样的，考生与家长都会非常在意。

这两个区别的意义重大，从某种角度决定了，如第二章所析，中国的经济增长速度高于其他国家，中国人创造了人类历史上最大的经济增长奇迹。

下面就基于笔者的观察来看他国人在五大经济行为方面的鲜明性与完备性如何地逊于国人。笔者海外经历虽并不非凡，但也算丰富，在英国与日本分别学习与工作过5年和两年左右，在香港工作与生活了20余年，去过的国家也有几十个，加之天生喜欢观察人的行为，所以自认为有资格进行这一比较。

近现代西方人的经济行为，就一般人而言优点是讲究科学性与理性。这当然非常重要，这就是为什么工业革命产生于西方的英国，最现代化的经济产生于西方的美国，最精致的制造业产生于西方的德国。本书第一章便强调了，过去40年产生于中国的是人类历史最大的经济增长奇迹，而不是人类历史上最大的更为广义的经济奇迹。虽然没有公认的说法，说英国工业革命是迄今为止人类历史最大的经济奇迹应没有问题，说美国、德国创造了经济奇迹也不会有疑问。这些奇迹一方面是资本主义制度的胜利，另一方面也是西方人经济行为的科学性与理性的成就。国人的五大经济行为特征，没有包括科学性与理性，但不意味着没有科学性与理性，只不过不是特征而已。科学性没有成为特征，比较好理解。虽然中国古代四大发明对于人类科技的发展具有不可磨灭的决定性贡献，现代科学产生于西方，科学性于西方人来说占了先机，东方人，包括国人在内，现代科学与技术方面是学习西方，自然没有在这方面形成自己的特征。至于没包括理性，就比较复杂了。所谓理性，一个方面是实用主义，另一个方面是适度。就后者而言，前述国人五大经济行为特征的前置形容词就有过度之嫌，而这又正是刚才所说的国人五大经济行为特征的鲜明性优点之所在。如前所述，就现代人生活的潇洒性而言，五大经济行为特征本身也都似乎存在着非理性，尤其是致富欲望与攀比心理，似乎失去了自我而去追求并不值得拼命追求的东西。但对于这一点，见仁见智。就国人而言，作为一个文化历史传承最为悠久大国的国民，岂能容忍长久地在经济上落后于他国，生活水平低于他人，因而一定要奋起直追，即使牺牲自己的当前利益也要拼命地去追。所以才有了国人的五大经济行为特征。这就是国人认为的理性。而恰恰是这种意义的理性，西方人有所不如。五大经济行为特征之首的致富欲望，按照韦伯的解释，新教徒们视之为上帝选民的天职，是具备的，但有没有国人这么超高就难说了，笔者认为没有。学习热情，笔者相信西方只在知识精英阶层较强，但也不会强到国人“炽烈”的地步，在中下阶层则比较薄弱，起码较之中国的中下阶层薄弱。吃苦精神与攀比心理的情况与之类似，总体上肯定是弱于国人的。储蓄/投资意愿，只要看看目前西方国人的储蓄率不到中国的一半就知道了。虽然韦伯时代的新教徒将节俭与低消费作为一个美德，现代西方人对此是不屑一顾的，反而嘲笑中国及东方人的高储蓄行为，视之为吝啬，起码认为是不潇洒，是作为一个缺点来看待的。从最近西方国家经常抱怨中国的消费率太低，实则不喜欢中国的储蓄率太高，就可见一斑。所以就五大经济行为特征而言，西方人缺乏完备性与鲜明性。这并不是说他们做得不好，而是描述事实。至于好不好，他们已经发达起来了，可能没有这些特征为好。但对于国人而言，还需要发展，这些特征应该要有，且正是有了，才造就了中国经济增长奇迹。

再看亚洲人，主要是东亚人。中国香港地区、中国台湾地区与新加坡，都是华人社会，也都是东亚经济奇迹的创造者，应该说，五大经济行为大部分都有所具备。这些地区或国家的人的致富欲望、吃苦精神、学习热情、储蓄/投资意愿以及攀比心理，比起国人以外的其他国家的人都要强。所以，在中国大陆还未崛起之前或刚刚崛起之时，它们与日本、韩国共同创造了东亚经济奇迹。当然，这么说是有争议的，即使这些国家或地区的人很多也不同意这种说法。但就笔者而言，这些经济行为固然不是东亚经济奇迹的唯一原因，但起码是重要原因或在人文层面是主要原因。其他广泛认可的原因包括市场机制、法制、自由信息等制度层面的因素。其实最终还是要看在哪个层面讨论问题，这里就不详谈了。可是与国人相比，这几个社会华人的上述经济行为特征仍然没有国人如此的鲜明：致富欲望很高，但没有到国人“超高”的程度；吃苦精神很强，但没有到国人“超强”的地步；学习热情很热，但没有到国人“炽烈”的程度；储蓄/投资意愿很高，但没有到国人“高昂”的地步；攀比心理业很强，但没有到国人“强烈”的地步。

至于日本人与韩国人，也与上述几个华人社会的情况相似，具备大部分的五大经济行为，具备的程度比海外华人弱一些，当然就更弱于国人了，但高于其他国家的国民。这么说，日本人、韩国人不见得同意。但就笔者的观察来说，是这样。笔者在日本学习近两年，对日本人还是有一些了解的。他们自己可能会更强调与西方人的共性。的确，他们在科学性与理性方面强于华人。尤其是日本人20世纪就融入西方，在很大程度上接受了科学性与理性训练。尽管如此，他们与西方人还是有所不同的，行为上仍具有浓厚的东方色彩，与华人具有较大的相似性。在这一点上，韩国人与华人的相似性又更高一点。尽管如此，相似不是相同，程度上还是有差别的，就五大经济行为的鲜明性与完备性而言，日、韩两国人也是逊于国人的。

印度人的情况比较复杂特殊。他们在吃苦精神、学习热情以及储蓄意愿方面也是高强度的。但是基于宗教及种族主义的原因，致富欲望与攀比心理可能是作为负面因素看待。印度经济增长也很快，但如第二章所述，迄今为止难与中国相提并论。印度人的经济行为及其对经济增长的影响究竟如何，有待于详细考察。

越南可能是在国民性方面与中国最为相近的国家了，越南人在五大经济行为的具备方面与华人社会相似。所以现在很多人认为越南将与印度一起成为今后经济增长速度最快的两个国家，这是可能的。但到目前为止，越南人的五大经济行为仍未鲜明与完备到国人的地步，所以越南的经济增长成就在中国面前还是小巫见大巫。

至于其他发展中国家的国民，一部分经济行为还处在相对自然与传统的状态，自觉性不强，主动性不够，行动性较弱。特别是致富欲望与吃苦精神这两个经济起飞的前提性行为尚未形成或强度不足，别说与国人相比，与其他华人、日本人、韩国人，甚至西方人都有很大差距。就笔者来看，这是他们的经济仍未起飞的主要原因，或起码是主要原因之一。另一部分人的行为则处于这部分人与华人及日、韩之间。

本章的核心观点，即五大经济行为特征为国人所独有，对中国经济增长奇迹经济性成因的形成具有决定性意义，进而是中国经济增长奇迹产生的决定性成因的观点，笔者早在8年前左右就已形成，在2012年《中国学》季刊第二辑发表的《国人五大经济行为特征及其人文渊源——中国经济高速增长的人文解释》一文中已有阐述，但未成熟与展开。4年后，朱天的《中国增长之谜》一书出版，提出中国增长奇迹来自于儒家文化，但只限于勤俭与重视教育两种文化品质，涵盖本书五大经济行为特征中的两大特征。本书在2012年文章的基础上对这一观点进行了系统与详尽的阐发、分析与推理，使之成为本书的两大原创性观点之一。

第五章

底层成因：哲学解释

——儒家“入世有为”主义的渊源地位

第一节　国人改革开放之前29年的“政治狂热”与之后40年的“经济狂热”背后的精神共同点——“有为性”

改革开放前后国人的行为以目标而论的鲜明分野——政治行为与经济行为

改革开放之前的29年，即新中国成立的1949年至改革开放开始的1978年期间，可以说是新中国建设的第一个阶段。关于这一阶段的成就与过失，研究文献汗牛充栋，评价也异常分歧，但不在本书研究范围之内，笔者在此不作评论。本节仅就这一时期国人的行为特点作一简单的回顾与分析，并与紧接其后的40年，即改革开放后的40年国人的行为特点进行比较。

在这29年期间，由于种种的历史原因，新中国的建设进程坎坷而动荡。以国家建设的目标来分，这29年中2/3左右的时间是搞政治建设，即如何巩固新的政权与建设一个新的政治体制，包括抗美援朝、“三反”、“五反”、反高饶集团、反右斗争、庐山会议，至“文化大革命”达到高潮；1/3左右的时间搞经济建设，包括解放初期的经济恢复，第一个与第二个国民经济五年计划，与1962—1966年的经济调整。因此整个29年可以说是政治主导。这一期间，国人行为的一个显著特点是，无论是在政治建设还是经济建设期间，社会参与热情都异常高涨。由于是政治建设为主导，社会参与热情主要是以政治上有所建树为奋斗目标的政治热情。此政治热情从解放初期由翻身解放，迎接新中国到来所激发出来的强烈的新社会情怀，至“文化大革命”时期走到极端。所以说，这一段时期国人的人生目标是政治导向，由此产生的主导性行为为政治行为。

但“四人帮”倒台后，特别是1978年改革开放后，国人的这种政治热情迅速消退，代之而出现的，随着国家建设的目标从政治建设转为经济建设，国人的人生目标也从政治上有所建树转变为在经济上有建树，即由政治导向转为经济导向。随之，国人的主导性行为从政治行为转变为经济行为。而转变之快、之大与之深，便形成了前章所述国人的五大经济行为特征。

这样，以人生目标来分，国人的行为在改革开放之前与之后形成政治行为与经济行为的鲜明分野。

改革开放前后国人的行为以力度而论的鲜明共同点——“狂热”

比较改革开放之前29年与之后40年国人的行为特点，不仅是上述政治行为与经济行为的鲜明分野，更为引人注目的是政治行为与经济行为在力度上的一个鲜明共同点，即“狂热”性。

经历过之前29年的人都知道，尤其是在“文化大革命”期间国人政治行为的力度之强，可谓达到了“狂热”的地步。而前章所述改革开放后40年国人五大经济行为特征的前置词，即“超高的”、“超强的”、“炽烈的”、“高昂的”与“强烈的”等，也可以说达到了“狂热”的地步。

因此，都达到了“狂热”的地步，只不过一个是政治行为的“狂热”，一个是经济行为的“狂热”。以“政治狂热”描述之前29年国人的政治行为毫不为过，以“经济狂热”形容之后40年国人的经济行为也不过分。这里，“狂热”二字重在描述行为在力度上的超高性或极端性，并没有贬义。这就是说，国人之前29年的政治行为与之后40年的经济行为，虽然目标不同，但在行为力度上却有一个共同点，即都表现出了超高性或极端性，也就是“狂热”性。

“狂热”性背后的精神共同点——“有为性”

那么，为何国人在1978年之前、之后的29年与40年在行为力度上出现了共同的“狂热”性呢？背后的原因是什么？

长久并反复思考后，笔者认定，背后的原因是改革开放前后国人精神上的一个共同点，即“有为性”。

所谓精神上的“有为性”，即，人人都想有所作为，往低了说是想做点事情，往高了说是想有所成就。

先看看之前29年国人如何“有为”。当年，政治行为主导，人人都想在政治上有所作为，体现在每人都想在政治思想方面表现优秀，从而得到上级组织的认可与表扬，进而首先可以入党，然后能够在政治职务上得到提拔。此等政治职务，低至农村的生产队长、工厂的生产小组长、军队的班长、政府的股长或者是党小组的组长，高可至省革委会主任（当时的省级第一把手）、部长、司令员等，甚至可以至国务院副总理和党中央政治局委员、常委。这种政治上的“有为”过程，现在看来就是官阶之途，即仕途，当时称为“有事业心”、“有上进心”或“追求进步”。那个年代，要给一位年轻女子介绍对象，除了家庭背景之外，女子，或女方的父母，即潜在的岳父岳母，对男方对象的情况首先要问的就是“这个人有事业心吗”、“他的上进心怎么样”或“他要求进步吗”。这一方面的重要性，高过收入与财富的重要性（那个时候大家的收入与财富都差不了多少），甚至有时候高过家庭背景的重要性。受过较高教育的，或特别看重“事业心”的潜在岳父母们，对一位即使是出身于高干家庭但连党员都不是的男子，也会拒绝的。反而有“事业心”的人，即使出身工农家庭，也大受欢迎。可见，当时政治上的“有为性”被多么看重。在这种环境下，国人，特别是年轻人拼命地想表现自己政治上的“有为性”，即“事业心”、“上进心”或“进步心”，造成那个年代的“政治狂热”。

再看之后40年国人的“有为性”。这实际上已经在前一章充分地描述了。只不过这次不是政治上的“有为性”，而是经济上的“有为性”。相对于之前29年政治上的“有为性”实际上是政治上或职务上不断被提拔的仕途晋升能力，之后40年经济上的“有为性”是收入与财富上不断提高与积累的发财致富能力；相对于政治上的“有为性”被称为“有事业心”、“有上进心”与“要求进步”等，经济上的“有为性”则被称为“能挣钱”、“善理财”与“有‘钱’景”。就为女儿找对象而言，则相对于当年潜在岳父岳母首先问的是“他有事业心吗”、“他上进心如何”或“他求进步吗”，现在的潜在丈母娘或老丈人首先关心的是“他收入多高呀”、“买房子了吗”或“有没有投资的路子”。之前29年讲家庭背景，看重的是政治方面的背景，工农兵家庭被看高，干部家庭，尤其高干家庭被推崇。之后40年也看家庭背景，不过看重的是经济方面的背景，有经济资助能力，尤其是能为儿子买房子的被看高，富人家庭当然被推崇。在此种环境下，国人，尤其是年轻的国人，拼命地想表现出自己经济上的“有为性”，即“能挣钱”、“会投资”与“善理财”，从而造成了后40年国人以五大经济行为特征所代表的“经济狂热”。

这就是说，无论是在之前29年的政治主导环境下还是在之后40年的经济主导环境下，国人都充分展示了精神上的“有为性”，“有为性”是这两个截然不同的时代国人精神上的共同点或共性。

认识到并理解这一共同点非常重要，是找到中国经济增长奇迹的渊源性成因的关键所在。那么，这样一种精神上的“有为性”，或“有为精神”又来自何处呢？既然是精神上的，当然与宗教、哲学或文化有关。既然是国人精神上的，自然与中国的宗教、哲学或文化有关。如何有关呢？从下节开始将逐步揭开。

第二节　宗教与哲学的“入世”与“出世”

与精神上的“有为性”或“有为精神”直接相关的，是宗教或哲学的“入世”与“出世”观。只有“入世”才能“有为”；“出世”则意味着“无为”。

中国的宗教主要为佛教与道教；儒家有时也被称为儒教，说明也有宗教性质。从很多方面来判断，严格来说，儒家不是宗教，不宜称为儒教，而是一种人生哲学，或社会伦理学，归为哲学更为合适。但另一方面，儒家又有很多宗教性的思维与观念，所以可称之为宗教性哲学。在“入世”与“出世”这个既具浓厚的宗教色彩又是哲学的深度关切之问题上，儒家有强烈的主张，且是明显“入世”的。

何谓“入世”与“出世”？没有公认的严格定义。根据佛教，“出世”即“出离世间”，断除在这个世界的贪、嗔、痴，离开红尘。由于佛教是“出世”的宗教，所以对“入世”没有相应的明确说法。但与“出世”相对应，“入世”可以理解为“进入世间”，与这个世界的贪、嗔、痴共尘，投身于社会。

那么世界上的宗教与哲学，哪些是“入世”的，哪些是“出世”的呢？不好严格区分。应该说，所有宗教一开始都是“出世”的，但后来一部分不同程度地转向“入世”。

就中国的儒、佛、道三大宗教或哲学来说，儒家是明确“入世”的，佛教则显然是“出世”的。佛教的基本教义，是强调“人生充满苦难，苦难来自欲望，断欲才能脱离苦海，八正道乃是断欲之法”的所谓“四圣谛”。[①] 佛教要信众“出家”。道家则处于“出世”与“入世”之间，被称为是“逃世”的，是以“逃”作为手段来应对与享受世间，主张“仙道贵生”。[②]

但佛家与道家都先后于唐代与两宋之际引入了“入世”的精神元素，发展出了“入世”的新禅宗与新道教。这将在第五节讨论。

世界上的宗教，除佛教与道教之外，还有天主教、基督教、犹太教等。

天主教显然是“出世”的，圣职者（神父）不可结婚，修女也不可结婚，只有男性领圣职，没有女神父。基督教与天主教同源，但 16 世纪马丁路德的宗教改革后从后者分离，发展成为与其抗衡的独立教派，即基督新教。基督新教强调“末世”的审判与赏罚，但“末世”审判与赏罚却是以“仅此

①《长部·大般涅槃经》，中华书局。

② 葛巢甫等：《度人经》，中华书局。

一世”的表现为根据的。耶稣曾非常明确地告诫门徒说：“凡称呼我‘主啊！主啊！’的人，不能都进天国。唯独遵行天父旨意的人，才能进去。”[①]耶稣离世前，在最后的晚餐中，以下面的祷告结束对门徒最后的劝勉：“我不求你（上帝）叫他们离开世界，只求你(上帝）保证他们脱离罪恶。他们不属于世界……你（天父）怎样差我到世上，我也怎么差他们到世上。”[②]所以基督新教不能以简单的“入世/出世”二分法来界定，既非完全“出世”，也非完全“入世”。基督新教后来以一种独特的方式为“入世”寻找到了一个令人困惑，甚至不可思议的理由或借口，这就是路德与加尔文的“天职观”。“天职观”是说，基督徒信仰的唯一目的，是为了获得上帝的恩宠，而尽管在不同的教义中获得恩宠的方式不同，但它决不能凭魔术般的圣事来取得，也不能靠忏悔来达到，更不能通过个人的善行来获得。只有在证明具有与自然人生活方式明显相异的特征行为方式之后，才有可能得到这宗恩宠。与自然人生活方式明显相异的特征行为方式，可以被理解为“入世”的方式，这种方式被称为执行上帝所赋予的“天职”。[③]根据韦

① [英] 坎伯·摩根（Campbell Morgan）：《马太福音》，张竹君译，上海三联出版社 2011 年版。

② 钟志邦：《约翰福音注释》，上海三联出版社 2010 年版。

③ John Calvin, *Institutes of the Christian Religion*, Edited by John T. McNeill, Ford Lewis Battles, Westminister John Knox Press, 1993.

伯的解释，创造财富就是这样一种特殊的行为方式，是执行上帝所赋予的“天职”。所以，起码从财富论角度，基督新教转变成为“入世”的了，而且按照韦伯的说法正是这一转变造就了西方资本主义精神，从而促成了资本主义的兴起。

与以上宗教相比较，儒家在世界上最早（在其诞生之时的春秋末期—公元前450年左右）主张并此后一直坚持主张“入世”，且以“入世”观衍生出来的一系列做人的道理与规范作为其学说的主要内容与特征。如上所述，儒家不是宗教，而是哲学，或伦理学，或文化，但就教导人如何行为而言，儒家与其他宗教具有同样的功能，而且由于其“入世”性，教导得比起其他宗教更为实际与有效。

儒家的“入世”观与本章试图寻找的国人“有为精神”的渊源正好切合。下面几节就对儒家的“入世”观如何导出“入世有为”主义，以及“入世有为”主义与国人“有为精神”的渊源关系进行探讨。

第三节　儒家的元主张或基因
——先秦儒家的“入世有为”主义

从上节关于“入世”与“出世”的简单讨论可以看出，虽然“出世”是世界宗教产生的根本性动机，但大部分宗教先后不同程度地转向“入世”，“出世”与“入世”依然是宗教纠结的地方。为何如此呢？是因为宗教教导人们“出世”，即离开“此世”走向“彼世”，本质上是为了使人们摆脱“此世”的“罪恶”而遁形于“彼世”。但如果“此世”是“善良”的，就无所谓摆脱，也就不必离开“此世”了。当然，“此世”不可能没有“罪恶”，但也不可能没有“善良”。如果能够在“此世”减少“罪恶”而增多“善良”，不也是很好吗？这就变成“入世”了。实际上宗教都有这种情怀，宗教都是倡“善”的，所以发展到后来各宗教不同程度地具有“入世”的动机与性质，只是“出世”分量与“入世”分量的比例不同而已。

而儒家是世界上“入世”分量最大，“出世”分量最小的宗教性哲学，也是世上唯一的一个从一诞生起就主张“入世”，并以此为基本主张且一以贯之的宗教性哲学。

儒家，众所周知，由孔子创立，由其弟子继承发展，在春秋战国时代至秦朝统一中国的几百年间声势浩荡，终于形成了当时百家争鸣中最重要的一个哲学流派。这几百年间，儒家学说已建立起基本理论体系，称为先秦儒家或儒学。此后两千多年，儒家或儒学不断演变。

儒家自创立时就明确地表明，“入世”的目的是“为仁”或“行善”，即促使“此世”成“仁”或“善”，而不是像道家主张的那样享受“此世”，当然也不是为了观赏或单纯地批评“此世”。所以，儒家“入世”是为了“此世”更加美好，最终是要“治国平天下”。为此，儒家从一开始就一直主张为统治者指出以“仁”施政的为国之道。[①] 继承与发展孔子的这一思想，孟子明确地提出统治者应施“仁政”。[②] 这表明儒家与佛家的“脱离”和道家“解构”“此世”正好相反，是要“构建”“此世”。用现在的话说，就是儒家是建设性的，而佛家和道家都是虚无性的。这显然就是说，儒家是“有为”的而佛家与道家是“无为”的。这就是儒家“入世”的“有为性”。

---

①《论语》，中华书局。

②《孟子·梁惠王上》，中华书局。

所以，“入世”加上“有为”，是儒家思想的根本性主张，可称为元主张或基因。本书愿以“入世有为”主义来表征这一元主张。

这么说，可能很多人不同意。大家都知道，儒家的核心思想为“仁”。这当然没有错，孔子正是以“承礼启仁”为志业。可是，何为“仁”呢？按照傅佩荣的解读，“仁”的第一层意义是“向善”。[①]“向善”二字有两层含义，一是“善”，二是“向”。“善”，按他的定义为“人与人之间适当关系的实现”。“向”呢？就是内心对“善”的向往，是一种行“善”的精神。第二层意义是“择善”，就是选择“善”，且选中后“固执”地，即坚持做下去。这就是“择善而固执”的成语。第三层意义“止于至善”，即不断地“择善固执”，最后达到“至善”，即完全彻底的“善”。可见，儒家的核心思想“仁”不光是指“善”，还包括如何地“行”“善”。如何地去“行”，包括“向”，即向往，“择”，即选择，“固”及坚持，与“止于至”，即不到完全彻底的“善”绝不罢休。

因此，“仁”字不仅涵盖目标，即“善”，即“入世为善”，还涵盖实现此目标的行动，即“向”、“择”、“固”与“止于至”。二者缺一不可，缺前者无目的，缺后者无意义。后者就

① 傅佩荣：《儒家的基本性格：背景、人物与经典》，《先秦儒家哲学》第一讲，北京联合出版公司 2018 年版。

是“有为性”，即为实现“善”这个目标的“有为”。可以说前者是儒家“入世”的目的，后者是儒家“入世”的行动或方法。

从这种意义说，儒家的“入世”主张也可以分为“入世为善”与“入世有为”两个主义。要说“入世为善”与“入世有为”哪个更重要，没有意义，就像问“目的”与“手段”哪个更重要一样，因为二者在不同维度，但又互相依存，不能分离。但若一定要说逻辑上哪个在先，哪个在后，一般人肯定会说是“目的”在先，“行动”在后，即“入世为善”在先，“入世有为”在后。笔者不这么认为。笔者以为，应该是“入世有为”在先，“入世为善”在后。为什么这样说呢？是因为“入世有为”的本意在于进入“此世”并以人的作为来改造与构建“此世”，使得“此世”更加美好。使得现世更加美好的涵盖面就很广了。

当然，先是“善”，即人与人之间适当的关系。由于孔子创立儒家的时代，正是礼坏乐崩的春秋战国时代，所以孔子把“善”作为“此世”更加美好的首要，而且似乎是唯一的目标，进而“入世为善”被认为高于一切。但是，广义而言，现世中不仅有人与人之间的关系，还有人与自然界之间的关系，也还有自然界与自然界之间的关系。就是说，“善”并不是“此世”更加美好的唯一标准与目标，甚至有时候不是首要标准与目标。如果将人与自然界的适当关系称为“足”，即自然界能满足人的需求，或将自然界物与物之间的关系称为“谐”，即自然界万物和谐并存的话，“入世有为”也可以为“足”服务，即发展经济，则“入世有为”与“人世为足”配对，前者作为后者的行动，或为“谐”服务，即绿色环保，则“入世有为”也可以与“入世为谐”配对，前者为后者服务。

鉴于此，笔者认为，“入世有为”比“入世为善”、“入世为足”与“入世为谐”逻辑关系上都在先，“入世有为”是更根本或更“元”的主张。这就是笔者为何称“入世有为”为儒家的元主张或基因，视其为儒家哲学的奠基性元素的原因。

由此导出一个对儒家哲学误解的批判。很多人认为，儒家以“善”为目标，因而是保守的，适应性的，甚至是“无为”的哲学，包括前面提到过的西方著名社会学家韦伯在内。这其实是一个误解。只看到了“善”的自然性与适应“此世”的一面，却没有看到“善”是人与人之间适当的关系，其中的“适当”是需要努力争取才能达到的一面，即需要“有为地”去改造“此世”才能做到的一面。“善”这个目标是保守性的，可要实现这个目标需要“有为性”，却是进取性的。后面将会分析，儒家的这种“有为性”，或进取性，不是一般的“有为性”或进取性，而是高度并具有鲜明特征的“有为性”或进取性。理解这一点特别重要，对于我们建立儒家“入世有为”主义与国人的“有为精神”的关系，进而与中国经济增长奇迹的渊源关系具有关键性的意义。

第四节　儒家的“入世有为”主义体系

儒家“入世有为”主张的“有为”，不是一般的“有为”，而是非常地有系统、用力、高攀、自觉和依时而定的“有为”，可以说构成了一个完整、有力与严谨的思想体系，所以本书称其为儒家的“入世有为”主义，与“入世为善”主义共同成为儒家学说的两大支柱。

有系统至“内圣外王”

看看多么地有系统。儒家“入世有为”主义的系统性或全面性表述，就是曾子在《大学》中开示的儒家修炼的八个科目，也称为“八目”：格物、致知、诚意、正心、修身、齐家、治国、平天下。其在《大学》中的原文为：

“古之欲明明德于天下者，先治其国；欲治其国者，先齐其家；欲齐其家者，先修其身；欲修其身者，先正其心；欲正其心者，先诚其意；欲诚其意者，先致其知；致知在格物。”[1]

---

①《大学》，中华书局。

这一段原文，即总结性的“八目”，在中国受过一定教育的人耳熟能详，对一般人来说也不陌生。文字整体而言通俗易懂。仅几个地方容易引起误会，需要说明一下。

首先是最后一目的“平天下”。从字面来看好像是打平天下的意思，很多人这么认为，并作为豪言壮语。这其实是一个很大并很严重的误读。“平天下”在原文中为“古之欲明明德于天下者”，是指古时候想要在天下彰显光明德行的人，毫无打平的意思，反而是与此正好相反的彰显光明德行之意。可见，儒家绝无野蛮性与侵略性，而具有高度的文明性与和平性。

其次是倒数第二目的“治国”，具体是指当时的治理诸侯国，而不是治理整个中国。当时整个中国，“普天之下，莫非王土”，由周天子一人治理，没有其他人的事。可能不少人不理解这一点，误认为治理整个中国。不过这一误解关系不大，不曲其意。

再就是第一目的“格物”，对此学术界历史上争议很大，至今也未有定论。由于在《大学》及其他儒家文献中仅此一处提到此词，所以大家各自按照自己的理解来阐明“格物”的含义。明末刘宗周曰：“格物之说，古今聚讼有七十二家。”[1]不同的措辞很多，但就语义而言主要有两种分歧很大的解读。分歧在于如何解读“格”与“物”各自的意思。第一

① 刘宗周：《刘宗周全集》第一册，中央研究院中国文哲研究所，1997 年。

种解读，是将“格”理解为穷究，将“物”理解为事物道理，则“格物”就如朱熹所言为“穷推至事物之理”，[1]或简单地说“穷究事理”。第二种，则将“格”解释为抵御或控制，“物”解释为外物诱惑或物欲，则司马光解读“格物”为“搟御外物”，[2]其他很多人则通俗解读为“控制物欲”。哪种解读对呢？刚才说了，分歧很大，不好定论。历史上与目前广泛接受并成为正统解释的是第一种朱熹的解读。但笔者觉得，第二种司马光的解释更切合原意。其理由，主要是第一种解释逻辑上与后面的第二目“致知”不太好衔接。“致知”的意思解读方面分歧不大，对朱熹的“致使知性通达至极”的解读虽措辞上有些争议，但语义上挑战不多。这样，对第一目“格物”的解读“穷推至事物之理”和对第二目“致知”的解读“致使知性通达至极”在语义上有重复之嫌。而“八目”应该是逻辑性很强的儒家精髓的概括，不应该有此重复。其他六目之间都没有重复的现象。而第二种解释没有这个问题，逻辑性更强，先“控制物欲”，再“致使知性通达至极”，也符合儒家节制个人的物质性欲望的传统思想。

以上“八目”，有着丰富的内涵。全面地表达了儒家对一个人社会行为的要求或期许，谓之儒家学说或哲学的精髓毫不

---

① 朱熹：《大学或问》，《四书或问》，上海古籍出版社 2001 年版。

② 马晓英：《文本、宗旨与格物之争——明代〈大学〉诠释的几个问题》，《哲学动态》2013 年第 11 期。

为过。这就是人们通常所说的“内圣外王”之道。前五目，即，格物、致知、诚意、正心、修身，属于“内圣”之道；后三目，即齐家、治国、平天下属于“外王”之道。儒家对于社会上的每一个人，严格来说是要求，宽容一点来说是期许，先从自身内部成为“圣”，然后在外成为“王”。这里需要防止又一个误读，即将“王”看成是封建等级上的“国王”或横行于社会的“霸王”。这显然是不对的。此处的“王”是指为“仁”或行“善”的模范。“内圣外王”通俗地讲，就是通过前五目的过程修炼自己，获得“为仁”或“行善”的能力，然后按照后三目的途径一步一步地“为仁”或“行善”于社会。如果将“为仁”或“行善”称为“有为”的话，那么前五目就是培养“有为”的能力，后三目则是将“有为”的能力付诸实践的行动。

可见，儒家的“八目”可以视为一个人从里向外“有为”的过程和要求，是对“入世有为”主义的系统性描述。由此可见儒家的“入世有为”主义体系完备性，“有为”不是简单地愿意行动就可以，而是要通过“八目”所给出的途径修炼并实践。

用力至拼命

看看多么地用力。就“八目”的“内圣”之道而言，第一，“格物”，即如前所述按很多人及笔者的理解，控制自己的物欲；第二，“致知”，即致使自己的知性通达至极；第三，

“诚意”，即真诚自己的态度；第四，“正心”，即端正自己的心态；第五，“修身”，即修正自己的过失。要控制，要通达至极，要真诚，要端正，要修正本，都必须用力才能做到。这已经是经过翻译的现代汉语了，在语义的力度上不如古汉语表达确切。按古汉语原文，则是“格”、“致”、“诚”、“正”与“修”，更显用力之深。

儒家“有为”的用力之深，更体现在孔子、孟子、曾子等儒家圣人的一系列名言上。看看先秦圣人们怎么说。要“杀身以成仁”；[①]要“克己复礼”；[②]要“舍生取义”；[③]要“尽其心”；[④]要“止于至善”；[⑤]要“择善而固执”，[⑥]等等。如此地用力到“杀身”“舍生”的地步，可以说是要拼命了，还不够深吗？

高攀至“平天下”

看看多么地高攀。就“八目”的“外王之道”而言，先“齐家”，即管理好自己的家族；后“治国”，即治理好自己的国家；再“平天下”，即让道德光明于天下。真是身居陋室，心

①《论语·卫灵公第十五》，中华书局。

②《论语·颜渊》，中华书局。

③《孟子·告子上·鱼我所欲也》，中华书局。

④《孟子·尽心上》，中华书局。

⑤《大学》，中华书局。

⑥《中庸》，中华书局。

系天下，不可谓不高攀也，充分显示了儒家“入世有为”主义的高远理想。这就是说，儒家的最终目标并不只限于个人实现“仁”或“善”，而且要让“仁”与“善”遍行于天下。这只能通过“入世有为”的实践来实现，没有高扬的“有为”精神不能为之，没有高度的“有为”实践能力难有实现之可能。另一方面，通过“八目”的前五目建立起的“入世有为”的精神与能力，也正是为了实现“仁”与“善”的遍行于天下。

再听听圣人及圣人的追随者们如何说。“乐以天下，忧以天下”；[①]“士不可不弘毅，任重而道远”；[②]“三军可夺帅也，匹夫不可夺志也”；[③]“养吾浩然之气”；[④]“以天地万物为一体”[⑤]“为天地立心，为生民立命，为往圣继绝学，为万世开太平”。[⑥]

此高攀之格局，打破了很多人认为的儒家只是讲究个人修养与闭门思过，或只是内向或内倾的偏见。实际上，儒家是通过个人修养而培育“有为”的精神与能力，闭门思过只是修养的一种方式而已，然后以此精神与能力改造并服务家庭、他人、国家、社会与天下，是由内部走向外部，且外部空间大至天下。

---

①《孟子·梁惠王章句天下》，中华书局。

②《论语·泰伯》，中华书局。

③《论语·子罕》，中华书局。

④《孟子·公孙丑上》，中华书局。

⑤ 程颢：《河南程氏遗书》卷二上，上海古籍出版社。

⑥ 张载：《张子语录》，《张载集》，中华书局。

自觉至不计利害

看看多么地自觉。还是从“八目”的“内圣”之道来考察。“格物”、“致知”、“正心”、“诚意”与“修身”，都是从内心出发的自觉行为，没有外部的引诱，也没有外力的推动。

康德（Immanuel Kant）认为有两个世界：自然的世界与自由的世界。人类拥有自由的世界，就有“应该怎么做”的问题，因此无上的命令来自于绝对的要求，绝对的要求来自于最高的神明，即上帝。[①]这是西方的思想。

但儒家不是宗教，没有上帝。那绝对的要求从哪里来呢？孔子认为应来自人的内心，取决于人的内心是否真诚，即真诚的情感。由真诚而自觉，自觉则不需任何外来的要求就会行动。人为什么会不真诚呢？因为计较利害。人类从启蒙开始就会计较利害，一旦计较就会不真诚，不真诚就不自觉，不自觉就在没有外来的要求时不会行动。儒家的“内圣之道”都是从内心出发的，是真诚的，是自觉的，所以不需要任何外来要求也要进行到底。傅佩荣特别强调这一点。[②]

儒家不计利害的一个典型与感人的例子是孔子如何看待三年之丧。以下是孔子与其学生之一宰我在《论语·阳货》

---

① Immanuel Kant, *Critique of Practical Reason*, Hackett Publishing Company, Inc. 2002.

② 傅佩荣：《先秦儒家哲学》，北京联合出版公司 2018 年版。

中的一段对话原文。

宰我问："三年之丧，期已久矣。君子三年不为礼，礼必坏；三年不为乐，乐必崩。旧谷既没，新谷既升，钻燧改火，期可已矣。"

子曰："食夫稻，衣夫锦，于女安乎？"

曰："安。"

"女安，则为之！夫君子之居丧，食旨不甘，闻乐不乐，居处不安，故不为也。今女安，则为之！"

宰我出。子曰："予之不仁也！子生三年，然后免于父母之怀。夫三年之丧，天下之通丧也。予也有三年之爱于其父母乎？"[①]

翻译成现代汉语如下。

宰我请教说："为父母守丧三年，时间未免太长了。君子三年不举行礼仪，礼仪一定会荒废；三年不演奏音乐，音乐一定会散乱。旧谷吃完，新谷已收成；打火的燧木轮用了一次。所以守丧一年就可以了。"

孔子说："守丧未满三年，就吃白米饭，穿锦缎衣，你心里安不安呢？"

---

①《论语·阳货》，中华书局。

宰我说："安。"

孔子说："你心安，就去做吧！君子在守丧时，吃美食不辨滋味，听音乐不感快乐，住家里不觉舒适，所以不这么做。现在你既然心安，就去做吧！"

宰我退出房间后，孔子说："宰我没有真诚的情感啊！一个孩子生下来，三年之后才能离开父母的怀抱。为父母守丧三年，天下都是这么做的。他曾经受到父母三年怀抱的照顾吗？"

这一段对话，说明孔子倡导"行孝"（"孝"是"仁"或"善"中的一种，应该是最基本的一种），应该不计利害，或不论代价。他的学生宰我认为守丧三年代价太大，一年就够了，即使在2000多年前也不能说没道理，放到现在则是非常理性了。但表明他"行孝"计较利害，算计成本。孔子便批评他没有真诚的情感，并认为伦理规范的依据，应是人内心的情感需求，而不是外在的损失或利益。

因此，自觉性是儒家"入世有为"主义的一个非常重要的特征。自觉性下的"有为精神"，不仅体现儒家的无私与高尚，也意味着其更具涵盖性、坚韧性与持久性。

依时而定至与时俱进

儒家强烈的"入世"性格就决定了其现实问题导向的特质，

“有为精神”及能力就是为了解决现实问题。所谓现实问题，通俗而言就是“此世”中存在的问题。与其他宗教或哲学比较，儒家是经验性的，所以儒家的“此世”，与超经验性的“此世”与“彼世”这样一对范畴中的“此世”还有所不同，是指“当前存在”的世界。因而儒家解决现实问题是指解决“当前”“此世”存在的问题。而“当前”是一个时间概念，“当前”存在的问题是随时间流逝而变化的。这就是说，儒家解决现实问题的目标是变化的。所以儒家，特别是孔子思想中还有一个重要概念——“时”。

很多人都知道孟子称孔子为“圣之时者”，来自于孟子对几位享有盛名的历史人物所作的评价（《孟子·万章句下》），原文如下：

“伯夷，圣之清者也；伊尹，圣之任者也；柳下惠，圣之和者也；孔子，圣之时者也。孔子之谓集大成。集大成也者，金声而玉振之也。”①

以现代汉语解释为：

伯夷以清廉而成模范；伊尹以堪重任而著称；柳下惠以仁和而知名；孔子以依时而定成为楷模。孔子为集大成者；集大成者金声玉振。

孟子对孔子的如此评价，应该不是随口而出，从上面所述，

---

①《孟子·万章句下》，中华书局。

是通过与其他当时的贤者进行比较后才得出，就可见一斑。由此表明，“圣之时者”是孔子，进而也是儒家的一个重要特质。

“圣之时者”之说实际来源于孔子本人的主张。孔子在《论语·微子》中对伯夷、叔齐、柳下惠等人的德行作过褒奖后，谈到自己时说：“我则异于是，无可无不可。”[①] 这里的“无可无不可”，说的是事物没有绝对不变的，在一定条件下可以互相转化。孔子还在《论语·里仁》中说：“君子之于天下，无适也，无莫也，义之无比。”[②] 就是说，君子对于天下的事，没有一定要怎样做，不要怎样做，只要怎样合理恰当就怎样去做。孔子又说：“子绝曰：毋意，毋必，毋固，毋我。”[③] 即，不任意，不专断，不固执，不自以为是。在孔子看来，处理一切事物，要依时而定，相机而行，择善而从，顺势而为，直至与时俱进。

孔子本人处理问题也的确是采用依时而定的方法。一个有名的例子是孔子拒见阳货。据《论语·阳货》记载[④]，执掌鲁国的季氏家臣阳货想会见孔子，孔子不愿见他，他就先送去一个煮熟的小猪作为礼物。根据春秋时代的礼节，接受礼物的人应亲自前往送礼人家里拜谢对方。但孔子不愿见阳货，就“时其亡也而往拜之”，就是趁他不在家的时候去拜谢。这

①《论语·微子》，中华书局。

②《论语·里仁》，中华书局。

③《孟子·公孙丑上》，中华书局。

④《论语·阳货》，中华书局。

从一个小事与细节上体现了孔子的依时而定，相机而行。大事的体现，则见《论语·宪问》中孔子的一段话：“邦有道，危言危行；邦无道，危行言孙。”[①]即，国家有道时，要言语正直，行为正直；国家无道时，要行为正直，但言语谨慎。这就是孔子的依时而定，与时俱进。

孔子的依时而定，正体现儒家恰到好处的中庸思想，就是“时中”。“时中”即合乎时空，随时变通。《中庸》道：“君子之中庸也，君子而时中。”[②]孟子发展了“时中”的思想，引入了“执中”“有权”的概念。此处的“权”是依时而定，顺势变化的意思。《孟子·离娄》中举例道：“男女授受不亲，礼也；嫂溺，援之以手者，权也。”[③]平时与嫂子应授受不亲，但嫂子掉进水里时，就必须援之以手，将其救起，此时再讲授受不亲，不是见死不救，不仁不义了吗？在这里，“时”与“仁”得到统一，“时”的变通是为了实现“仁”的理想，就是与时俱进了。

这些都表明，孔子及儒家具有依时而定，以至于与时俱进的辩证思想。这与儒家的“入世有为”主义有何关系？关系在于，依时而定，与时俱进，也是儒家“入世有为”行动的准则，体现“入世有为”主义在方法论上的辩证法。辩证

---

①《论语·宪问》，中华书局。

②《中庸》，中华书局。

③《孟子·离娄》，中华书局。

法是科学的方法论，是致使事物朝着目标成功实践的关键。儒家的“入世有为”主义具备辩证法方法论，表明其不仅是一种精神和一个理论，而且具备高度的可实践性与成功性。

有人可能会质疑，上述儒家的依时而定至与时俱进与前述儒家“入世有为”主义的“择善固执”的执着性格有所矛盾。的确，看似有矛盾，但有矛盾并不意味着就不成立。大家耳熟能详的是，矛盾无处不在，包括在儒家的“入世有为”主义，以及整个儒家思想体系内。其实，任何思想体系都存在着矛盾。关键在于，矛盾的对立统一，看能否统一起来。依时而定至与时俱进，与“择善固执”，实际上很好统一，“择善固执”中的“择善”已经有“依时”的意思了，即根据当时的情况选择“善”行，选择好了后就“固执”地将此“善”推行下去。另一方面，“而定”与“俱进”也就是固执地推行下去的意思。所以是统一的。

了解儒家“入世有为”主义具备依时而定与时俱进的方法论，对于打破人们关于儒家迂腐、顽固、无所作用的偏见具有重要意义。更为重要的是，对于我们理解下面所要分析的儒家“入世有为”主义奋斗目标的历史性转移，以至于当今目标的形成，进而对于中国经济增长奇迹的渊源性意义，埋下了伏笔。

理解了以上所述儒家“入世有为”主义的思想体系，还会说儒家是消极的，保守的，适应性的，甚至迂腐的吗？其实，起码从方法论角度，正好相反，儒家是积极的，进取的，改造性的，鲜活的。也许有人会说，儒家过于理性，其实也不然。这取决于理性的定义如何。但就一般性的理解而言，笔者认为，与其他宗教或哲学相比，儒家与其说是过于理性，还不如说是偏于感性的。

当年韦伯尽管读了很多西方汉学文献，对儒家的了解在西方人中也很出众，但他毕竟是一位西方人，也从未来过中国，西方汉学文献虽然按当时的条件写出来不易，但无论是数量还是质量都不能与中国的哲学宗教文献相比。所以他对儒家的核心“仁”仅从目的性角度作了消极的理解，而对其方法论角度体现出来的积极性一面，即上述儒家的“入世有为”主义思想体系无从了解，才得出了对于儒家的批判性结论。如果他真正了解了这一思想体系，尤其是如果读懂了《大学》，相信他也不会同意自己的结论，而会对其加以修改。

第五节 宋明“新儒家”的进一步“入世”与明清儒家“入世”目标转向

关于儒家学说的发展脉络及分期

儒家学说自先秦开始至今已 2000 多年，源远流长，但也经历了跌宕起伏，在动荡中不断发展。

根据杜维明的观点，虽现在公认孔子为儒家学说的创始人，但儒家思想在孔子之前就有很多源头。[①] 如熊十力认为儒家的传统要归于《易经》，而《易经》源头可追溯至甲骨文时代的商代文明。[②] 很多儒家思想的重要价值，如德、礼、修身、“天人合一”，乃至对人的各种不同角度的理解，在孔子以前就出现了。孔子是集大成者。儒家传统在先秦时代，广义而言为从旧石器时代到战国时代，狭义来说是春秋战国时期，

---

① 杜维明：《何为儒家之道》，《东亚价值与多元现代性》，中国社会科学出版社 2001 年版。

② 熊十力：《新唯识论》，中华书局 1985 年版。

逐渐成为中国“百家”中的一个学派，通过孔子及其后代弟子，包括子思、孟子、曾子与荀子等的努力，经过一段时期的发展成为中国哲学与文化及宗教的主流。先秦儒家基本上是通过教育，通过思想，而不是通过政权形式，来影响与控制社会的。孔子将儒家传统发展成为儒家学说，动机在于纠正春秋战国时代的礼坏乐崩，承“礼”启“仁”，建立前节所述内容为骨干的以“仁”为核心的儒家人文哲学或伦理体系。傅佩荣认为，先秦儒家哲学已粲然完备，就是说儒家学说先秦之后的发展已经脱离了儒家的本意。

但2000多年来，儒家学说，起码是以此名义，仍在发展，不过起起落落，并不断演变。众所周知，秦朝是法家思想统治时期，儒家学说名存实亡。但秦朝短命。此后两汉时期，汉初整个政治结构和秦朝基本相同，思想转向，却转至崇尚黄老之术，儒家被搁置一边。至董仲舒，复兴儒家，并提出“独尊儒术”，被汉武帝采纳。自此，虽不能真正做到“独尊”，儒家与政权相结合，为政权服务，与中国政治文化结下了不解之缘。后设立五经博士，使得儒家正式成为官学。因此，汉代儒学已与先秦儒学有了很大的不同。一方面，汉儒建立了形而上的宇宙论依据，将人的行为与天道及阴阳五行紧密地联系在一起，脱离了先秦儒家以“仁”与“心”为依据的轨道。另一方面，只有少数知识分子发生教化作用的先秦儒学到汉代成为在政治上产生很大影响的儒术，也是一个很大的演变。

魏晋时代道家和佛家兴起，儒学相对没落。但儒学也有进一步的发展，表现在儒学的深入社会，以儒家伦理来维护社会秩序的规约和制度。这一时代很多重要思想家都注经，注《易经》《论语》及其他一些儒家经典，所以经学也得到了一定的发展。

隋唐时期佛教渗入很快，但儒学也不是没有发展。首先是思想家们继续地注经，另外发展礼学。经学和礼学配合在一起，就基本形成了唐代政治制度，唐代的很多基本价值、政治结构、行政体系及运行基本上继承了汉代，都和儒家传统有密切的关系。

宋代与明朝则是儒学强势复兴并深入发展的时代，形成具有鲜明特色的宋明理学或宋明儒学。宋代儒学分为理学和心学两派，分别为朱熹的理学与陆九渊的心学。两派都针对秦汉以来对于先秦儒家的偏离，重新讲述孔孟之道，回到人性与心性的端正上，只不过先秦儒学是直指人性与心性，宋儒是从天道入人道。当然两派也有重大的区别。

理学相信有“天理”，“理”在事上又在事中，人生在世必须在各自的岗位上做事以完成理份；主张由道问学，格物致知，积累知识，以通达“理”。[①] 强调“敬”，即一种全神贯

① 陈来：《宋明理学》，辽宁教育出版社 1995 年版。

注的心理状态，作为入世做事的行动原则。心学则认为“心（我）即理”“宇宙便是吾心，吾心即是宇宙”“六经皆我注脚”；[1]因此应“明心”，要遵德性，强调学习的目的并不仅仅在于增进知识，而是为了实现道德的至高境界。明朝王阳明发展了陆九渊的“心学”，强调了陆九渊的“心即是理”，由此推出最高的道理不需外求，而从自己心里即可得到，即，致良知。其学生更将其说法推向一个极端，认为由于理存于心中，因此“人人可以称尧舜”，即使不是读书人的平民百姓，也可以成为圣人。宋明儒学从自觉性角度进一步丰富与发展了儒家的“入世有为”主义，这在下面再详细讨论。

儒家学说清朝中期以后的发展，虽在大部分时期仍占主导，但不断地弱化，受到挑战，以致20世纪五四运动被全面地否定与批判。但东亚经济奇迹发生后很多海外学者开始探讨儒家的积极意义与儒家现代化的途径，中国改革开放后国内对儒家的态度也从否定转向肯定，也有很多学者研究儒家的现代化意义，尤其是对于中国经济发展与社会改革的意义。改革开放后中国经济增长奇迹越来越被人们认识与赞赏，也促使很多人，包括笔者本人，思考儒家学说在其中的贡献。

以上是儒家学说过去2000多年的简单发展脉络。如果要更清楚地分期的话，正如杜维明所说，如此源远流长的发展

---

①《象山先生全集》，中华书局。

过程，岂不可分十期八期？但现代儒家学者都从大的趋势将2000多年来儒家学说的发展分为三期或四期，以主张三期者为多。

沈有鼎最早进行分期，他在《中国哲学今后的发展》一文中，持三期说：第一期从起源到秦汉时期；第二期从魏晋到明清；第三期为现代。[①] 牟宗三在1948年的《重振鹅湖书院缘起》一书中也持三期说，但与沈有鼎略有不同：从先秦孔孟荀到东汉末年董仲舒为第一期；从二程、朱熹、陆九渊到王阳明的宋明理学为第二期；现代进入第三期。[②] 杜维明则说："所谓三期儒学，一般的理解是，从大的趋势来讲，从先秦源流到儒学发展成为中国思想的主流之一，这是第一期；儒学在宋代复兴以后逐渐成为东亚文明的体现，这是第二期（这一期一直延续到19世纪末）；所谓第三期，就是从甲午战争、五四运动以后。"[③] 李泽厚则持四期论：儒家学说的发展，第一期为先秦时期，这一时期所讨论的主题是"礼乐论"，是原典儒学；第二期在汉代，主题是"天人论"，所讨论的基本范畴是阴阳五行之类；第三期是宋明理学时期，主题是"心性论"，基本范畴有理、气、心、性等；第四期是其后，主题是"人类学历史本体论"，基本范畴是将人自然化，多元发展，

---

①《沈有鼎文集》，人民出版社1992年版。

② 牟宗三：《道德的理想主义》，吉林出版集团2010年版。

③ 杜维明：《论儒学第三期》，《杜维明文集》卷三，湖北出版社2002年版。

成为自由人。[1]

还有些其他分法。但主流是三期说，其中每期的分法有所区别，但第一期以先秦儒家为主体，第二期以宋明理学为主体，第三期为近、现代，是共同的。区别在于每期的开始与结束时间。如，关于第一期，李泽厚认为就是先秦，沈有鼎则从先秦延至汉代，牟宗三更具体地延至东汉末年；关于第二期，牟宗三与李泽厚认定为宋明理学（在李泽厚处称为第三期），沈有鼎则上延至魏晋，下延至明清；关于第三期，都是至现在，但何时开始，杜维明从甲午战争算，其他则不明确。

余英时没有对儒家学说发展的全程作明确分期，但从其关于"新儒学（New Confucianism）"的定义也是将先秦儒家与宋明理学作为两个主要阶段的主流。只不过"新儒家"的跨越时期是从唐朝韩愈、李翱到宋至明，将韩愈与李翱重振儒学对宋明理学的开启作用考虑了进去。[2] 这与冯友兰的分法一致，只不过在冯友兰那里称为"更新的儒学"。[3] 在这一个时期，"新儒家"将儒家的"入世有为"主义形而上化，进一步"心性化"，进而强化与系统化，是本章的重点之一。

---

① 李泽厚：《论儒学四期》，上海译文出版社 2012 年版。

② 余英时：《中篇——儒教伦理的新发展》，《中国近世宗教伦理与商人精神》，经联出版 2004 年版。

③ 冯友兰：《中国哲学简史》，三联书店（香港）有限公司 2005 年版。

余英时还在其名著《中国近世宗教伦理与商人精神》一书中着重考察了明清时代，从王阳明到乾、嘉汉学这一段时期，即从16世纪初至18世纪末的300年左右的时间，儒家“入世有为”主义的目标从“政治有为”到“经商有为”的转向。[1]这对本章及全书更为重要。

故下面对余英时的“新儒家”强化“入世有为”与明清儒家“入世有为”目标转向的观点进行专门的介绍与讨论。

宋明“新儒家”将“入世有为”推至尽处

余英时在《中国近世宗教伦理与商人精神》中指出，从唐朝韩愈、李翱到宋明理学，儒家进入了“新儒家”时代。

他认为，儒家虽然是“入世”之教，但到唐朝却与中国人的日常生活脱节了，成为烦琐的章句之学，反而佛教与道教大行其道。韩愈便挺身而出，要挽救这种局面，欲使儒学重振并全面地指导中国人的社会生活，以成为名副其实的“入世”之教。他在一首斥道教的古诗中说：

“人生有常理，男女各有伦。寒衣及饥食，在纺织耕耘。

“下以保子孙，上以奉君亲。苟异域此道，皆为弃其身。”

① 余英时：《下篇——中国商人的精神》，《中国近世宗教伦理与商人精神》，经联出版2004年版。

可见韩愈倡导的儒学从章句之学向本来“人伦日用”之学转向，或复原。余英时认为这一“新儒家”的“入世”转向是受新禅宗的“入世”转向而启发与激励出来。原始的印度佛教本是一种极端“出世”型的宗教，进入中国后，到唐代惠能（公元638—713年）所创立的新禅宗将其进行改革，逐步地引入“入世”精神，如节俭、勤劳等观念。道教本原上则是“逃世”的，但在两宋之际也逐步引入“入世”元素，如全真教的“耕田凿井，自食其力；垂慈接物，以期善俗”“打尘劳”“力耕作，治庐舍，联络表树，以相保守”等，成为一种新的道教。韩愈认为，“入世”本是儒家的本色，在这方面如何能输于新禅宗与新道家。而新禅宗与新道家毕竟在“入世”方面走不了太远。“新儒家”正是要在新禅宗与新道家止步之地再向前迈进一步，彻底地恢复儒家的“入世”本色。

新禅宗，或佛教对“新儒家”的另一大影响是“彼岸”观念。儒家自始即在“此岸”，是“入世”之教。但是自南北朝以来，儒家因此被批评为有“用”而无“体”，有“事”而无“理”。而佛教，包括新禅宗的“彼岸”“修心”已深入人心。这便使得“新儒家”不得不努力建立自己的“彼岸”。但“新儒家”的“彼岸”又决不能等同于佛教的“彼岸”，它只能是实有而不是空寂，否则将无从肯定“此岸”。朱熹说：

“儒释言性异处只是释言空，儒言实；释言无，儒言有。

“吾儒言虽虚而理则实；若释氏则一向归空寂了。”

所以“新儒家”最后所建立的“彼岸”是一个“理”的“形而上”的世界。程伊川更说：

“天有是理，圣人循而行之，所谓道也。圣人本天，释氏本心。”

此处在“理”上添出一个“天”字以保证此界为客观实有而设。程朱学派将儒家的“入世”主张背后的道理作为“理”，再与“天”挂钩，即成为“天理”。陆王一派主张“心即理”，虽将价值之源收归于“心”，但也不隔断“理”与“天”的联系。故王阳明也常说“良知即天理”或“天理即良知”。两派均欲在先秦儒家学说的基础之上建立一个“理”的世界，只不过入口处不同而已，一个是从“天”，一个是从“心”。

那么，“新儒家”的“天理”论，或“心即理”之说，与上节所述儒家的“入世有为”主义有何关联？关联很大。按余英时语，“新儒家”将“入世”精神推到了尽处。此话如何讲？

首先，有了“天理”说，人就有了敬畏之心，为将“理世界”与“事世界”之间的隔阂打通，新儒家倡导一种“敬”的精神。用朱熹的话说，“敬贯动静”；用程伊川语讲，“涵养须用敬”。何谓“敬”？朱熹解释道：

“敬是随事专一，谨畏不放逸耳。”

依此解释，“敬”是在“入世”活动中一种全神贯注的心理状态。后世中国社会上所强调的“敬业”精神便由此而来。“敬”不仅使人“存心养性”，以通向价值之源的超越境域，也是人成就“此世”之“事”的精神凭借。“敬业”精神不仅提升了“入世有为”的境界，也进一步增强了“入世有为”的力度。

其次，新禅宗和新道教的入世苦行都强调勤劳，不虚度时光，不作不食等美德。这些美德当然也随着“执事敬”的精神而出现于“新儒家”的伦理之中。实际上，这些美德都是儒家的古训，本无待外求，但是在门第时代的儒家对这一方面重视不足。“新儒家”重弹古调不但有了新的社会含义，而且具备了新禅宗与新道教，以及基督新教的苦行性质。如张载论“勤学”有云：

“学须以三年为期……至三年，事大纲惯熟。学者又须以自朝及昼至夜为三节，积累工夫。更有勤学，则于时又以为限。”

“勤学”至如此与时间赛跑的地步。至于“勤劳”，与张载同时的苏颂（1020—1101年）说：

“人生在勤，勤则不匮。户枢不蠹，流水不腐，此其理也。”

“勤劳”至像流水般不断劳动的地步。关于“勤”，石介（1005—1045年）尝以爱日勉诸生曰：

“白日如奔骥，少年不足恃。汲汲身未立，忽焉老将至。子诚念及此，则昼何暇乎食，夜何暇乎寐。”

“勤”至如此逼迫。

而且，“新儒家”“敬业”精神的引入更加强了“入世有为”不计利害与后果的自觉性，以及积极性和动态性。这点与基督新教“选民前定论的”以事业成功为“德的表征”不同，境界谁高谁低，见仁见智。但就使命感而言，“新儒家”又与基督新教有共同之处。“新儒家”不是“替上帝行道”，但是“替天行道”，“自任以天下自重”（朱熹语），或“以天下为己任”（朱熹评范仲淹语），使命感不输于基督新教。欧阳修撰《范公神道碑》说：

“公少有大节……慨然有志于天下。常自诵曰：‘士当先天下之忧而忧，后天下之乐而乐也。’”

这与基督加尔文教徒对于自己的期望之高何其相似。这是先秦儒家情怀的进一步发展。前节已提到，孟子说：“乐以天下，忧以天下。”但没说先后，但范仲淹加上先、后，则情怀尽致。王安石（1021—1086年）曾说：“吾止以雪峰一句作宰相［雪峰为雪峰义存（822—908年），新禅宗大师］。”当被问到哪句话时，他曰：“这老子尝为众生作什么？”一句“尝为众生作什么”正是“以天下为己任”“先天下之忧而忧”之菩萨行精神之具体体现。

如此，“新儒家”不仅全面复兴与继承了先秦儒家的“入世有为”主义，将涵盖“八目”的《大学》作为“初学入德之门”，而且从高度与力度上进一步发展了“入世有为”主义。

余英时说将其推到了尽处，可能有点夸张，但说将本来就高昂且有力的主义推到了新的高度与力度是不为过的。

明清儒家“入世有为”主义目标从“政治有为”向“社会有为”与“经商有为”的转变

余英时在“士商互动与儒学转向”一文中的分析表明，儒家“入世有为”主义的奋斗目标是可以依时而定、与时俱进的，而且也确实在明清时代产生了从士大夫“政治有为”先向民间“社会有为”，再向商人“经商有为”的转变。

关于前一个转变，即儒家从政治取向向社会取向转变，[①]可以说始于王阳明，他的“良知说”和“满街都是圣人”说为后学开启了无限的诠释法门。但这一转向的完成则归功于王艮的泰州学派。他在《答宗尚恩》的信中明确地说：

“古人谓学而后入政，未闻以政为学。此至当之论。吾丸斋且于师友处试之。若于人民社稷处试，恐不及救也。进修苟未精彻，便欲履此九三危地，莫所未许。”

王艮深知在君主专制的高峰时代，“入政”陡然陷自身于“危地”，绝不可能实现儒家的政治理想。他论“道”、论“学”

① 余英时：《士商互动与儒学转向——明清社会与思想史之一面相》，《儒家伦理与商人精神》，广西师范大学出版社 2004 年版。

则以“百姓日用”为最后归宿，这就确立了泰州儒家走的是民间社会的一条新路，开始了明代儒家从士大夫“政治有为”向民间“社会有为”的转变。正如钱宾四所指出：“守仁的良知学，本来可说是一种社会大众的哲学。但落到社会大众手里，自然和在士大夫阶层中不同。单从这一点讲，我们却该认泰州一派为王学唯一的真传。”

晚明儒学转向是一普遍的文化现象，但有的走得远，有的走得近。走得近的可以东林学派的钱启新、高攀龙等人在无锡组织的同善会为代表。同善会从事的是儒家普及化的社会讲学，绝无宗教气味，应归类为地方性的道德兼慈善团体。走得最远的则是林兆恩在福建莆里所创建的三一教，其“心法”和“三教（儒、释、道）合一”说都源于王阳明的心学。据他自己的解释，三一教的归宿处仍是儒，持一种打通“出世”间与“入世”间的立场。在万历末期（1563— 1566 年）基础确立后，林兆恩便正式以教主的姿态出现，而三一教也完全向民间各阶层的人开放了。

关于后一个转变，即向“经商有为”的转变，余英时在《中国近世宗教伦理与商人精神》中说，在 16 世纪至 18 世纪的 300 年间的明清社会，儒家对于“治生”、经商与商人的看法产生了变化，使得“入世为有”主义的目标出现了从士大夫“政治有为”向“社会有为”转变后再进一步向“经商有为”的转向，进而导致士大夫阶层与商人阶层之间的力量对比你消我长，并促使“贾道”的诞生。[1]

先秦儒家的“义利之辨”很有名，且结论是清楚的。《论语·里仁》中说：“君子喻于义，小人喻于利。”从孔子、孟子、董仲舒、朱熹、陆九渊到王阳明，均持此观点。但是16世纪以后，义利的观点，和理欲、公私一样，发生了微妙的变化。李梦阳（1473—1530年）在《明故王文显墓志铭》中引王文显语“利以义制”，“商与士异术而同心”；韩邦奇在《国子生西河赵子墓表》中则提“货殖之际，义在其中”，“利义之别，亦心而已矣”，已对义利说别出新解。这一新的义利观此后逐步发展。17世纪初顾宪成（1550—1612年）为他的一位同乡商人倪理（1530—1604年）写《墓志铭》，曰：

“以义诎利，以利诎义，离而相倾，抗为两敌。以义主利，以利佐义，合而相成，通为一脉。人睹其离，翁（倪理）睹其合。此上士之所不能訾，而下士之所不能测也。”

顾宪成在此直截了当地指出了传统义利观和明代新义利观的区别：前者是“义利离”，后者是“义利合”，并站在后者一边。再至18世纪，张德桂在1715年为一会馆撰写了一篇《创建记》，其下半篇畅谈义与利的问题，观点上基本上即取“义利合”的立场。文章中，以“公”“私”判划“义”“利”

---

① 余英时：《下篇——中国商人的精神》，《中国近世宗教伦理与商人精神》，经联出版2004年版。

的儒家原始语义并未丧失，但二者之间的关系不再是顾宪成的“离而相倾，抗为两敌”，而是“合而相成，通为一脉”了，由此可见，新义利观从16世纪初持续发展到了18世纪后。

清代沈垚（1798—1840年）曰：

“盖宋时可不言治生，元时不可不言治生，论不同而意同。所谓治生者，人己皆给之谓，非瘠人肥己之谓也。”

可见，“治生”观点得到肯定。钱大昕（1728—1804年）《十架斋养新录》卷十八有“治生”一条，结论说：

“与其不治生产而乞不义之财，毋宁求田问舍而却非礼之馈。”

其赞同“治生”之意明显托出。陈确（1604—1677年）著《学者以治生为本论》，专门讨论“治生”论，认为儒者为学有二事，一是“治生”，二是“读书”，“治生”比“读书”还来得迫切。他提出的原则正是：士必须先有独立的经济生活才能有独立的人格，且强调每一个士都必须把“仰事俯育”看作自己最低限度的人生义务，而不能“待养于人”。陈确对儒家思想的新贡献不可忽视，他肯定了“治生”，也肯定了“私”和“欲”，是清代儒家思想的一个重大进步。

至于明清儒学转向的原因，余英时认为，大体言之，是儒学的内在动力和外部社会、政治的变动交互影响的结果。以外部影响而言，特别值得注意的是“弃儒就贾”的社会运动和专制皇权恶化所造成的政治僵局。这二者又是互相联系的：前者以财富代替仕途开拓了民间发展空间，因而为儒家从“士”转“商”创造了条件也形成了压力，后者则堵塞了儒家欲凭借朝廷以改革政治的旧途径。这两种力量，一迎一拒，儒学的转向遂成定局。这是很细微的洞见，尤其是对前者的观察。明代一个社会现象是，人口较快增长，但科举名额，包括贡生、举人和进士，并未与人口相应地增加，士人获得功名的机会于是越来越少。16 世纪时已流行着一种说法：“士而成功也十之一，贾而成功也十之九。”据人口史研究者的大略估计，14 世纪末中国人口约为六千五百万，至 1600 年已在一亿五千万左右，增长了一倍多。而根据文徵明（1470—1559 年）《三学上陆冢宰书》的记载，1515 年，贡、举两途三年总数之间（50 人）和苏州地区的生员名额（1500 人）的比例，仅为三十分之一，每一生员在三年之中只有三十分之一的成功率。看来“士而成功也十之一”的估计还是过于乐观了。在这种形势下，“弃儒就贾”成为风气，儒士们的前途从“士”转向“商”，有志之年轻人的职业选择也从“士”转向“商”。同时，对于商贾地位的提高以及商业的巨大利润，皇权也产生了羡慕之情，并开始涉及商业，与民争利。这使得本来就对皇权专制日益不满的士大夫及社会各阶层对于朝廷当官以实现政治理想与个人抱负的期望更加失望。这也加剧了儒家由“士”向“商”的转向。在此，应该认为，16 世纪的儒学转向与社会政治变动是互相影响的。社会与政治变动确为儒学转向提供了吸引力与契机，但当大批儒生加入商人行列之后，儒家的观念和价值也对经商方式产生了规范与推动作用。

儒学转向的结果，是社会上“士”“商”关系的变化与力量对比的你消我长，最终导致了“新四民论”的建立。明代以前的“旧四民论”，即，社会上四大阶层的人按重要性或地位排位为：士、农、工、商。士大夫为首，农民次之，工人再次，商人居尾。但 1525 年王阳明就提出“四民异业而同道”的全新命题，新颖之处在于肯定士、农、工、商在“道”的面前处于平等的地位，不复有高下之分。沈垚也说“古民四民分，后世四民不分”，意思相同。到汪道昆（1525—1593 年），在《诰赠奉直大夫户部员外郎程公暨增宜人闵氏合葬墓志铭》中说：

“大江以南，新都以文物著。其俗不儒则贾，相代若贱更。要之，良贾何负闳儒！”

“良贾何负闳儒”这样傲慢的话充分地流露出商和士相竞争的强烈心理。何心隐（1517—1579 年）在《答作中》更为明确地说：

“商贾大于农工，士大于商贾，圣贤大于士。”

无意之间，已将四民的排列变为“士、商、农、工”了，“商”仅次于“士”，排在“农”“工”之前了，“新四民论”已然成形。此后“士、商、农、工”的新排位不断地得到儒家学者及社会的承认，“新四民论”逐步地得以确立。

由于是“弃儒就贾”，很多就贾后的商人具有很高的儒学修养并在经商的过程中继续修炼儒学，明清的商贾们的经商活动形成了所谓的“贾道”。所谓“贾道”，即在赚钱之外，还有其他更形而上的意义。还有一层意思，即怎样运用最有效的方法来达到做生意的目的。这相当于韦伯所谓的“理性化的过程（The Process of Rationalization）”。至于更形而上的意义，很有深意，值得认真探讨。韦伯特别重视基督新教理论中所谓天职的观念。即圣人型教徒全心全意地赚钱，但动机不是为了个人享受，而是要用经营成功来证明自己在尽“天职”方面已“德才兼备（Virtue and proficiency in a calling）”。这当然是崇高至上的，韦伯也知道并不是每个新教徒都能做到。还有稍形而下一些的凡人性或世俗性动机，如财富所带来的“权力（Power）”和“声誉（Recognition)”，以及能使无数人就业和家乡经济繁荣而得到的精神满足。就笔者看来，圣人型的教徒还是少而又少的，凡人型的教徒应占绝大多数，所以持后面动机者人数远远大于持前面动机者人数。

至于中国商人的勤俭持家是出于哪种动机呢？余英时认为，以世俗性动机而言，中国商人大致相去不远，甚至中国人所谓“为子孙后代计”的观念在西方也并不陌生。以超越性动机而言，中国明朝商人没有西方基督新教商人那样特有的“天职”观念，更没有什么“选民前定论”，但其中也确有人表现出一种超越精神，深信自己的事业具有庄严的意义和家庭的价值。士的事业在国，是“立功名于世”，然而商的“基业”在家，也将传之久远，可以“创业垂统”来形容。

关于这一点，笔者的看法略有不同。就超越意义而言，如果中国商人真是儒商，以“八目”的“内圣外王”为道，且行至“以天下为己任”的地步，其超越性也未必就低于基督教徒的“天职观”，不过更直白一些，不像“天职观”那么神秘与曲径幽路。但就实际情形而言，都过于形而上了。就世俗性意义而言，中国商人，实际各阶层人士的“为子孙后代计”的观念，或更广义一些，向前光宗耀祖，当下封妻荫子，往后顾孙照代的观念，却比西方人要强得多，比其他任何一个国家的人都要强，应是世代，包括现代中国人奋斗，无论是政治上奋斗还是经济上奋斗的最大精神动力。这在下一节及下章都会再次论及。

第六节 “入世有为”精神五四后复萌，新中国成立后强势复苏但改革开放前主要是政治导向

五四运动批判儒家，但却表现出儒家“入世有为”精神的复萌

前面几节的分析表明，儒家思想，尤其是其“入世有为”主义，从春秋战国时期诞生一直到清朝中期的2000余年间，虽有些时期被佛教或道教超越，但大部分时间主导着中国社会。在主导期间，虽有些时期消极的“适应性”的一面占上风，对社会发展起着阻碍作用，但大部分时间是积极的“有为性”一面居上，对社会发展起着稳定与推动作用。在“有为性”居上期间，主要是政治上的“有为性”稳定政权与推动着政体的变革，但在明清300年的商业繁荣时期是经济上的“有为性”促进了商业与经济的发展，而宋朝的政治、文化与经济的全面繁荣则得益于宋朝人在政治、文化与经济上

的全面“有为性”。

可是，清朝中期以后，随着清朝统治走向腐败无能，儒家虽仍是社会的主导性哲学或伦理，但地位已大大下降，比佛教及道教高不了多少；其自身内部积极的“有为性”不断减弱，消极的“适应性”相应增强，且明清300年“入世有为”目标从政治向经济转变的过程中断，甚至倒退。尤其是甲午战争后，清朝的腐败无能愈演愈烈，国家被列强欺凌愈来愈甚，整个社会失败论主义情绪弥漫，儒家学说开始被认为是造成这一切的思想基础。到20世纪1919年的“五四运动”，儒家思想更被全面批判与清算，认为是导致国家贫穷衰败的思想根源。

对五四运动的评价，尤其是对其全面批判与清算儒家思想的对与错，不在本书的研究范围，也为笔者的学识所不逮。但就算是对的，也只能说是儒家消极的“适应性”一面所致，不能将其积极的“有为性”一面也一起清算而加以批判与推翻，反而应争取将“有为性”一面复苏而再次压倒“适应性”一面才对。这只能另行讨论了。

但就当时批判儒家的态度与声势而言，五四精英们却显示出一种儒家的“入世有为”精神。体现在，一是强烈的救国救民情怀。五四运动的另一主题，或原本最大的主题是反对帝国主义列强，“打倒孔家店”的新文化运动是后续或外围的主题。但无论是在哪个主题上，五四精英们承袭了“以天为己任”、“先天下之忧而忧”与“家事国事天下事，事事关心”的“入世有为”情怀，并将其推到了极高的高度。二是对儒家批评的力度非凡，全盘否定与推翻儒家，并以“吃人”“推倒”“打倒”等极端语言分别对待儒家的礼教、贞节牌坊与孔家店，用极致的挑剔态度来证明儒家的不是，也与第四章所述的儒家“入世有为”主义的“用力至拼命”有关，很有走极端地“择善而固执”的味道，严厉挑剔则似来源于“止于至善”的要求。三是五四运动前后精英们的个人牺牲精神。五四前的戊戌政变七君子之一的谭嗣同面对死亡“我自横刀向天笑，去留肝胆两昆仑”，多么悲壮，真正以生命实践了儒家的“杀身成仁”“舍生取义”的信念；五四运动当天在集会上宣读的由罗家伦起草的《北京学界全体宣言》道：“中国的土地可以征服而不可以断送！中国的人民可以杀戮而不可以低头！国亡了！同胞起来呀！”多么像儒家的“士可杀，不可辱”，“三军可夺帅也，匹夫不可夺志也”，也是在随时准备“杀身成仁”与“舍生取义”。五四运动后，国共两党在抗日战争中与中国共产党在民族解放战争中涌现出来的无数不畏牺牲奋勇救国的可歌可泣事迹更是身体力行地实践了这种精神。

所以，五四运动前后至1949年中国人的精神面貌与清朝中后期的萎靡不振相比已经有了根本性的改变，虽然在批判儒家，但却强烈地再现了儒家的“入世有为”精神，意味着儒家“入世有为”精神的复萌。

1949年新中国，即中华人民共和国成立后，中国人的精神面貌进一步朝着“入世有为”的方面更新与前进。

改革开放之前29年“入世有为”主义强势复苏，但主要是政治导向

关于1949年新中国成立后至改革开放前国人行为与精神上的“有为性”之表现，在上章已经作了描述。但其背后的宗教或哲学支柱是什么？与儒家“入世有为”主义有关系吗？

当然有关系，且关系是显然的与渊源性的。大家都知道，儒家学说在新中国成立至“文化大革命”期间虽未像在五四前后那样成为批判的对象，但也被视为封建糟粕而被弃置一边，而“文化大革命”期间更是作为“批林批孔”的对象而被鞭挞。那为何说这期间国人的行为与儒家的“入世有为”主义有哲学或文化上的渊源关系呢？这就遇到与上述五四期间儒家被批判但国人的“入世有为”精神复萌同样的问题，实际上是并存的。关键在于，如前章所论，儒家“入世有为”主义主要是从行动论的角度而言的。改革开放之前的29年，特别是“文化大革命”期间，其实在五四期间也是同样，对儒家的批判主要是其“礼教”的方面，即维护与稳定当前政权及无条件地“与人为善”的消极的“适应性”

一面，对其“入世有为”的积极性一面并未触及或分离出来进行解析。

反之，不难发现，从行动论角度，甚至也包括目的论，儒家的“入世有为”主义与当时占绝对主导地位的毛泽东思想在很多方面高度吻合。先看目的论，经过那个年代的人都知道，当时最为流行的口号是“为人民服务”。不管其可行性如何，也不管到底有多少人在信奉与实践，此口号确实是那29年人民起码是口头上的奋斗目标。不用解释，仅从字面就能看出其与儒家的人生目标“仁”、“善”或“入世为善”是多么的相似。

再从行动论的角度来看。要如何地“为人民服务”呢?第一要全心全意，相当于儒家“入世有为”主义的“用力至拼命”；第二要有共产主义理想，相当于“入世有为”主义的“高攀至平天下”；第三要大公无私，相当于“入世有为”主义的“自觉至不计利害”；第四要斗私批修，灵魂深处闹革命，相当于“格物”“致知”“诚意”“正心”“修身”；要做好本职工作，建设社会主义进而实现共产主义，相当于“外王”，即“齐家”“治国”“平天下”的“外王”之道；第五，要具体情况具体分析，要实事求是，要不断学习进步，相当于依时而定至与时俱进。看看，吻合得多么贴切。

可见，儒家的“入世有为”主义继五四复萌后在1949年新中国成立后跨越式地强劲复苏。新中国成立后人民翻身做主人带来的思想上的解放感与自豪感大大促进了这一强劲复苏。

这一段时期国人高度的“有为性”正是这一复苏的直接后果，就是说，其渊源于儒家的“入世有为”主义。

但必须指出，这一时期人们高度的“有为性”或“入世有为”主义是政治导向的，主要是为政治服务的。这是由当时整个国家的建设目标主要是政权巩固、政体建设与富国强民这一点所决定的，上章已有所分析，在此不再赘述。

第七节 改革开放后“入世有为”主义发扬光大并转为经济导向，为国人五大经济行为特征及中国经济增长奇迹的哲学渊源

改革开放后“入世有为”主义发扬光大，并转为经济导向，铸就国人的五大经济行为特征

1978 年中国开始改革开放，政治、经济与社会迅速地发生了根本性的变化。国人在改革开放之前 29 年精神上所展现的高度“入世有为”精神，在经历了短暂的歇息后迅速地得以恢复并发扬光大，只不过从政治导向转向经济导向，即“入世有为”主义的目标从“政治有为”转向“经济有为”。

“经济有为”在国家的层面就是发展经济以使国家富强，在个人层面就是致富以使个人或家庭生活美好，指导思想与理论基础就是邓小平的“让一部分人先富起来”。

那么，国家如何发展经济，个人如何致富呢？前章所述国人的五大经济行为特征提供了答案。那与儒家“入世有为”

主义又有何关联呢?

“超强的吃苦精神”来源于儒家“入世有为”主义的“用力至拼命”是非常明显的,“超强”与“拼命”直接对应。“超高的致富欲望”根植于“入世有为”主义的“高攀至平天下”的精神也可以理解,虽然相比之下“形而下”,但若推至国家层面发展经济也就不相上下。“炽烈的学习热情”与“用力至拼命”,“自觉至不计利害”与“高攀至平天下”都直接相关,没有“用力至拼命”的精神,学习热情不至于到“炽烈”,只是为了拿学位或应付工作用不着学习到“炽烈”的程度;没有“自觉至不计利害”,也不会有很多人的学习热情“炽烈”至废寝忘食的地步,牺牲那么多休息时间;没有“高攀至平天下”的精神,很多人“炽烈的学习热情”以报效国家或出人头地便没有了精神依托。“高昂的储蓄/投资意愿”也与这三项“入世有为”主义精神有很强的关联,否则不会如此地牺牲当前消费而去储蓄与投资。且从策略性的角度,善于储蓄与投资者,必定要“依时而定,与时俱进”。“强烈的攀比心理”自然是“入世有为”主义的“高攀至平天下”精神的具体体现。虽然若论个人的攀比,目标没有那么高远,但也有人是在理想层面攀比;若论企业、地区及国家之间的攀比,则在目标上也可以同样高扬。

至于与“内圣外王”的关系,“超强的吃苦精神”、“炽烈的学习热情”和“高昂的储蓄”应属“内圣”之道,“强烈的攀比心理”、“超高的致富欲望”和“高昂的投资意愿”则与“外王”之途相关。从改革开放前的政治导向迅速地转至之后的经济导向，则正是“依时而定，与时俱进”的体现。

可见，儒家“入世有为”主义铸就了过去40年国人的五大经济行为特征，是其精神源泉。

结论：儒家“入世有为”主义是过去40年中国经济增长奇迹的哲学渊源

既然如此，过去40年中国经济增长奇迹直接来源于经济学成因，经济学成因的背后是国人的五大经济行为特征，而国人的五大经济行为特征又来自于儒家的“入世有为”主义，本书的结论自然就是，儒家“入世有为”主义是过去40年中国经济增长奇迹的哲学渊源。

对此结论，笔者能够预料到会有很多质疑。其中一个重大的质疑可能就是，既然儒家的“入世有为”主义是中国经济增长奇迹的哲学渊源，那为何在改革开放前的几千年时间里中国经济都一直落后于世界，而只是在过去40年才创造了经济奇迹呢？

鉴于此质疑的重要性，本书在第一章中已预先作了回答，在此不再赘述，有兴趣的读者可翻回第一章最后一节参阅第八点。

相关余问：真实的动机何在？

最后，可能有人还会有一个相关的余问，即国人“入世有为”的真实动机，无论是“政治有为”的动机还是“经济有为”的动机，到底是什么？

前节已提到，其实无论是哪个宗教或哲学，人们“入世”或“有为”的动机，都可分为世俗性与超越性两种。比如，基督新教徒商人的超越性动机为用经济成功来证明自己在尽“天职”方面德才兼备以确认上帝的选民身份；世俗性动机则包括由财富所带来的权力和声誉，为工人创造就业机会的社会贡献感，以及促使家乡繁荣而得到的精神上的满足等。国人的“入世有为”动机，超越性的，政治导向时为“治国平天下”“以天下为己任”“建设社会主义，实现共产主义”等，经济导向时为“创业垂统”“国富民强”等；世俗的，政治导向时为“士大夫”或当“官”的荣耀，经济导向时为“富人”或“企业家”的光环。更重要的，无论是政治导向还是经济导向，要对前光宗耀祖，当下封妻荫子，往后顾孙照代。

笔者认为，对前光宗耀祖，当下封妻荫子，往后顾孙照代，是中国人，无论是古代的还是现代的，“入世有为”无论是“政治有为”还是“经济有为”的，最为重要与实际的动机，是在“入世有为”动机方面与外国人最大的区别。这一动机，外国人，包括基督新教徒，也有，但远没有中国人这么强烈。这与儒家哲学中“孝”的地位之高，可以说是“仁”或“善”行之首，有直接的关系。“孝”的表现，对父母及先人，其在世时，特别是年老时生活上照顾体贴以送终，其不在世时，以自己的成就光之耀之。就后者而言，政治导向时以“士大夫”的阶升成就光之耀之，经济导向时以“老板”或“企业家”的致富成就光之耀之。同样，自己也希望在世时，特别是年老时能有人照顾体贴自己以送终，所以要封妻荫子；去世以后，子孙也能以他们的成就光耀自己，所以，要顾孙照代。想想现在一些富人钱已多得花不了，为何还在拼命奋斗，就是这个原因。自己当前的消费要花的钱是有限的，但要到光宗耀祖，封妻荫子，顾孙照代的程度，所需要的财富成就是难以估量的。当然，外国富人也有同样的动机，但没有中国富人这么强。这也许是为何中国富人比外国富人工作欲望更强并更勤奋，而外国富人比中国富人似乎更愿意做慈善的原因之一吧。

也就是说，对前光宗耀祖，当下封妻荫子，往后顾孙照代这个世俗性的考量，对国人的大多数来说是“入世有为”或致富的主要动机。那不是太俗了吗？是的，但却是事实。具超越性动机，即“富国强民”动机的人不是没有，但人数应该很少，属于理想人型（Ideal type）。当然，理想人型，虽人数少，不见得没有意义，有一种引领或模范作用，甚至规范作用，使得人们世俗性动机方面不会走得太远而向超越性动机方面靠拢。

基督新教的理想人型，即以经济成功来证明自己在尽“天职”方面德才兼备进而具备上帝选民资格的人，即使是在韦伯的年代，也应该很少。所以，很多人指出，韦伯将这些少数人的观念与行为视作西方资本主义精神的起源，进而促成资本主义兴起的原因，是勉强的。笔者则认为，不能说没有作用，但应该没有韦伯说的那么大。即使是在精神层面，人类的贪婪享乐本性与明知不可为而为之的浮士德精神也是资本主义精神重要的来源与资本主义兴起的重要原因。这将在下一章详细讨论。

反而，以光宗耀祖，封妻荫子与顾孙照代这一世俗性动机来解释中国人的“入世有为”精神，虽然也不是唯一而只是主要的动机，让人感觉更为贴切进而更为放心一些。

刨根寻底到此结束

到此，笔者认为已经回答完了所有关于过去40年中国经济增长奇迹成因的追问，本书的刨根寻底到此应该结束。

当然，可能还有人会追问，为何儒家“入世有为”主义，或整体而言儒家思想，产生于中国不是其他国家呢？这就纯粹是历史哲学问题了，超过了本书研究的范围，也超过了笔者的学识能力，笔者恐怕难以回答。不过不妨试试两个答案，一个是历史唯物主义的，即与地理上中国坐落于与他国相对隔离的东方且地少人多有关；一个是历史唯心主义的，即是上帝的安排。只能留待历史学家或哲学家去判断了。

第六章

韦伯研究及本书与其关系和比较

第一节　为何写本章

上章末已说，就过去 40 年中国经济增长奇迹成因的追踪而言，至上章已经结束。从逻辑上来说，自认为在与经济问题有关的范围内追踪是充分的，刨根寻底式地回应了追根问底式的提问。因此本书本可在第五章就结束，但又追加第六章，讨论世界著名哲学与社会学家马克斯·韦伯两个方面的研究，即基督新教与资本主义兴起之间关系的研究与儒家与经济发展关系的研究，以及本书研究与这两个研究的关系和比较，是因为本书研究与韦伯这两个研究之间既有相同之处也有根本的分歧。

一方面，有相同或雷同之处。应该说，笔者追踪中国经济增长奇迹的成因，一开始也是在本书中所说的浅层，即在经济学理论的框架下寻找经济活动的特殊性。这是本书第三章的内容。后来觉得还有更深层的成因，即人的原因，取决于人的经济行为，便开始研究，形成了第四章。又感觉人的经济行为必定与宗教、哲学或文化有渊源关系，即与儒家学说的某一方面有渊源关系，探讨后认为这一方面就是儒家的

“入世有为”主义，结果为第五章。

笔者关于中国经济增长奇迹成因的追踪的思路，即，改革开放后中国经济的增长奇迹，直接归因于经济活动的特殊性，即生产要素的大规模投入与生产率因子的迅速优化；经济活动的特殊性取决于国人的五大经济行为特征；国人的五大经济行为特征又与儒家的“入世有为”主义有渊源关系，这一思路约在8年前就形成了，见笔者在2012年《中国学季刊》第二辑发表的《国人五大经济行为特征及其渊源——中国经济高速增长的人文解释》一文。那个时候，笔者对韦伯的前述研究并没有太多的了解，该文只作为若干研究之一提到了韦伯的研究，所以笔者的上述思路并非来源于韦伯研究的启示，而是基于笔者本人的直觉、分析与推理。但后来读了韦伯的有关原著及很多关于韦伯研究的评述，才发现笔者的思路与韦伯研究的思路相同或相似，只不过笔者是从经济增长奇迹入手，对经济活动、从事经济活动的人的经济行为，与经济行为背后的哲学渊源一层一层地追踪成因，而韦伯是从宗教教义，即基督新教教义出发，导出资本主义的行为或精神，即追求财富、节俭、勤奋等，再演绎出资本主义的兴起，分析方向相反但过程基本相同。而且，就这一思路导出的结论而言，两者也是雷同的，即分别肯定了儒家“入世有为”主义和基督新教教义对于中国经济增长奇迹和资本主义兴起的促成作用。因此，笔者认为有必要对两者的关系及异同进行一下分析比较。这是撰写本章的第一个原因。

另一方面，也有根本性的分歧。韦伯在研究基督新教与资本主义兴起的同时，对其他宗教或哲学，包括儒家学说，为何没能产生资本主义精神进行了分析与批判，对儒家的批判更甚。这就与本书研究的结论有根本性的分歧。韦伯的结论是，儒家由于种种的缺陷不能产生资本主义精神，阻碍经济发展，而本书的结论是儒家“入世有为”主义是中国经济增长奇迹的哲学渊源，那儒家对经济发展到底是有利还是不利，就成了一个很大的问题了。如果韦伯是对的，那本书的结论就是错的。虽然韦伯的这一结论已经遭到了很多学者，包括余英时、杜维明、金耀基等的批判，为了捍卫本书的结论，笔者也只能加入论战，对韦伯在儒家与经济发展关系问题上的种种误解进行澄清与批判，实在是不得已而为之。

这一章的产生，正是出于这样两个原因，而并非笔者想牵强附会地与名家比较。

下一节将对韦伯的相关研究作一简单介绍，第三节对韦伯的基督新教与资本主义兴起之间关系的观点进行点评，第四节对韦伯关于儒家的观点进行澄清与批判，最后一节对本书研究与韦伯研究的异同进行分析。

第二节　韦伯相关研究简介

马克斯·韦伯，生于1864年，卒于1920年，是德国学者，研究领域广泛，横跨哲学、法学、政治经济学与社会学。后被称为与卡尔·马克思和埃米尔·涂尔干并列的现代社会学的三大奠基人。这一称谓对韦伯及涂尔干不免有些过誉，就理论体系的规模，理论的深度，特别是实际的影响程度而言，他们两人与马克思是不能比肩的。但尽管如此，也可见韦伯的学术地位。本书不可能，也无必要重述其广泛的研究结果，而只选择介绍与笔者上述目的相关的韦伯的最著名论著《新教伦理与资本主义精神》中的主要观点，[①] 与其在《儒教与道教》中对儒教阻碍经济发展的有关说法。[②]

① Max Weber, *The Protestant Ethic and the Spirit of Capitalism*, London: Allen and Unwin, 1930.

② [德] 马克斯·韦伯（Max Weber）:《儒教与道教》，洪天富译，江苏人民出版社 2010 年第 2 版。

关于基督新教与资本主义兴起之间的关系

韦伯在《新教伦理与资本主义精神》一文中指出，经过16世纪路德与加尔文，特别是加尔文的改革，基督新教从天主教分离出来成为一个新的宗教派别。那基督新教是如何导出，或至少影响资本主义精神的呢？通过以下教义所形成的途径。

（1）选民前定论（Predestination）。一个人是否是上帝的选民（即被上帝选择进入天堂实现天命的人），是上帝前定的，任何人为的仪式上的救赎或感情上的笼络手段都是无济于事的。加尔文在《基督徒生活手册》中宣称：

“真正敬虔的原则是，唯有神才是所有亨通与逆境的判断者，所有一切的吉凶祸福，都是由神支配，他所给予人们的祸福都有定则，并不是不适当的冲动，乃是出于公义。”

（2）证明论。但前定与否，要以你自己的行为与成就来证明。天天酗酒，胡作非为即前定落选，完全自立与自我控制，并取得相应的成就，以荣耀上帝，才能证明你是前定的选民。这是吊诡之处，似很难与“前定”二字协调，但也正是基督新教的新颖之处和一大突破。

（3）财富论。基督教徒本不应以赚钱积累财富为目的。《圣经》上说：“富人要进天国，比骆驼穿针还要困难。”但是，基督新教认为，财富并非在本质上邪恶，乃是诱惑。而作为一种诱惑，真正的含义是考验——考验人能不能够在拥有财富的同时不改心中对上帝唯一的信仰；考验人能不能在动机与使用上，将财富转化以荣耀上帝。虽然财富经常沉沦为“罪的奴仆”，但信仰给了人一项带着堕落诱惑的考验，就是要胜过它们，让财富从一种对美德的障碍转变成为上帝确认选民身份的依据。因此，在创造财富的领域，新教徒展现了全面征服诱惑的雄心，无论在“义”和“罪”的矛盾紧张中会多么的煎熬和危险，他们都坚拒失败主义，并且笃定相信上帝选民最后的胜利。在如此信念的驱动下，谋求财富上的成功，成为一种上帝的召唤或上帝赋予的天职（Calling），是向上帝证明选民身份的重要途径。基督新教的这一观点，经常被称为“天职观”。

（4）苦行论。为了响应上帝的召唤，履行上帝赋予的天职，向上帝证明选民身份，就要谋求财富；而要谋求财富，生活就要勤勉，节俭，理财，守时，守信。勤勉即勤奋工作，辛苦劳动；节俭即节制消费，增加储蓄；理财即算计并有效地将储蓄转化为投资；守时以提高劳动效率；守信以维持劳动秩序以增加收入，扩大经营，创造财富。且为了确保上帝选民身份得到证明，在这几方面要做到苦行的进步，以最大程度地创造财富。

以最大程度地创造财富为目标，以高度的勤勉、节俭与理财等苦行为手段来经营事业或发展经济，韦伯称之为西方资本主义精神。这样，基督新教的教义就铺陈出了资本主义精神的形成途径，而资本主义精神又促成了西方资本主义的兴起。这就是韦伯的个人创见。

在韦伯形成这一创见的年代，马克思主义学说已经成形，马克思对西方资本主义兴起的历史唯物主义的解释已广为流行。韦伯的这一创见，虽不能理解为专驳马克思主义的唯物史观，但确是与其针锋相对的。谁对谁错，难以一言以蔽之，待下节讨论。

韦伯为其创见提供了一些实证数据。大约在 1895 年，他的一位学生芬巴赫（Martine Offenbacher）在德国的巴登地区做调查，结果显示基督新教徒比天主教徒更富有，也较积极投入经济活动。他说："天主教较安逸，对利润的追求较不饥渴，宁可收入较少，但有较安全的生存，而不愿过着较冒险与刺激的生活，即使后者能带来财富与荣耀。"

韦伯在这项调查的启发下还找到另一项佐证。即，英国牧师理查·巴克斯特（Richard Baxer，1615—1691 年）的一段训词是："不应该浪费我们在尘世上短暂居留的任何宝贵时间，我们唯一的报酬就是在上帝为我们安排的位置之上，尽全力去做……上帝已预先知道谁会被拯救，谁会被罪谴，然而只要能在个人的天职上成功，就有可能成为上帝的选民。"韦伯由此具体推论出，努力经商致富的商人，会因为在这方面的成功，而被确认为上帝的选民。

韦伯创见的推理过程整体符合逻辑，过程中的细节与转换却多有可商榷之处。结论在当时更为惊世骇俗，即便从现代人看来也觉惊奇。的确，结论是革命性的，但可靠吗？下节再谈。

关于儒家为何没能发展出资本主义

韦伯对于儒家的评论，主要体现在他的《儒教与道教》一书中，多有自相矛盾之处，当然，主要是批判。最好是让我们直接从此书的原文摘取有关段落来看看他是如何批判的。

第一，他认为儒教没有一个形而上的世界，故没有“现世”（与前章出现的“此世”意思相同）与“彼世”之间的紧张关系，也无从发生一种从“彼世”到“入世”的过程。韦伯在上面提到的书中多次指出这一点。

“儒家虽然发展出了一派宇宙起源的理论，但本身却极无形而上的兴趣。

“他们没有超越尘世寄托的伦理，没有介于超俗世上帝所托使命与尘世肉体间的紧张性，没有追求死后上天堂的取向，也没有恶根性的根源。

“在中国从未出现过与‘现世’的紧张对峙，因为从来没有一个超世的，提出伦理要求的上帝作过伦理的预言。

“在儒教伦理中所完全没有的，是存在于自然与神之间，伦理要求与人类性恶之间，罪恶意识与救赎需求之间，‘尘世’的行为与‘彼世’的补偿之间，宗教义务与社会－政治的现实之间的任何紧张性。也因此，缺乏透过一种内在力量自传统与因袭解放出来而影响行为的杠杆。

“儒教（按其意图）是一种理性的伦理，它将与这个世界的紧张性——无论是从宗教上贬斥‘现世’，还是从实际上拒绝它——减至绝对低弱的程度。”

第二，他反反复复地说，儒教是一个适应“现世”的学说。

“儒教的理性主义旨在理性地适应‘现世’；而清教的理性主义旨在理性地支配这个世界。

“儒教所要求的是对俗世及其秩序与习俗的适应，归根结底，它只不过是受过教育的人确立政治准则与社会礼仪的一部大法典。

“真正的先知预言会创造出一个内在的价值基准，并有系统地将行为导向此一内在的价值基准。而对这一基准，‘现世’就被视为在伦理上应根据规范来加以塑造的原料。相反地，儒教则要适应外在，适应于‘现世’的状况。

“不去企及超出‘现世’以外的种种，个人必然会缺乏一种与世相抗衡的自主的反制力。

“在儒家看来，这个世界是所有可能的世界中最好的一个；人的本心与气质，从伦理上看是善的。人与人之间以及事物与事物之间，尽管程度上有别，但原则上都具有相同的本性，都具有能达到无限完善的能力，都能充分地实行道德法则。

“这样一来，中国人的‘我有罪’简直相当于我们西方人在冒犯了礼俗时所说的‘对不起’。

“这种无条件肯定与适应世界的伦理，其内在前提是纯巫术性的宗教从未间断地存在。

“如果说儒教对世上的万物采取一种随和态度的话，那么清教伦理则与世界处在一种强烈而严峻的紧张状态之中。

“儒教的任务在于适应‘现世’，而清教的任务则在于通过理性改造‘现世’。儒教要求不断地，清醒地自然控制，以维护绝对完善无缺的圣人的尊严；清教伦理也要求这种自我控制，但目的是为了有条不紊地把人的意志统一于神的意志。儒教伦理让人非常有计划地处于他们自然生成的或由社会尊卑关系所造成的既定的个人关系之中。儒教只神化那些由人际关系——例如君臣、上级官吏与下级官吏、父子、兄弟、师生、朋友之间——所产生的社会伦理义务。相反，清教伦理有点怀疑这些纯粹的个人关系，认为它们是可鄙的；当然，清教还是容许它们的存在，只是要在伦理上加以控制，使其不致背离上帝。”

第三，断定儒家只是适应“现世”后，他顺理成章地认定儒教没有改造世界的功能，并列举了一系列儒家阻碍资本主义发展的负面因素。

“以此，一个有教养的中国人同样会断然拒绝去不断背负‘原罪’的负担……通常它都被代之以习俗的，封建的，或审美结构的各种名称，诸如：‘没教养’，或者‘没品格’。当然，罪过是存在的，不过在伦理的领域里，它指的是对传统权威，对父母，对祖先，以及对官职层级结构上司的冒犯。

“君子乃是儒家理想的人，其‘典雅与威严’表现为对传统义务的履行。

“儒教与儒教徒崇拜‘财富’的思想，曾有可能促进与这种思想相适应的经济措施（就像西方向世界开放的文艺复兴所做的那样）。然而，恰恰在这点上，当我们考虑到经济思想时，就会发现此种经济政策的意义是有限的。没有任何其他的文明国家，会像中国那样如此强调物质福利并把它视为终极的目标。[①]

“在中国，由于肯定‘现世’的功利主义以及相信财富乃是全面实现道德完善的普遍手段这种伦理价值，加之有稠密的人口，因而发出一种世上罕有的‘精打细算’与知足的心态。[②]

“儒教徒所适应的‘现世’，却只看温文尔雅道的举动。儒教的君子出现于外表的‘镇定’，而不信任他人，就像他也相信别人不会信任他一样。这种怀疑一切的态度，妨碍了所

① 笔者注：此论与他其他的观点似乎不合，为自相矛盾之一。

② 笔者注：又一个自相矛盾之处。

有的信用与商业的运作。

“在适应现实的自我完善之中，君子本身就是目的，而非某种客观目的手段。儒家伦理的这一核心原则，拒斥了行业的专门化、现代化和专家官僚体制与专业训练，尤其是拒斥了为营利而进行的经济训练。

“经济上的、医药的以及教士的行业，都是‘小技’，因为它们会导致专业的专门化。而高等人追求全面发展……官职恰恰是家产制国家里缺乏合理的专业化的表征。

“光是与‘营利欲’及对财富的重视相结合的冷静与节约，是绝对不可能产生出以现代经济的职业人为代表的‘资本主义精神’的。典型的儒教徒用自己以及家族的储蓄去获取典籍的教养，并接受训练以应付考试，以此为取得一个有名有利的地位打下良好的基础。

“儒教对科学的要求同样地低。数学虽然曾进步到三角法，但是由于没有被采用而很快地衰微了。

“在中国，系统化的，自然主义的思维也得不到发展。”

如此等等，不一而足。叙述比较杂乱重复，也有自相矛盾之处。据称韦伯本人思想丰富，却不善书写表达。他很多的书，包括上面提到的两本，都是他逝世后别人根据他的笔记整理而来，也就难怪了。

但他由此得出的结论却是明确的，即，正是由于以上缺陷，儒家没能发展出资本主义精神，是阻碍经济发展的。

第三节　对于韦伯基督新教与资本主义兴起关系说的点评

社会点评

韦伯的《新教伦理与资本主义精神》一书出版后就得到学界广泛的关注，现在已经成为国际性的社会与经济史学经典。但毁誉参半，争议性很大，大概这也是其广为流传并成为经典的原因之一吧。

首先，赞誉者不少。20 世纪 20 年代以来一些历史学家对其赞誉有加。如艾森施塔特（Shmuel N. Eisenstadt）[①] 和李普塞特（Seymour M. Lipset）[②] 都坦诚自己受惠于其中提出的“韦伯命题（Weber Thesis）”。慕尼黑大学专门成立“韦伯研究中心”，

① Shmuel N. Eisenstadt,*The Protestant Ethic and Modernization: A Comparative View*, New York: Basic Books, 1968.

② Seymour M. Lipset, “The Social Requisites of Democracy Revisited: 1993 Presidential Address”, *American Sociological Review*, Vo. 59, No. 1, 1994.

其主任温克尔曼（Johannes Winkelman）为收集韦伯资料最全的学者。就连批评此书的托尼（R.H. Tawney）在出版于1926年的《宗教与资本主义的兴起》中也认为其“当然是迄今为止对宗教和社会理论的关系进行的最有成果的讨论之一，而且我要感谢它对我的启发”。[①] 后来，尤其是在20世纪60年代经柏森思（Talcott Parsons）将此书介绍到美国，大受欢迎，很快成为美国社会学的显学。至今可以说成为世界性的学术经典之一。

据1997年国际社会学协会（ISA：International Sociological Association）进行的一项针对其成员的调查，455位参与投票的成员，每人写出5本20世纪最重要的著作，最终，韦伯一人有两本书列入前十，《新教伦理与资本主义精神》位列第四（得票10.3%），而他的《经济与社会》更位列第一（得票20.9%）。可见韦伯及此书影响之大。

赞誉者们赞誉的理由，一是惊赏此书中所谓“韦伯学”的研究方法与框架，即以历史唯心主义的方法从宗教角度出发研究经济制度及发展的开创性方法与框架，与马克思以历史唯物主义的方法从经济基础出发研究经济制度及发展刚好相反；二是赞同其关于基督新教促成资本主义精

① [英] 理查德·托尼（Richard H. Tawney）:《宗教与资本主义的兴起》，赵月瑟、夏镇平译，上海译文出版社2006年版。

神进而资本主义兴起的观点。这已有很多文献，在此不作赘述。

但质疑与反对的声音也很大。质疑的焦点正是资本主义的兴起到底是由于基督新教还是其他经济与制度性因素？反对者的结论当然是后者，而认为前者只是同步性的现象，甚至是结果而非原因。赖建诚在《资本主义的兴起是拜基督新教所赐吗？》一文对此作了一个局部性归纳。[①]

上面已提到的英国著名经济史家托尼在其《宗教与资本主义的兴起》一书中反驳韦伯，认为真正的因果关系与韦伯所说的正好相反，宗教确实会影响人生观，也会改变人们对社会的见解，但经济与社会的变迁更会影响宗教。他以为，宗教改革改变了欧洲人的宗教观，但 1492 年哥伦布发现新大陆，对欧洲人的世界观与科学观的影响更大。资本主义之所以兴起，主要是因为发现新大陆后，大量白银与香料流入欧洲，造成物价革命，带动产业发展，促进资本主义兴起。具体而言，新大陆的金银、马铃薯、玉米、香料大量流入欧洲后，许多地方很快富裕起来，人口大增，物价大涨，制造业与贸易随之活跃，商人地位上升。地主与领主手上的现金相对有限，反而要从工商界融资，导致士

---

① 赖建诚：《资本主义的兴起是拜基督新教所赐吗？》，《教堂经济学：宗教史上的竞争策略》，格致出版社 2018 年版。

农工商的地位重新洗牌。在此大转变的过程中，过去被天主教控制的地区，富裕之后就不肯再服从教宗，以至于公然抗命。因此封建领土相对衰落，工商阶层相应崛起，同时天主教走弱，基督新教兴起。这就是说，不是基督新教导致资本主义，而是资本主义促使基督新教崛起并茁壮成长。

法国年鉴历史学派的布罗代尔（Fernand Braudel）也明确反对韦伯的观点，跳出宗教与资本主义关系的争议，从地理变迁的角度，解释资本主义在欧洲北海地区（正好是基督新教地区）发达的原因。[①] 他根据史实提出“经济地理变迁说”，基本观点为：宗教改革时期的欧洲已经取代地中海区域（尤其是意大利）的经济优势。到1590年左右，欧洲的经济重心从南部转向北海地区，而这个地区恰好是基督新教徒居住的区域。至于为何这次转到北海地区，有一个简单但重要的原因，即，西班牙、葡萄牙两国王室握有海外经营的独占权，可以从海外回来的船货征收一笔可观的关税，以增加国库收入，应付日益短缺的政府资金。而商人们马上意识到，如往北走，可以将货物在北海地区的安特卫普、布鲁日、阿姆斯特丹等港口出售，不但能逃过西班牙、葡萄牙的

① Fernand Braudel, “Civilization and Capitalism, 15th–18th”, *Vol I: The Structure of Everyday Life*, New York, 1985.

重税，货也能通过多瑙河、莱茵河等内河销售到对殖民地货品需求很高的内陆，而且价钱卖得更高。所以，在舶来品的刺激下，当时尚未开发的北海地区港口迅速崛起，商业与金融活动日益活跃。同时，1590年左右整个欧洲的经济不景气走下坡路，对已繁荣起来了的南方的打击比刚要起步的北方要严重，加速了海外贸易从南方转向北方，致使南方的工业随之转移，因而工商业重心整体由南方转至北方。这种经济地理转移的解释，并不排除宗教改革也对北方资本主义的发展有帮助，但不是主要因素。加之经济重心转移之前，南方的威尼斯是资本主义重镇，但威尼斯人并不信基督新教。由此不难推论，近代资本主义的发展并不是基督新教的贡献。基督新教的确在鼓励一个勤奋的民族方面有所建树，但在当时欧洲经济重心由南向北转移的客观大形势下，任何一个信奉勤奋的宗教或社群都会有类似的成就。

另外，很多人批评韦伯得出结论的史实依据不够。韦伯虽然在书中提供了一些如前所述他的学生做的一些调查作为事实依据，但对于得出如此一个重大的历史结论而言显然是单薄的。这当然和当时的统计工具与社会学定量研究方法的缺乏有关，但也与韦伯本人本质上反对社会科学运用经验科学的研究方法分不开。后来，随着统计工具与社会、经济学中定量实证研究的发展，很多学者做了统计实证分析，基本上不支持韦伯的结论。德拉克洛瓦（Jacques Delacroix）和尼尔森（Francois Niclsen）2001年发表的研究发现，信仰基督新教的人口比例，与平均每人的财富、证券交易所的成立时间、19世纪70年代的铁路网密度、19世纪50年代的婴儿死亡率、农业的男性劳动力数量及工业的男性劳动力数量都不相关；19世纪欧洲各国信仰基督新教与否，与平均收入，金融市场的发达程度等重要经济因素，并无统计上的关系，因而从实际上推翻了韦伯的结论。比如，就对工业经济发展起关键作用之一的铁路建设来说，20世纪初，基督新教区的铁路网整体来说比天主教区落后，与韦伯的观点完全抵触。应用慕尼黑、法兰克福等过去属于神圣罗马帝国的272个城市1300—1900年间的数据资料，对宗教与经济发展、城市大小、生育率与识字率等之间关系的分析结果也表明，基督新教与经济发展无关，天主教区的经济成长未必居于劣势，基督新教区的经济优势说，是缺乏史实的误解。宗教信仰只是文化因素，在广阔的神圣罗马帝国地区，600年的资料完全否定韦伯命题。[①]

美国知名经济学和历史学麦克洛斯基（Deirdre McCloskey）更评价韦伯《新教伦理与资本主义精神》一书说："说他这本

① Jacques Delacroix and Francois Niclsen, " The Beloved Myth: Protestantism and the Rise of Industrial Capitalism in Nineteenth-Century Europe", *Social Forces*, Volume 80, Issue 2, 2001.

书‘伟大’，并不意味着它正确或者可以当作好的历史学、经济学或神学著作。”[①] 她援引凯恩斯的“无技术创新的积累，会迅速导致收益递减”指出，韦伯因勤勉节俭的积累形成资本与财富的说法不正确。18 世纪蒸汽机的发明与普遍应用急剧加速了资本和财富的增长，推动了资本主义的发展，不是新教伦理能够解释的。这已很接近马克思的历史唯物主义解释了。身兼历史学家的她还指出，那个时代的另一特征是基于契约的资本主义行为的社会承认，而这种现象不是心理的而是社会和法律的。这种观点应该属于制度经济学的范畴。她进而说，社会学家韦伯不解释资本主义发生、发展的社会因素，却归因于宗教心理，还是那种可怕的加尔文主义心理学，是怪异而不可理解的。布罗代尔则认为统治阶级赋予的特权是比基督新教更大的促成资本主义兴起的因素。[②]

笔者点评

以上对于韦伯《新教伦理与资本主义精神》一书的誉毁，笔者认为从一定的角度都有道理，但也都有偏颇。笔者的感

---

① Deirdre McCloskey, *The Bourgeois Virtues: Ethics for an Age of Commerce*, University of Chicago Press, 2006.

② [法] 费尔南·布罗代尔（Fernand Braudel）:《资本主义论丛》，顾良、张惠君译，中央编译出版社 1997 年版。

觉是，韦伯此书是灵性之作，其中关于基督新教与资本主义精神关系的发掘，是一个天才的创见。其中可争议处的确很多，包括他的方法论与结论。总体而言，作为一本学术性的著作，对其正确性与意义不应赞誉过分，但也不应否认，更别说完全否认。就笔者而言，此书比他的另一本《儒教与道教》靠谱与有价值多了。

笔者首先肯定的是韦伯在研究的跨界性，框架与方法方面的开创性成就。虽然在他之前宗教与经济的关系已为人所关注与提及，将宗教教义与经济行为或精神直接地联系起来，放在一个框架内，并从宗教改革入手，研究新的宗教教义，并分析新教义对人的经济行为或精神的改变，而推出对整个经济制度与发展的影响，韦伯是历史上第一人，开创了经济学与宗教学、社会学系统性跨界研究的先河，具有重大的历史性意义。

至于这样一种开创对还是不对，人们首先的印象是，这是历史唯心主义与历史唯物主义之争。这是自然的，前面已提到，韦伯此书中明确表示不同意马克思历史唯物主义的"历史单因说"，即经济基础决定上层建筑，或社会存在决定意识形态，进而整个社会经济发展的社会进化论。韦伯坚持，同样的下层基础可以有不同的上层建筑。不但如此，他认定宗教文化因素，如思想，也可以推动经济形态的改变。

笔者不是研究哲学的，但是在红旗下长大，那个年代的人都比较形而上，喜欢哲学性思考，加之笔者本人对哲学的兴趣，所以对哲学问题也有自己的一些看法。坦率地说，与当年的教育有关，笔者的总体哲学思维是倾向于唯物主义的。但是，这些年来的社会阅历也使得笔者觉得文化意识形态方面的东西不能绝对化，要具体情况具体分析。

马克思主义历史唯物论的确认定经济基础决定上层建筑，社会存在决定意识形态，但这是就长期的历史发展而言。就历史长河中的某一个时段，特别是某一种历史现象而言，并没有否认意识形态与上层建筑的反作用，这种反作用有时候也可以是决定性的，或起码与经济基础因素一起成为决定性因素之一。在这一方面，马克思主义的经典作家们有过直接或间接的论述。马克思在《〈黑格尔哲学批判〉导言》中指出："理论一经群众掌握，也会变成物质力量。"[1]恩格斯（Friedrich Engels）则在1890年5月致康·施密特（Carl Schmitt）的信中明确地说："社会意识对社会存在也发生反作用。"[2]列宁（Vladimir Lenin）说："人的意识不仅反映客观世界，并且创造客观世界。"[3]斯大林（Joseph Stalin）也说："也有新的先

---

①［德］马克思：《导言》，《黑格尔法哲学批判》，熊伟译，中央编译局1963年版。

②［德］恩格斯：《致康·施密特》（1890年10月27日），《马克思恩格斯选集》第4卷，人民出版社1995年版。

③［苏］列宁：《哲学笔记》，《列宁全集》第三十八卷，1959年版。

进的思想和理论，为社会上先进的势力服务。它们的作用就是促进社会发展，促进社会前进，而且愈是确切地反映社会物质发展的需要，意义就越大。”[①]社会存在与意识形态，和经济基础与上层建筑，是两对相应的哲学范畴；上层建筑对经济基础的反作用也是这样。毛泽东在《矛盾论》中明确地说：“然而，生产关系、理论、上层建筑这些方面，在一定条件之下，又转过来表现其为主要的决定的作用，这也是必须承认的。”[②]

应该注意到，韦伯研究基督新教与资本主义兴起，认为前者对后者有促进作用，是就17—19世纪这样一个历史阶段，并就资本主义兴起这样一个特定的历史现象而言的，并非一般而论。因此，即使按照历史唯物主义标准也不能对此完全否认。何况现在来看，历史唯物主义和历史唯心主义是两种并存的历史哲学观，后者阵营更为庞大，就更不能囿于两个主义之争了。

笔者觉得以“历史多因论”来解释资本主义的兴起更为恰当。“多因”，既包括马克思的经济基础、社会存在，或生产力决定论中的诸因素，如马克思《资本论》中所分析的当时欧洲城市工商业，特别是手工工场的发展，20世纪中后期

① [苏]斯大林：《斯大林选集》下卷，人民出版社1979年版。

② 毛泽东：《矛盾论》,《毛泽东选集》第一卷，人民出版社1964年版。

流行的“农业决定论”中的当时农业生产力的质的飞跃，以及上述托尼的“新大陆发现论”、布罗代尔的“经济地理变迁说”以及麦克洛斯基的“蒸汽机发明引爆论”等观点中所述的各生产力因素等，也应包括精神、意识形态或上层建筑等因素，如韦伯的基督新教因素、麦克洛斯基的法律性契约因素及布罗代尔的统治阶级赋予的特权因素等。

实际上，韦伯本人也承认，资本主义的兴起可归因于三个互相独立的历史因素，即经济基础、社会政治组织和当时占主导地位的宗教思想，并未把宗教思想作为唯一，甚至是第一位的因素。

至于这些因素当中，谁是决定性的或最重要的，是很难达成一致意见的，在此就不作讨论了。

按“历史多因论”观点，韦伯的基督新教因素，纵然不是最重要的因素，也是重要因素之一，所以研究其在促进资本主义兴起中起了什么作用，是很有意义的，认为这是“怪异而不可理解的”说法显然是不对的。

当然，这降低了韦伯研究的重要性，所以对此不能过分夸大。但鉴于资本主义兴起是一个巨大的历史事件，能够解释其中一个重大贡献因素的作用，已经非常有意义了，且如前所述是开创性的研究，又展现了天才灵性，所以其意义又不能过分低估。

实际上，在精神层面，天主教受到批判后人类的贪婪与享乐本性的释放无疑也是促成资本主义兴起的重要精神因素之一。贪婪享乐当然与韦伯的理性资本主义精神相违背，但违背不见得不能共存。至于何者为主导，只有见仁见智了，本书不进行讨论。贪婪享乐是人类的劣根性，在任何时代都存在。应该说，几乎所有的宗教都是对此加以抑制的。这一本性在宗教势力强大时受到遏制，但当宗教势力走弱时却可释放出很大的能量。16 世纪宗教改革后，天主教走弱，人们的贪婪享乐本性趁机挣脱束缚，形成一种以逐利为目标的新精神，无疑也对资本主义的兴起作出了不可忽视的贡献。

除此之外，还须看到，浮士德精神也从另一方面发展与丰富了资本主义精神。很多人都知道，浮士德是德国大诗人，剧作家和思想家歌德最主要的代表作《浮士德》中的主人公。浮士德是传说中的半神半真的人物，拥有崇高的理想，他虽然最终无法抗拒罪恶和自然的力量而与魔鬼签订了出卖灵魂34 年的契约，但一直自强不息地探索真理，追求美的过程，象征着 18 与 19 世纪资产阶级挣脱中世纪愚昧状态，克服内在与外在矛盾，创建资产阶级理想王国的启蒙进程。这一“浮士德精神”，即肯定人生的积极意义，以行动投身实践，敢于否定一切丑恶事物与错误思想，以及追求理想生活而自强不息等奋发向上的气质，很多人指出，虽然与财富和经济没有直接关系，却是资本主义精神的重要组成部分，或形成资本主义精神的重要原因。笔者同意这种看法。

至于贪婪享乐本性、浮士德气质和韦伯基督新教的追求财富，节俭及勤奋等品质对于资本主义精神的贡献哪个大，当然难以回答。但就气质或品质的来源及可视性而言，贪婪享乐本性显示人类的劣根性，并易于观察，浮士德气质表现古民一贯的奋斗精神，也比基督新教品质更为外显。而基督新教品质则来源于令人难以理解且不易自圆其说的基督新教的“选民前定论”与“证明论”，并内在难测，相信很多读过韦伯《新教伦理与资本主义精神》一书的人都有这种感觉。当然，正是由于这种感觉，人们愈加觉得这是韦伯的创见，而且佩服他立此创见的天才灵性。但最后人们是否都真的接受了他的创见呢？恐怕只有自己知道了。

天主教，和大多数其他宗教一样，是视谋求财富或财富成功为罪恶的。正如《圣经》上耶稣对他的门徒们说：“我确定地告诉你们：富有的人进入天国会很困难。我再告诉你们：骆驼穿过针眼，比富有的人进入神的国更容易呢！”基督新教经宗教革命后从天主教分离，但开始时在财富观上并没有分歧。后加尔文主义出现，由“选民前定论”与“证明论”推导出追求财富不但是正当的，还是必需的，而且追求财富还应当甚至必须成功，否则将不能证明你的选民前定身份，从而失去这一身份，这样就得出了与天主教完全不同的财富观。

这里有两大矛盾或悖论（Paradox）。第一个是，基督新教虽从天主教中分离出来，可是在信仰《圣经》与耶稣方面并没有改变。那其鼓励追求财富的教义与《圣经》中的鄙视财富的教义到底如何协调？人们可以说就依"选民前定论"与"证明论"来协调啊。可是宗教的教义是原始性也是结论性的东西，这应该也是"宗"的含义，不应该由于中间过程的细节变动而改变啊。如果可以随便改变，就不是教义了，则宗教也就是谈不上"宗"了。

这种不协调难免给人一种《圣经》被迫让步的感觉。所谓被迫，就是迫于当时资本主义正在兴起，或必然要兴起的大势，而允许人们去谋求财富，并赋予其正当性甚至是必需性。这也使人们质疑，到底是基督新教促使资本主义兴起，还是资本主义兴起促使了基督新教的诞生呢？前述托尼的观点正是后者，是有一定道理的。

再看"选民前定论"与"证明论"。逻辑上讲似不通。选民身份既然上帝是"前定"的，就应该不会改变，不需要证明，也不会失去才对啊？否则，怎么能说是"前定"的呢？"选民前定论"中已说，选民身份是不可能通过祈祷等形式及小恩小惠拉拢等手段获得的，是上帝选定的，而"证明论"又说要，而且只有通过入世苦行在创造财富方面取得成功来证明这个身份，否则就会失去，这不又是矛盾吗？这正是很多人对此不解的吊诡之处。不过我们都是凡人，可能凡人难以理解圣人的高深莫测。只能以此慰藉，否则难以释怀。这进一步加深了笔者，相信也包括很多人，关于《圣经》被迫让步的感觉，进而削弱了对韦伯研究结论的信心。

但形势比人强，即使是《圣经》让步，看看基督新教后来已经盛行，并确在促使资本主义不可阻挡地兴起方面作出了贡献，也可能就没有必要纠结于这些理论性的问题了，韦伯研究的意义，如前所述，虽然在有多大这一点上见仁见智，存在性应该能够成立。

第四节　对韦伯儒家观的点评

社会点评

对于韦伯《儒教与道教》一书的评价，与对其《新教伦理与资本主义精神》一书毁誉参半的评价不同，大部分是负面的，当然批判主要是来自于东亚学者，包括余英时、杜维明、金耀基等。

批判主要是针对韦伯在书中对儒家缺乏“彼世”的超越性而只是适应“现世”的观点，也包括此观点导出的一些结论。

余英时在其力作《中国近世宗教伦理与商人精神》一书中，再三陈述儒家并非像韦伯说的那样无超越性，无“彼世”，而是有另外一种超越，另外一种意义上的“彼世”，即“天”。他认为，宋明新儒家面对新禅学的挑战，一方面进一步“入世”，另一方面又通过加强“天”的观念建立“彼世”。在“理”上添加一个“天”字，变成“天理”，为儒家的“日常人伦”

提供了一个形而上的依据。当然，宋明儒家的“彼世”不等于儒家的“彼世”，是“实有而不是空寂”，但仍然是“彼世”，与“此世”形成紧张关系。

实际上，“天”的概念自先秦或更早就有。如叶仁昌所指出，早自商周时期开始，中国就已经不缺乏诸如“上帝”或“天”的超越意识了；[1]不少学者认为，商民族所谓的上帝就是他们的祖宗神，到了周公，更有所谓“皇天无亲，唯德是辅”的诉求。

先秦时代的儒家学说就有“天道观”。如在《论语》中“天”字出现19次，主要是两个意思，一是自然之天，二是义理之天。《论语词典》解释“天道”为自然界日新变化之道，但先秦儒家讲“天道”，多是从天人关系的互动中寻求解决社会人生问题的道理，包括天命、天常、天德、知天、效天等。汉代董仲舒更继承与发扬了“天人合一”的思想，强调“天人感应”。认为人是由天所创造的，人无论是在外形还是情感方面都出现了天的意志和规律，因此天是一切的主宰者，遵从天的旨意行事是一条基本规则。狄百瑞（William Theodore de Bary）也批判韦伯忽略了“新儒家道德观中的内在取向性”，“看不见天是如何影响人的良心，使人在理想层次与实际境遇之间保持一种动态的紧张关系—— 即指天如何对人的境况有

① 叶仁昌：《儒家与韦伯的五个对话》，联经出版2015年版。

控制的能力。”[①]

余英时还指出，宋明新儒家用各种不同的语言来表示“现世”与“彼世”。以宇宙论而言，是“理”与“气”；以存在论而言，是“形而上”与“形而下”；以人文而言是“理”与“事”；以价值论而言则是“天理”与“人欲”。这些成对的范畴虽然代表着与西方基督教有所不同的另一种“现世”与“彼世”之间的关系，但既然相对而成立，则其中便必然不能无紧张性，不能无超越性，只不过是“内在超越性”。他说：

“不过由于中国文化是属于‘内在超越’的一型，因此这两个世界的关系是不即不离的，其紧张也是内在的，在外面看不出就剑拔弩张的样子。韦伯因为没有接触到新儒家，在这一方面发生了严重的误判。”

他甚至坚称，韦伯所犯的并不是枝节的、事实的错误，而是全面判断上的基本错误。接着他批判韦伯由这个基本错误导出的另一个误解，即儒家的“现世”适应性。他说：

“儒家对‘现世’绝非仅是‘适应’，而主要是采取一种积极的改造的态度；其改造的根据即是他们所持的‘道’或‘理’。所以他们要使‘现世’从‘无道’变成‘有道’，从不合‘理’变成合‘理’。

① William Theodore de Bary, “Introduction”, in *William, Theodore de Bary and the Conference on 17th Century Chinese Thought: The Unfolding of Neo-Confucianism*, New York: Columbia University Press, 1970.

“进而，无论是在‘天命之性’与‘气质之性’之间，或是在‘天理’与‘人欲’之间，还是在‘理’与‘事’之间，宋明新儒家都‘是永远在高度紧张之中，但又是不即不离的’。一方面，‘天命之性’、‘天理’或‘理’必须去克制‘气质之性’、‘人欲’或‘事’，前者克制后者，则其间的紧张程度可以想见，这一点正与韦伯所描述的基督新教徒一样，是无法以疏离代替紧张。另一方面，彼此又永不能分离。”

就“天理”与“人欲”的紧张程度而言，余英时引朱熹曰：

“人只有个天理人欲。此胜则彼退，彼胜则此退，无中立不进退之理。凡人不进便退也。譬如刘、项相拒于荥阳、成皋间，彼进一步，则此退一步，此进一步，则彼退一步。初学者则要牢扎定脚与它捱。捱得一毫去，则逐旋捱将去。此心莫退，终须有胜时。胜时甚气象！”

紧张之关系形容得何等淋漓尽致！又就“气”“理”而言，引朱熹说：

“又问：若气如此，理不如此，则是理与气相离矣。曰：气虽是理之所生，既然生出则理管他不得。如这理寓于气了，日用间运用都由这个气。只是气强理弱。……圣人所以立教，正是要救这些子。”[1]

由此看出新儒家两个世界之间的紧张是何等剑拔弩张。

---

①《朱子语类》卷十三，中华书局。

他接着说：儒家（尤其是新儒家）对“现世”的基本态度从来不是消极地“适应”，而是积极地“改变”。在内在超越的文化形态之下，新儒家更把他们和“现世”之间的紧张提高到最大的限度。韦伯又说儒家认为“现世”是一切可能的世界中最好的世界。以新儒家而言，这也是完全不符合事实的。《朱子语类》卷一说：

“问：‘天地会坏否？’曰：‘不会坏，只是相将人无道极了，便一起打合，混沌一番，人物都尽，又重新起。’”[①]

朱子在这里明明表示“现世”不必然是一个最好的世界。“现世”是好是坏全系乎人。如果人“无道极了”，则这个世界也可整个毁灭掉而重新出现一个新的世界。朱子这样说，正可见他对于“现世”是极为不满的。

以上引自余英时书中的段落，应该说对韦伯关于儒教缺乏超越性，只是适应“现世”的判断作了有力的批判。这一批判得到了很多其他东亚学者的赞同，包括金耀基。他在《中国社会与文化》一书[②]中说：

“韦伯对儒家伦理的分析相当片面，甚至是错误的。

“儒家诚有性善之说，但绝不如韦伯所言：缺少个人与世间的‘紧张性’（‘天理’与‘人欲’之挣扎便是一例），儒家

---

①《朱子语类》卷十一，中华书局。

② 金耀基：《中国社会与文化》（增订版），Oxford University Press，2013 年。

伦理中正有‘理性之转化’和‘道德的动力’……可相当肯定地说，韦伯这个儒家阻碍资本主义的发生论观点是不易站得住脚的了，而对韦伯这个论点最大的挑战不来自理论的解释，而是来自一个巨大的经验现象。”

这个巨大的经验现象是东亚地区几个社会生猛惊人的经济发展，这些社会包括了日本、韩国、中国台湾、中国香港与新加坡。东亚这些社会在过去三十年中出现了不折不扣的东亚经济奇迹。

“东亚社会在过去二十年中的成长率比世界任何地区都要高，其出口成长率比其他地区尤为惊人。

“很清楚的，对于关心经济发展的人来说，东亚经济的惊人成就这个巨大的经济现象是必须加以解释的。显然的，韦伯的基督新教伦理的理论，特别是他对儒家伦理之有害于经济发展的假设，是受到严厉的考验了。

“由于东亚这些社会属于中国文化圈，于是用文化（价值与观念）来解释是很自然的。而中国文化的主导成素是儒家，因此儒家伦理乃成为解释东亚经济奇迹之谜的深层原因。”

金耀基接着指出，第一个正面以儒家伦理来解释东亚奇迹之谜的是康恩（H. Kahn）。他认为我国台湾和香港地区、日本、韩国和新加坡在组织上的成功，主要是由于大多数的组织成员皆受儒家传统之熏陶而具有一些共同的特质。艾勒塔斯（S.H. Alatas）虽不采取“文化的解释”，但在对马来西亚华人之研究中，从华人在商业上成功的表现，指出韦伯儒家有害于经济发展的论断是站不住脚的；对财富、荣誉、健康拥有强烈的动机，对家庭与祖先有能力表达虔敬，毫无疑问是决定性的文化因素，足以开出一种生猛的经济行动。

社会学家伯格（Peter L. Berger）将儒家伦理作为东亚经济发展的一个主要文化因素来探索。[①] 伯格追随韦伯，认为探索现代化的根源必须从文化因素上着手，必须从宗教或自宗教衍生出来的伦理中穷源究委。他相信韦伯的观点，即西方现代化的某些根源是在犹太基督教传统。那么，东亚现代化的根源，他毫不含糊地指出是儒家的普通老百姓的日常伦理，认为假如的确有一特殊的东亚的世俗性现象，那么，儒家道德，不论是作为一个因果的发动者，或理论上的合法化者，必须视之为一个重要的组成。

张德胜、金耀基通过访谈40位内地、香港地区与台湾地区的企业家，发现怀抱儒家价值，以义制利的商人，基本上能够在商场生存，而且做得相当出色，因而儒家思想应予以重新肯定。[②]

---

① Peter L. Berger, "An East Asian Development Model?" *In Search of an East Asian Development Model*, Edited by Peter L . Berger and Hsin-Huang Michael Hsiao, New Brunswick (USA) and Oxford (UK): Transaction Books,1988.

② 张德胜、金耀基：《儒商研究：儒家伦理与现代社会探微》，《社会学研究》1999年第3期。

很多其他学者，包括王泽应、[1]杜维明、[2]卢兴与郑飞、[3]刘凯、[4]杜车别[5]及阿崛斯基（S.Andreski）[6]等，都对韦伯儒家阻碍经济发展的观点提出了不同程度的反对意见。

笔者点评

与对《基督新教与资本主义精神》的评价以正面为主，负面为辅不同，笔者对韦伯的《儒教与道教》一书评价基本上是负面的，并总体上同意上述东亚及西方学者对此书的批判性观点。

韦伯关于儒教没能发展出资本主义，或有碍于经济发展的判断，主要是基于其认为儒家没有超越性，没有与“彼世”的紧张关系，因而只是适应“现世”的观点上。对此，余英

---

① 王泽应：《韦伯新教伦理命题的世纪论争与理性反思》，《南通大学学报（社会科学版）》2010 年第 3 期。

② 杜维明：《儒学第三期发展的前景问题》，联经出版 1989 年版。

③ 卢兴、郑飞：《从东亚现代性的兴起反思韦伯命题》，《国外社会科学》2017 年第 2 期。

④ 刘凯：《马克思·韦伯的儒教经济伦理观评析》，《中共浙江省委党校学报》2012 年第 5 期。

⑤ 杜车别：《韦伯对中国儒家的批判不能成立》，新浪博客，2007 年 3 月 29 日。

⑥ S. Andreski: *Max Weber Insights and Errors*, London: Routledge and Kegan Paul, 1984.

时已经以精辟的分析与有力的理据作了非常有说服力的批判；很多其他学者的反对意见也都很有见地，笔者完全同意，所以不再详论。只想就儒家到底是适应“现世”还是改造“现世”方面补充一点看法。

记得远在“文化大革命”时期“批林批孔”，很重要的一个批判点就是批判孔子的“克己复礼”，由此断定孔子与儒家是维护封建统治秩序的。这似乎与韦伯关于儒家适应“现世”的观点不谋而合。可是，这里的解读有一个很大的误区。即，春秋战国时期孔子说“克己复礼”的“礼”并不是当时的“礼”，而是几百年之前的“周礼”，孔子是要“复礼”，而不是“维礼”。“复”就要回到“周礼”，就是对当时的礼坏乐崩的“现实”不满。这是典型的改造。其实岂止是改造，而是推翻“现实”，以实现另一种社会形态，即回复到周朝时期的“礼乐”形态。这就绝不是适应“现实”，维护当时的封建统治，而是相反。当然，有人会说，不要混淆“现实”与“现世”，“现世”是相对于“彼世”的，“现实”是相对于“过去”和“将来”。不错，当研究纯宗教或哲学问题时，我们应该这样区分，但当讨论社会问题时，“现世”要落实到“现实”，否则无从进行。可见，仅从“克己复礼”这一通常被人们认为是适应“现世”的依据来看，儒家其实不是适应“现世”，而是改造，甚至是推翻“现世”。至于改造至，或推翻后要重建什么样的形态，这是改造与推翻的目标问题，可能是改造至或建立一个全新的社会，如 1911 年辛亥革命建立共和政体与 1949 年建立新中国，也可能是回到以前的一个形态，如“复礼”至周朝。但不管是建立一个新的，还是回到一个旧的，从逻辑上来讲，都不是适应“现世”，而是改造“现世”。这实际就是哲学上的“应然”与“实然”的问题。“现世”就是“实然”，改造“现世”的目的在于达到“应然”。“克己复礼”就是要改造礼坏乐崩的“实然”，而回到“周礼”的“应然”。不管“应然”，即“周礼”合不合理，但改造“实然”就是改造“现世”，这一事实不会改变的。即使是汉代董仲舒以来以儒家名义巩固当时的政权，逻辑上讲也不能说是适应“现世”，只是意图将“现世”中统治者认为不合理的“实然”部分（反抗、欺骗、非理性懒惰等）改造成合理的“应然”部分（服从、诚实、理性、勤奋等）。这样做对不对取决于对“实然”与“应然”的判断对否，但在改造“现世”这一点逻辑上不能否认，绝不是适应“现世”。实际上，只要使用力量将“实然”变为“应然”，不管变得对不对，都不是适应“现世”，而是改造“现世”。看看中国两部史实性古典小说《三国演义》与《水浒传》所描述的风云激荡，就知道中国历史上社会的动荡程度应该不亚于很多其他社会，也就可推论儒家改造“现世”的时期多于适应“现世”的时期。韦伯断言儒家是适应“现世”的，实在是对中国历史真实情况太不了解。

其实，通读《儒教与道教》全书，对儒家的描述基本上都是负面，且零碎重复，尽显韦伯对于儒家学说缺乏全面的了解。前一章提到过，儒家学说有进取与积极的一面，也有保守与消极的一面，其实哪个宗教或哲学都是一样。要正确评估，必须两面都看到，否则就是片面，就会造成误判。韦伯描述儒家，就是只看保守与消极的一面，不看进取与积极的一面。他在书中罗列的儒家现象，不是说不存在，但是专挑保守与消极的一面写。还将一些应该肯定的进取与积极的一面作为必须否定的保守与消极的一面来写。如就经济发展而言，追求财富是应该肯定的，这在他写基督新教时是最大的肯定因素，而当写儒家时变成了否定因素了。而对于儒家学说进取与积极的一面，如“内圣外王”之道的“八目”——格物、致知、正心、诚意、修身、齐家、治国、平天下，甚至儒家的核心思想“仁”及“善”，更别说“杀身成仁”“舍生取义”“以天下为己任”“先天下之忧而忧，后天下之乐而乐”等昂扬的进取与积极之态却绝而不提，哪里能够见到儒家的全貌。从学术研究的方法论角度，只讲负面，不讲正面是一个大忌。所以，余英时说韦伯的儒家观不是一般的错误，而是全面与基本性的错误。尤其是与他对基督新教的“正面的理想型分析”相比较，韦伯对儒家所作的是颠倒过来的“理想型”分析，即“负面的典型分析”，体现的是诚如杜维明所指出的“强人政策”，“也就是以自己文化的精华和敌对文化的糟粕进行比较，为的是突出自己文化的优越性”。可见韦伯儒家观的不靠谱。余英时的《中国近世宗教伦理与商人精神》也在某种程度上进行了韦伯的“正面的理想型分析”，却得出了与韦伯的“负面的典型分析”完全不同的结论，即儒家伦理同基督新教伦理一样，完全有可能促进经济发展。

当然，这不是说韦伯有意而为之。应该说，作为一个19世纪后期至20世纪前期的西方社会学家，又从未来过中国，能够对儒家有如此多的论述与罗列中国如此多的社会历史事实，是不容易的。但他没有读过任何中文文献，所描述的知识基于当时西方汉学家的文献，而西方汉学文献与中文文献相比只是很小的一部分，且其中一些内容片面肤浅，所以他对儒家学说缺乏真知从某种程度上也是情有可原。但作为一个社会学大家，如此欠于严谨，还是遗憾。尤其是此书在西方影响很大，使得西方人对儒家的印象大为负面，韦伯是难辞其咎的。

韦伯说儒家未能发展出资本主义精神、进而资本主义，是历史的事实。这是250多年前已经发生过的事情，发展出与没有发展出是很清楚的，没有争议。按照韦伯的说法，当时基督新教发展出了资本主义精神。但世界上也仅有基督新教发展出了，其他的宗教都没有。所以，也没有什么奇怪的，不能说儒教多么的无能。且按上节所提的“历史多因论”，基督新教也不是资本主义兴起的唯一原因，只是原因之一，与其他原因“天时”“地利”“人和”地碰在一起，促成了资本主义的兴起。如果按这种观点，当时中国没有发展出资本主义，纵然儒家有责任，但主要不能怪儒家，而是因为其他多项因素没有具备。反过来，假设其他各项因素具备了，儒家也不见得就会成为障碍，很可能像当年基督新教一样，与这些因素配合促成了资本主义的兴起。当然，历史没有假设，承认当年儒家学说与其他的历史因素没能促成资本主义在中国的兴起，不需要多大的勇气，只能表示遗憾。

那么，如果当时其他历史因素具备，儒家会不会成为资本主义兴起的阻碍呢？韦伯在其书中虽只确切地说儒家未发展出资本主义，而没有明说儒家阻碍经济发展，但通篇文字所隐含的就是这个意思。所以问题是，韦伯关于儒家阻碍经济发展的观点是否成立呢？于此，上述东亚经济奇迹的产生以及各学者对于奇迹成因的分析应该给出了一个答案，即韦伯的观点是错误的。总体而言，儒家不仅不阻碍经济发展，其所主张的节俭，重视教育以及守纪等是促进经济发展，创造东亚经济奇迹的重要原因，虽然根据“历史多因论”不是唯一原因。过去40年中国取得的更大的经济增长奇迹，以及本书前几章对其成因，特别是其哲学渊源的分析，更加说明了这一点，否定了韦伯的儒家观。

东亚经济奇迹产生在东亚，的确不是偶然的。如金耀基所说，产生经济奇迹的东亚国家及地区，包括日本、韩国、中国香港地区、中国台湾地区与新加坡都是儒家文化圈。可能日本与韩国对此有异议，但这两个国家受儒家文化之深他们自己也是承认的，日本人现在日常还用2000多个汉字，韩国人甚至争议说儒家发端于韩国，就是例证。实际上，20世纪90年代之后，继上述国家与地区，所谓的东亚新“四小龙”，即，泰国、马来西亚、印尼与菲律宾也出现了经济的快速增长。这些国家虽不是华人社会，但华人人数占很大比例。这些华人仍受儒家文化影响，而他们在这四个国家的经济中占主导或重要地位，是这些国家经济快速增长的强劲动力。再往后就是中国与越南的高速经济增长了。就越南而言，虽不能算华人社会，但其国人的文化气质是除了华人社会的华人之外与中国人最为接近的了。在这个国家，儒家文化的影响是不言而喻的，从其每年过春节的热闹程度就可见一斑。越南应该是继中国之后与印度一起成为经济增长最快的国家。所以，儒家思想对亚洲经济奇迹的促进意义应该是没有疑问的。

最后，笔者想对超越性或“现世”与“彼世”的紧张性问题再谈一点看法。余英时已论证了，儒家有一种特殊的“彼世”，此“彼世”与“现世”之间也有高度的紧张关系。但有人认为，这种“彼世”与韦伯说的基督新教及其他宗教的“彼世”很不相同，其与“现世”的关系不够紧张，所以改变不了儒家适应“现世”的特质。

这些人的理据是，基督新教，还有其他宗教的“彼世”与“此世”完全隔离，二者之间关系极度地紧张，这样就激发出教徒或信众按照“彼世”的要求或标准，或上帝的旨意，从根本上讨厌“现世”而欲将之完全改造之；只有如此，才会导致改造“现世”，否则就是适应“现世”。这当然是一种具高度逻辑性的推理，一般人即使没有理解也似会接受。但是，任何事情都不能绝对化，一是不能提到至高无上的地位，二是不要视之为放之四海而皆准。没有如此的“彼世”与“现世”的极度紧张，就不会有改造“现世”的动力吗？说没有一定程度的紧张就没有如此的动力，笔者是同意的。但如果非要说有如此的极端紧张才会有此动力，笔者难以苟同。这并不是金科玉律，至高无上，也绝非放之四海而皆准。是否有这样的紧张，无非就是有无改造“现世”的外部动力。紧张的程度自然是决定外部压力大小的重要因素，但也不能认为是唯一的因素。有外部压力，也有内部压力。与基督新教外在超越相反，儒家是内在超越，所以基督新教是靠外部压力，即由“彼世”与“现世”之间的紧张关系形成的压力，而儒家有外部的，即上面所说的其特殊的“彼世”与“现世”的紧张关系所形成的压力，还有内部的，即“内圣”之道或“致良知”之道形成的压力。虽然第一个压力没有基督新教徒的大，但内、外两个压力加起来，也并不见得就比它小。所以，儒家改造“现世”的压力或力量不一定比基督新教徒改造“现世”的压力或力量小。如果将本书所述的中国经济增长奇迹产生过程中所体现出来的国人的经济行为强度，与当年资本主义形成过程中西方人的经济行为强度进行比较的话，可以表明这一点。

实际上，根据儒家的观点，包括先秦儒家与宋明儒家，尤其是后者，内部压力大于外部压力。其实，按照西方占主导地位的唯心主义哲学观点，内部压力的作用是不应该小于外部压力的。“彼世”与“现世”之间的极度紧张论是宗教观点，也不见得就得到了西方哲学界的广泛认同。所以没有必要把它看成是金科玉律，视为判断有否改造“现世”压力或力量的唯一与至高无上的标准。

第五节　本书与韦伯研究之间的关系及比较

本书的研究思路及框架与韦伯基督新教论相同；结论也雷同但更强

前面说过，对于韦伯将宗教与经济学相连的跨界研究思路，框架或方法，笔者是认同与赞赏的。实际上，这也是本书主要研究的思路与框架，或方法。这是本书研究与韦伯研究的相同之处。

这一研究思路与框架就是分析经济现象、人的经济行为，与宗教或哲学思想之间的逻辑关系。所谓逻辑关系，强者为因果，弱者为亲和性（Affinity），或按照韦伯的话，选择亲和性（Selective affinity），或内在亲和性（Intrinsic affinity）。在韦伯处，就是研究基督新教教义，人的入世苦行与逐利，与资本主义兴起之间的逻辑关系。至于这种逻辑关系是强还是弱，即是因果关系还是亲和性关系，似乎比较模糊，韦伯本人没有明确说是因果关系，但提到亲和性关系，说新教精神的某些特定表征与近代资本主义文化之间有某种内在亲和性。可给人的印象他还是暗示着某种程度的因果关系。此问题要由专家们来回答。但无论是因果关系还是亲和性关系，都是一种互相关联的关系。互相关联就有一定程度上的互相促成的意思，所以将韦伯的观点说成是基督新教促成逐利与入世苦行的资本主义精神，进而资本主义兴起，应该是没有问题的，当然，按照“历史多因论”，只是促成因素之一。

本书研究的思路与框架基本上与韦伯的上述研究思路与框架相同，就是研究过去40年中国经济增长奇迹（第二章），经济活动开展（第三章），国人经济行为（第四章），与儒家“入世有为”主义（第五章）之间的逻辑关系。与韦伯的框架相比，本书多了一个环节，即第二章的经济活动开展环节，这是笔者意图不使人们所熟悉的经济学成因漏网，也觉得有必要对社会上这个领域的研究成果作一个简单的小结，并阐述自己的一些看法与观点，而且也将其作为后面研究人文与哲学成因的过渡。但本书的原创性研究成果，如果说有的话，主要是在第四章与第五章。所以，本书研究思路与框架的主干部分，是中国经济增长奇迹，国人的经济行为，与儒家“入世有为”主义，与韦伯的基督新教，逐利与入世苦行，与资本主义兴起的研究思路与框架是相同的，只不过是相应词汇的排列顺序倒过来。排列顺序颠倒过来表明推理性质的不同，韦伯是演绎性的，本书是归纳性的。实际上，韦伯的研究主要是在前两项，即基督新教与逐利及入世苦行之间的关系，资本主义兴起是结论。本书对中国经济增长奇迹也做了较为详尽的描述，对其与国人的经济行为的关系也进行了比较仔细与系统的分析。所以，论分量本书大于韦伯的书，论目的本书也更多样化，即在多个层面追踪更多的成因。

同时，前面已经提到，本书的研究思路与主要观点在笔者尚未详细了解韦伯研究之前就已经形成。但比较详细地阅读了韦伯的《基督新教与资本主义精神》一书后使笔者对此思路与观点有了更大的信心，所以有动机与勇气撰写此书。韦伯书中的灵性思维也对笔者有所启发。

而且，从研究的结论来看，本书的儒家“入世有为”主义作为哲学渊源成就了中国经济增长奇迹，与韦伯的基督新教教义作为宗教渊源促成了资本主义的兴起，分别肯定了哲学与宗教因素对人类历史最大的经济增长奇迹与人类历史最大的经济奇迹的促成作用，不仅语义结构上是同构的，观点上也是雷同的，甚至可以说是孪生兄弟。

但就结论的强度而言，笔者认为本书的结论强于韦伯的结论。如上节所述，笔者基本上同意韦伯关于基督新教促成资本主义兴起的观点，但对其促进的力度和贡献度到底有多大心里没底，觉得不能过高估计。主要的担心，一是基督新教最后主张逐利，即追求财富成功在教义上的勉强性。如前节所述，以“选民前定论”与“证明论”使得基督新教从原来的鄙视财富陡然转为追求财富而且一定要追求成功，让人感觉突兀和难以接受。二是在对资本主义兴起的促进力度或贡献度上，基督新教的逐利和入世苦行与人的贪婪享乐本性及浮士德精神比较哪个大也不好说，感觉是基督新教比后两者即使大也大不了多少。而对于儒家的“入世有为”主义对中国经济增长奇迹的促成力度或贡献度，笔者更有信心。一是因为“入世有为”主义一直以来在儒家学说发展过程中的崇高地位，是成熟的哲学主张，没有神秘化，也没有突兀性。二是“入世有为”主义的强度，鉴于第四、五章所述，不会比基督新教逐利与入世苦行精神的强度弱。例如，要论逐利与苦行的程度，韦伯书中并没有详尽的描述，笔者感觉不会比第四、五章所描述的儒家相应行为的程度更高。因此，笔者认为儒家“入世有为”主义对中国经济增长奇迹的促成力度或贡献度，或两者之间的关联度，应大于基督新教对资本主义兴起的促进力度或贡献度，或两者之间的关联度。

当然，儒家“入世有为”主义从政治导向转到经济导向，也与儒家原典中很多“重义轻利”的说法相矛盾，也存在一定的勉强性。这一点与韦伯观有一定的相似性。但余英时已对明清时期的这种转向作了精辟的分析，而改革开放后国人的经济导向已如此明显。其实，儒家“入世有为”主义主要是行动论或方法论，并未像基督新教那样明确地将致富作为目标。至于从政治导向向经济导向的目标转变与儒家学说整体的关系到底如何，值得深入探讨，而本书主要是从行动论的角度分析经济导向的力度与儒家“入世有为”主义的关系，笔者对此还是有信心的。

在儒家观上，本书结论却与韦伯的正好相反

可是，就儒家对于经济发展的意义与作用而言，本书的结论与韦伯的儒教观结论正好相反。

如上节所述，韦伯对儒教的主要观点就是儒教没有“现世”与“彼世”的紧张关系，进而只是适应“现世”。也就是说，儒教是没有进取心的，消极的，被动的，一言以蔽之，是“无为”的。正因为如此，其结论是儒教没有发展出资本主义，是阻碍经济发展的。

上节已经引用了很多学者对于韦伯这一观点与结论的批判，笔者也加入了批判，证明其是站不住脚的。笔者在此想指出的是，这一观点与结论与本书的主要观点与此结论不仅是相反，而且是正好相反。

本书的最重要观点之一是，儒家是“入世”的，是“有为”的，而且这种“有为”不是一般的“有为”，而是极度的“有为”，即有系统性至“内圣外王”之道；用力至拼命；高攀至

平天下；自觉至不计利害；与依时至与时俱进的“有为”。正是这种“有为”，本书的最后结论是，儒家“入世有为”主义是中国经济增长奇迹产生的哲学渊源。这就与韦伯的儒教“无为”说与阻碍经济发展的结论形成了对立，且不是一般的对立，而是尖锐或正相的对立。这也是为何笔者专设本章讨论韦伯研究的主要原因之一。

附录 1

人类历史上最大经济增长奇迹的丰硕果实
——天翻地覆之巨变

人类历史最大经济增长奇迹的果实，丰硕之程度，用任何形容词描述都不过分，给中国经济与社会所带来的变化与进步，以翻天覆地之巨变来比喻毫不为过。过去 40 年的时间，中国走完了发达国家几百年所走过的里程，更让其他发展中国家望尘莫及。对此，是改革开放以后出生的年轻人可能体会不到，但亲身经历过改革开放前后两个时期的中老年人定有深刻体会；很少出外而整天待在家乡的人可能体会还不那么深，但在国内经常出差或旅游者一定体验更多；没出过国可能还会有所怀疑，但经常出国或在国外待过比较长一段时间的人，如果没有偏见，定会深信不疑。

下面就让我们使用国家统计局的数字说话，从经济规模、人民生活、经济结构、科技进步、对外经济与基础设施及公共服务等各个方面展示过去 40 年经济增长奇迹给中国经济与社会带来的翻天覆地之巨变。

展示将主要通过1978年与2017年的经济数据及其在世界的排名（能找到排名的部分）的比较进行。不同年份的数据及其比较会标出或说明；计价货币为人民币，除非特别指出。

一、经济规模（1978—2017年）

GDP（国内生产总值）

从3679亿元跃升至82.7万亿元。

世界排名，按汇率计算从第11位跃升至第2位，按购买力平价（Purchasing Power Parity）计算，据国际货币基金组织（IMF）与世界银行（The World Bank），均于2014年超过美国为第1，2017年则分别超过美国GDP 20%与18%。

人均GDP

从384.735元跃升至59659.888元。

世界排名从第135位跳至第70位。

工业增加值

从1622亿元跃升至28万亿元。

世界排名从第9位（1990年）跳升至第1位。

农业增加值

从1018.46亿元跃升至65470亿元。

世界排名从第2位升至第1位。

服务业增加值

从905亿跃升至42703亿元。

世界排名从第21位跳升至第2位。

社会商品零售总额

从1559亿元跃升至366262亿元。

世界排名从第12位跳升至第2位。

固定资产投资总额

从669亿元跃升至63万亿元。

世界排名从第9位跳升至第2位。

货物进口总额

从187亿元跃升至12.5万亿元。

世界排名从第45位跳升至第2位。

货物出口总额

从162亿元跃升至15.3万亿元。

世界排名从第42位跳升至第1位。

货物进出口总额

从355亿元跃升至27.8万亿元。

世界排名从29位跳升至第1位。

外商直接投资总额

从9.2亿美元（1983年）跃升至1310亿美元。

世界排名从第8位跳升至第3位。

对外直接投资（非金融）总额

从 0.44 亿美元（1982 年）跃升至 1246 亿美元。

世界排名升至第 2 位。

外汇储备总额

从 1.67 亿美元跃升至 31399 亿美元。

世界排名从第 38 位跳升至第 1 位。

钢材总产量

从 0.3 亿吨跃升至 10.5 亿吨。

世界排名从第 5 位跳升至第 1 位。

水泥总产量

从 0.65 亿吨跃升至 23.4 亿吨。

世界排名从第 4 位跳升至第 1 位。

汽车总产量

从 14.9 万辆跃升至 2902 万辆。

世界排名从第 19 位跳升至第 1 位。

微型计算机总产量

从无跃升至 3.1 亿台。

世界排名升至第 1 位。

移动电话（手机）总产量

从无跃升至 18.9 亿部。

世界排名升至第 1 位。

铁路营业里程

从 5.17 万公里跃升至 12.7 万公里。

世界排名从第 4 位升至第 2 位。

高速铁路营业里程

从无公里跃升至 2.5 万公里。

世界排名升至第 1 位。

公路营业里程

从 89.02 万公里跃升至 477 万公里。

世界排名从第 5 位跳升至第 3 位。

高速公路营业里程

从无跃升至 13.6 万公里。

世界排名升至第 1 位。

能源生产总量

从 6.3 亿吨标准煤跃升至 35.9 亿吨标准煤。

世界排名从 2 位升至第 1 位。

发电装机总容量

从 0.6 亿千瓦跃升至 17.8 亿千瓦。

世界排名从第 7 位跳升至第 1 位。

粮食总产量

从 0.6 万亿斤跃升至 1.2 万亿斤。

世界排名从第 2 位升至第 1 位。

邮政业务总量

从 14.92 亿元跃升至 9763.71 亿元。

世界排名升至第 1 位。

二、人民生活（1978—2017 年）

居民人均可支配收入

从 171 元跃升至 25974 元，增长 150.9 倍。

扣除价格因素，实际增长 22.8 倍。

城镇居民人均可支配收入

从 343 元跃升至 36396 元，增长 105.1 倍。

扣除价格因素，实际增长 15.4 倍。

城镇居民人均消费支出

从 311 元跃升至 24445 元，增长 77.6 倍。

扣除价格因素，实际增长 11.3 倍。

农村居民人均可支配收入

从 134 元跃升至 13432 元，增长 99.2 倍。

扣除价格因素，实际增长 16 倍。

农村居民人均消费支出

从 116 元跃升至 10955 元，增长 93.4 倍。

扣除价格因素，实际增长 15.2 倍。

食品支出比重（恩格尔系数）

从63.9%陡降至29.3%。

分城乡看，城镇从57.5%降至28.6%；农村从67.7%降至31.2%。

城镇居民人均农副产品消费量

猪肉、禽类与鲜蛋消费量从13.7千克、1.0千克与3.7千克上升至20.6千克、9.7千克与10.3千克。

粮食消费量从152千克降至110千克。

农村居民人均农副产品消费量

猪肉、禽类与鲜蛋消费量从5.2千克、0.3千克与0.8千克上升至19.5千克、7.9千克与8.7千克。

粮食消费量从248千克降至155千克。

城镇居民耐用消费品

平均百户拥有电视、冰箱、洗衣机、移动电话、计算机与汽车从接近于零分别跃升至123.8台、98.0台、95.7台、235部、80.8台与37.5辆。

农村贫困率

从97.5%降至3.1%。

贫困人口从7.7亿人降至3046万人。

农村居民耐用消费品

平均百户拥有电视、冰箱、洗衣机、移动电话、计算机与汽车从接近于零分别跃升至120台、97.0台、81.0台、246

部、29.2 台与 19.3 辆。

居民人均住房面积

城镇从 6.7 平方米跃升至 36.9 平方米。

农村从 8.1 平方米跃升至 46.7 平方米。

居民人均交通通信支出

城镇居民从 5.29 元跃升至 3322 元，占总消费支出比重从 1.7% 跳升至 13.6%。

农村居民从 1.97 元（1985 年）跃升至 1509 元，占总消费支出从 1.7%（1985 年）跳升至 13.8%。

三、经济结构（1978—2017 年）

总供给结构

GDP 中，第三产业增加值占比从 24.6% 升至 51.6%；第二产业增加值从 47.7% 降至 40.5%；第一产业增加值从 27.7% 降至 7.9%。

农林牧渔结构

农林牧渔增加值中，农业占比从 80% 降至 53.8%；林业、牧业与渔业占比分别从 3.4%、15.0% 与 1.6% 升至 4.3%、26.4% 与 10.7%。

工业结构

规模以上工业增加值中，高科技制造业占比从 2005 年的 11.8% 升至 12.7%；装备制造业占比从 2005 年的 28.7% 升至 32.7%。

八大战略性新兴产业

新一代信息技术、节能环保、生物、高端制造、新材料、新能源、新能源汽车与数字创意产业，从无到有，现估计总增加值分别占工业增加值与 GDP 的 35% 与 15% 左右。

总需求结构

GDP 中，消费支出占比从 61.4% 降至 53.6%；固定资本形成占比从 38.9% 升至 44.4%；净出口占比从 –0.3% 升至 2%。

消费结构

人均消费支出中，食品占比（恩格尔系数）从 63.9% 降至 29.3%；交通通信、教育文化娱乐与医疗保险支出占比分别从 1.7%、7.4% 与 1.4% 升至 13.6%、11.4% 与 7.9%；衣着占比从 11.3% 下降到 6.1%。

投资结构

固定资产投资中，第一产业占比从 5.7% 降至 3.3%；第二产业占比从 45.8% 降至 37.3%；第三产业占比从 48.5% 升至 59.4%。

货物出口结构

货物出口总额中，初级产品比重从 50.3%（1980 年）降至 5.2%；工业制成品比重从 49.7%（1980 年）升至 94.8%。

城乡结构

全国总人口中，城镇人口占比（城镇化率）从 17.9% 升至 58.52%；城镇就业人口占全国就业总量比重从 23.7% 升至 54.7%。

四、科技进步（1978—2017 年）

研发人员数量

从 103.5 万人（1991 年）升至 621.4 万人。

于 2013 年超过美国，此后连续位居世界第 1 位。

研发经费

从 143 亿元（1991 年）升至 17606 亿元。

先后超过英国、德国与日本，仅次于美国居世界第 2 位。

研发经费占 GDP 之比（研发经费投入强度）

从 0.56%（1996 年）升至 2.13%。

整体上超过欧盟平均水平，达到中等发达国家水平。

科技硬件设施

截至 2017 年年底，累计建成国家重点实验室 503 个；国家工程研究中心 131 个；国家工程实验室 217 个；国家级企业中心 1276 家。

科学论文

中文科技期刊刊登科技论文从 8.98 万篇（1990 年）升至

49.4 万篇。

国外三大检索工具《科学论文索引（SCI）》、《工程索引（EI）》与《科技会议索引（CPCI）》分别收录中国论文 32.4 万篇、22.7 万篇与 8.6 万篇，数量分别位居世界第 2、第 1 与第 2 位。

根据基本科学指标数据库（ESI）论文被引用情况，2017 年科学论文被引用次数超过德国与英国，上升至世界第 2 位。

专利申请与授权

中国专利申请数从 4.99 万件（1991 年）升至 369.8 万件，专利授权数从 2.45 万件（1991 年）升至 183.64 万件。

最能体现创新水平的发明专利申请数达 138.2 万件，已连续 7 年居世界首位。

通过《专利合作》（PCT）提交的国际专利申请量居世界第 2 位。

基础研究

经费从 18 亿元升至 975.5 亿元。

在量子科学、铁基超导、外尔费米子、暗物质粒子探测卫星、CIPS 肝细胞等研究领域取得重大突破。

屠呦呦获得诺贝尔生理学或医学奖，王贻芳获得基础物理学奖，潘建国团队的多自由度量子隐形传态研究位列 2015 年国际物理学十大突破榜首。

高新技术

神州载人飞船与天宫空间实验室实现平稳交会对接。

新一代静止轨道气象卫星、合成孔径雷达卫星、北斗导航卫星等成功发射运行。

蛟龙号载人潜水器、海斗号无人潜水器创造的最大潜水纪录。

自主研发超算系统“神威·太湖之光”计算能力居世界之冠。

赶超国际水平的第四代隐形战斗机和大型水面舰艇相继服役。

国产大飞机、高速铁路、三代核电、新能源汽车等部分战略必争领域抢占了制高点，实现了从“跟随”到“并跑”“领跑”的跃升。

创新能力

对 74.9 万家规模以上企业的调查显示：

2017 年 29.8 万家企业开展了创新活动，占 39.9%。

分行业看，工业和服务业企业中开展创新活动的企业占比分别为 50.6% 和 29.3%。

分规模看，大中型和小型企业中开展创新活动企业占比分别为 50.8% 和 39.9%。

分登记类型看，内资企业、港澳台企业与外资企业中开展创新活动企业占比分别为 38.9%、50.4% 与 50.7%。

大众创业，万众创新

2017 年日均新增企业 1.7 万户，加上个体工商户等各类市场主体日均新增 5.3 万户。

截至 2017 年年底，全国拥有各类市场主体 9815 万户；新三板、创业板企业分别达 11630 家和 690 家，独角兽企业 164 家。

科技中介服务

截至 2017 年年底，经国家备案的众创空间达 5739 家，各类科技孵化器、加速器逾 4700 家。

2017 年全国技术市场成交合同 36.8 万项，涉及技术开发、技术转让、技术咨询和服务等方面，成交金额从 94.5 亿元（1991 年）升至 13424 亿元；平均每份合同成交金额从 4.5 万元升至 365 万元。

科技引领高质量发展

规模以上高科技制造业实现主营业务收入 15.9 万亿元，比 2012 年年均增长 9.3%，比同期规模以上工业年均高 5.2 个百分点。

提升供给质量

2017 年规模以上工业企业新产品销售收入 19.2 万亿元，比 2012 年增长 73.3%，占主营业务收入比重 16.9%，比 2012 年提高 5.0 个百分点。

保障重大工程

重大产品、中大技术装备的自主开发能力和系统成套水平有力地支撑了三峡工程、青藏铁路、西气东输、南水北调、奥运会、世博会等重大工程建设和举国盛事。

质量效益的提高在解决“三农”问题、促进社会发展和改善民生方面发挥了先导作用，在应对节能减排、气候变化、应急救灾、传染病防治等重大问题方面发挥了重要的支撑引领作用。

互联网助力发展新动能

基于移动互联网，物联网的新产品、新业态、新模式蓬勃发展，成为我国改造提升传统产业、培育经济发展动能的有力支撑。

大数据、云计算应用不断深化，新一代信息技术取得突破，催生一大批数据企业、独角兽企业。

电子政务、信息惠民、共享经济、平台经济迅速兴起，提高了政治治理水平和民众获得感。科技创新引领新动能发展，开辟了经济增长的新天地。

五、对外经济（1978—2017年）

货物贸易

货物进出口总额从355亿元升至27.8万亿元，其中，出口总额从 168 亿元升至 15.3 万亿元，进口总额从 187 亿元升至 12.5 万亿元。

出口总额中，初级产品出口占比从 53.5% 降至 5.2%，工业制成品出口从 46.5% 升至 94.8%。

工业制成品出口总额中，机电产品出口从 16.8 亿美元（1985 年）升至 1.3 万亿美元，2017 年占全球市场份额 17% 以上，连续 9 年保持机电产品全球第一出口大国地位，高新技术产品占出口总额比重从 2% 左右升至 28.8%。

贸易伙伴

从 40 多个发展到 231 个国家和地区，欧盟、美国、东盟与日本成为主要贸易伙伴。

服务贸易

服务进出口总额从 320 亿元（1982 年）升至 46991 亿元。其中，出口总额从 174 亿元升至 15406 亿元，进口总额从 146 亿元升至 31584 亿元。

其中，新兴服务，包括保险服务、金融服务、电信计算机和信息服务、知识产权使用费、个人文化与娱乐服务的进出口总额从 68.9 亿元升至 14596 亿元。2017 年出口总额 6949 亿元，进口总额 7645 亿元。

外商直接投资

实际使用金额从 22.6 亿美元（1983 年）升至 1363 亿美元。

截至 2017 年年底，实有注册的外商投资企业近 54 万家，累计使用外商直接投资金额超过 2 万亿美元。

2013—2017 年间，服务业累计使用外商直接投资 4174 亿美元，年均增长 9.6%。

2017 年高技术产业利用外资占外资总额的比重为 27.4%，较 2012 年提高 13.6 个百分点，年均增长 18.4%。

对外直接投资

从无到有，累计实现对外直接投资 1982—2001 年间仅 278 亿美元，2002—2017 年间升至 1.11 万亿美元。

2017 年对外直接投资额 1246 亿美元，是 2002 的 46 倍，年均增长 29.1%。

2016 年年末，对外直接投资存量超过七成分布在第三产业，主要包括租赁和商务服务、金融、信息传输、软件与信息技术服务、交通运输、仓储等生产性服务业，企业通过这些服务加快形成面向全球的贸易、金融、生产、服务和创新网络。

2016 年年末，对外直接投资分布在全球 190 个国家和地区，其中，亚洲占 67%，拉丁美洲占 15.3%，欧洲占 6.4%，北美洲占 5.6%，非洲占 2.9%，大洋洲占 2.8%。

2015—2017 年间对"一带一路"沿线国家投资累计超过 486 亿美元，占同期对外直接投资累计额的 10%。

六、基础设施与公共服务（1978—2016年）

城市基础设施

城市道路总长度从2.7万公里增加至58.2万公里。

城市道路面积从2.3亿平方米增加至75.4亿平方米。

轨道交通线路总长度从23.6万公里增加至4484万公里。

地级以上城市实有公共汽（电）车营运车辆从1.7万辆到47.7万辆，另有出租车95.4万辆。

地级以上城市3G以上移动电话用户数6.7亿户，比2012年年末增长1.8倍。

互联网用户数25510万户，比2012年增长28.9%。

城市用水普及率从81.6%升至98.4%，燃气普及率从14.8%升至95.8%。

城市供水总量从75亿吨升至581亿吨。

供气总量（人工煤气和天然气）从24亿立方米升至1216亿立方米。

地级以上城市社会用电量从1851亿千瓦时升至29146亿千瓦时，其中居民生活用电从172亿千瓦时升至4192亿千瓦时。

城市环境整治

城市公园绿地面积从2.2万公顷（1981年）增至65.4万公顷；人均公园绿地面积从1.5平方米（1981年）增至13.7

平方米。

城市建成区绿化覆盖率从 16.9%（1986 年）升至 40.3%。

城市污水处理率 93.4%，比 2012 年提高 6.1 百分点。

生活垃圾无害化处理率 96.6%，比 2012 年提高 11.8 个百分点。

地级以上城市废水排放量 191 亿吨，比 2012 年下降了 32.0%。

工业二氧化碳排放量 710 万吨，比 2012 年下降 58.6%。

城市排水管道长度57.7万公里，而1978年仅有20万公里。

城市公共服务

地级以上城市普通高等学校从 521 所增至 2533 所，在校学生从 67 万人增至 785 万人。

普通中学从 13678 所增至 22025 所。

普通小学从 38325 所增至 45022 所。

各类学校教师从 195 万人增至 567 万人。

地级以上城市医院、卫生院 24675 个，医生人数与床位数则分别从 33 万人与 23 万张增至 172 万人与 354 万张。

地级以上城市文化体育与传媒支出为 1345 亿元，比 2012 年增长 459 亿元，增长 51.8%。

城市社会保障

地级以上城市城镇职工基本养老保险、基本医疗保险和失业保险参保人数分别为 19875 万人、18788 万人和 12392 万人，比2012年分别增加3635万人、2548万人与2498万人。

社区服务设施24.6万个，比2012年增加11.1万个。

社会福利床位168万张，比2012年增加46万张。

农村基础设施

全国通公路的村占全部村的比重达99.3%，比10年前高3.8个百分点。

全国通电的村占全部村的比重达99.7%，比10年前提高1个百分点。

全国通电话的村占全部村的比重达99.5%，比10年前提高1.9个百分点。

全国安装有线电视的村占全部村的比重达82.8%，比10年前提高25.4个百分点。

全国接近九成的村通宽带互联网，全国超过1/4的村有电子商务配送站点。

农村公共服务

全国有幼儿园、托儿所的村占全部村的比重为32.3%，比10年前提高2.2个百分点。

全国有体育健身场所的村占全部村的比重为59.2%，比10年前提高46.5个百分点。

全国有农民业余文化组织的村占全部村的比重为41.3%，比10年前提高26.2个百分点。

农村环境整治（2016 年年末）

91.3% 的乡镇集中或部分集中供水。

90.8% 的乡镇生活垃圾集中处理或部分集中处理。

73.9% 的村垃圾集中处理或部分集中处理。

17.4% 的村生活污水集中处理或部分集中处理。

53.5% 的村完成或部分完成改厕。

农村社会保障（2017 年）

全国农村低保年平均标准为 4300.7 元 / 人，比 10 年前增长 412%。

全国有农村低保对象 2249.3 万户、4045.2 万人。

新型农村合作医疗基本实现全覆盖。

七、现代化程度与发达国家差距仍然很大

所谓巨变，当然是历史性的，是纵向地相对于自己的过去，即，相对于改革开放前，更相对于 1949 年新中国成立前。横向相比，由于这一纵向的巨变，中国在当今世界的空间地位也产生了根本性的变化。如前所述，以购买力平价衡量，中国的经济规模已是世界最大，人均水平已进入世界中高收入经济体行列，在发展中国家位于前列，与发达国家的差距大大缩小。

但就现代化程度而言，与发达国家的差距仍然很大。

差距之一，整体发展水平仍然较低。如前指出，中国的人均 GDP，按汇率计算仍只是发达国家平均值的 1/4 左右，按购买力平价计算也还仍不到一半。的确，与发达国家比较，今日中国的整体经济发展水平仍有很大的差距。

差距之二，经济发展不均衡，现代化成果还没有充分地全社会覆盖。农村落后于城市；中西部落后于东部沿海；中小城镇落后于大城市，造成明显的地区发展差距。同时，对于改革开放的成果，基层员工较管理层员工得益少；老年人较年轻人得益少；传统行业员工较现代化行业员工得益少，导致贫富差距扩大。

差距之三，经济结构水平仍然不高。宏观经济结构中，消费与服务业占 GDP 比重虽都已超过 50%，可以说已占主导地位，但与发达国家都占 70% 以上的水平相比主导地位不够；产业结构中，新兴产业崛起，占 GDP 比重近 15%，但传统，即劳动资本密集型 / 中低端 / 中低附加值产业，仍占主导，与发达国家知识密集型 / 高端产品 / 高附加值的产业结构相比水平仍然较低；消费结构中，总体而言，商品消费为主，其中中、低端商品仍为主导，服务性消费与高档商品消费仍在发展过程中。

差距之四，经济体制方面，国有企业仍然过强但效率仍不高，而民营企业发展很快但困难很多；金融市场效益较低，尤其是资本市场脆弱，银行体系仍较落后；市场开放，对外仍然不够，对内也有不足；政府行政效率已有很大提高，但仍有很大改善空间。

差距之五，国家面貌，宏观已现巨变，微观则大有改进余地。在现代化高楼林立之中，仍往往有老旧住房相随；一些新的楼房或新的基础设施过不了几年可能就现陈迹与破损；居民社区服务设施远不够完备；很多地方卫生条件难以令人满意。

以上差距意味着，中国离全面的现代化还有很长一段路要走。但同时也意味着，经过40年的奇迹般高速增长后，中国经济还有很大的增长潜力。关于这一前景，笔者将在附录2中详细分析。

附录 2

今后将如何
——前景展望

本附录将以 3 个子附录对今后中国经济的增长前景进行展望。附录 2.1 与附录 2.2 分别为笔者 2019 年年初在 2019 年香港财资公会（TMA）经济研讨会与 2019 年年中在海南大学经济学讲座上所作演讲的课件（PPT）①；附录 2.3 是笔者 2019 年上半年在香港《信报》上发表的 6 篇关于中国经济增长前景的专论文章略加修改后的汇编。附录 2.1 首先回顾过去 8 年的增长表现，然后展望今后 22 年的增长走势；附录 2.2 预测今后 5 年的增长前景；附录 2.3 详论今后中高速增长的关键——内需的增长潜力。

① 笔者演讲的课件（PPT）详见 372 页至 405 页，此部分力求保持课件（PPT）的原貌。

附录 2.1

2010—2040年中国经济 —— 回顾与展望

2019年香港财资公会(TMA)经济研讨会

廖群博士
中信银行(国际)首席经济学家
2019年1月22日

纲要

1 生命周期/抛物线规律一瞥

2 2010年以来增长放缓是经济发展阶段的必然现象

3 2017年强势企稳；2018年上半年稳态持续，下半年受贸易摩擦影响放缓

4 今后22年潜在经济增长率仍处中高水平

5 展望：中期 “L”型，长期阶梯式放缓

1. 生命周期 / 抛物线规律一瞥

➢ 生命周期曲线告诉我们，任何事物 / 生物都将经历出生、成长、成熟、衰退与死亡的过程，或成长、成熟、衰退三大阶段

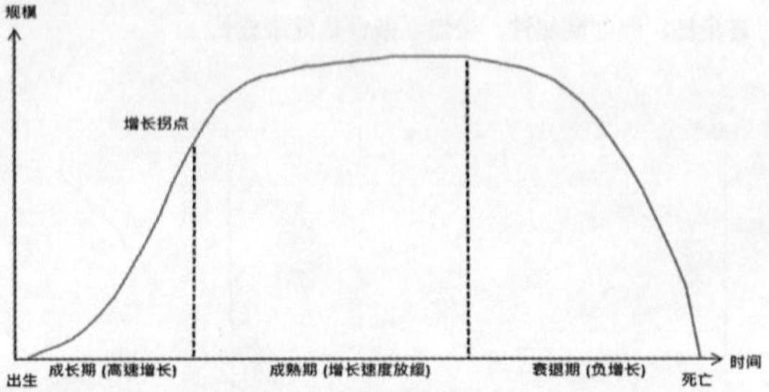

图附录2.1.1　生命周期曲线

➢ 三大阶段的变化呈抛物线形状：成长期高速增长（曲线及其斜率均上升）；成熟期增长速度放缓（曲线上升，斜率下行）；衰退期负增长（曲线下降，斜率为负）。成长期与成熟期的联结处称为增长拐点

1. 生命周期 / 抛物线规律一瞥

➢ 如一个人的身高增长，12岁左右为增长的拐点，此前高速增长，此后增长速度放缓；直至20岁；45岁左右后负增长

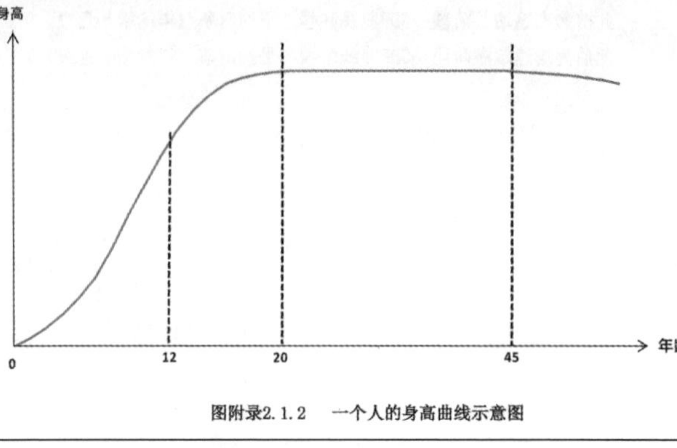

图附录2.1.2　一个人的身高曲线示意图

1. 生命周期 / 抛物线规律一瞥

➤ 拐点后增长速度放缓的两大特征

- 不断性，即不可逆转性
- 逐步性，即非陡然性。当然，条件是健康成长

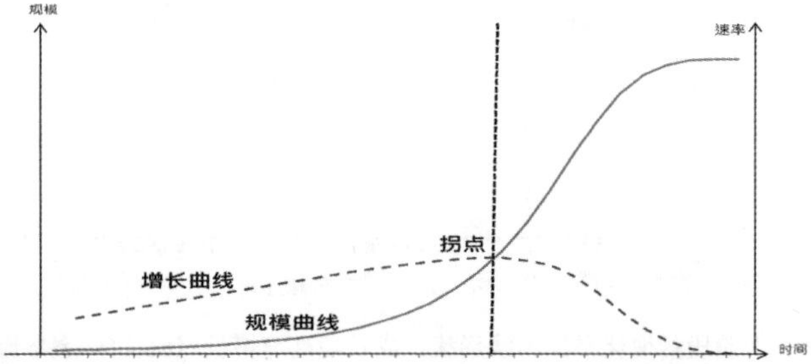

图附录2.1.3　抛物线的拐点前后

2. 2010年以来增长放缓是经济发展阶段的必然现象

➤ 根据罗斯托的经济成长阶段论，人类经济发展遵从上述生命周期/抛物线规律

➤ 改革开放后的中国经济发展也必然遵从这一规律

- 必有增长拐点，已出现于2010年
- 此前为高速增长阶段：GDP曲线陡峭，平均斜率（年均增长速度）9.9%
- 此后为增速放缓阶段：GDP曲线趋缓，平均斜率（年均增长速度）7.5%

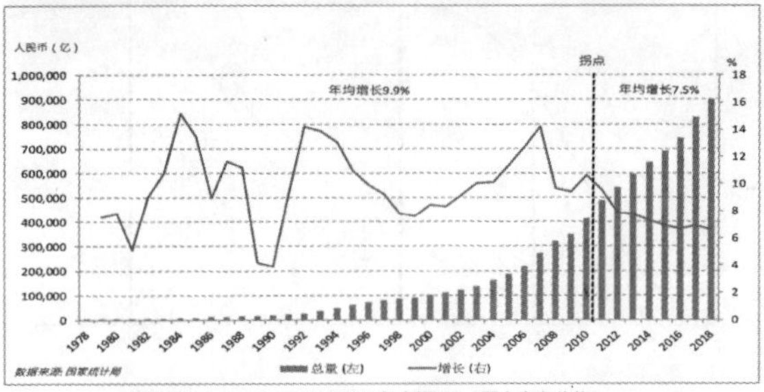

图附录2.1.4　　1978—2018 年中国GDP（国内生产总值）

2. 2010年以来增长放缓是经济发展阶段的必然现象

➢ 这就是说，2010年以来中国经济增长速度的放缓是其高速增长30余年后阶段性的必然现象

- 不用惊奇，并非中国经济出现了特殊的问题

- 也不用担忧，并非增长的末日
  在当前的发展阶段，中国经济增长不会像2010年以前那样高速，但仍可达中高速，就像一个14岁男孩的身高不像12岁那年增长8公分，但仍能增长5公分

➢ 当然，全球经济增长减速与经贸摩擦加大了放缓的程度

- 全球经济减速与经贸摩擦降低中国的出口，同时减弱国内投资与消费者信心进而内需，从而加速了经济增长的放缓

- 若无全球经济因素，拐点后的增长曲线会更平缓些，当前GDP增长速度可望在7.0%左右，而非6.5%左右

➢ 今后的增长曲线将体现拐点后的两大特征：不断，但逐步地放缓。

➢ 问题是如何不断但逐步地放缓

3. 2017年强势企稳；2018年上半年稳态持续，下半年受贸易摩擦影响放缓

2017年回顾：强势企稳

➢ 经济增长速度止跌回升

- 2017年GDP增长速度达6.9%，自2010年以来连续6年下跌后首次止跌，且比2016年快0.2个百分点

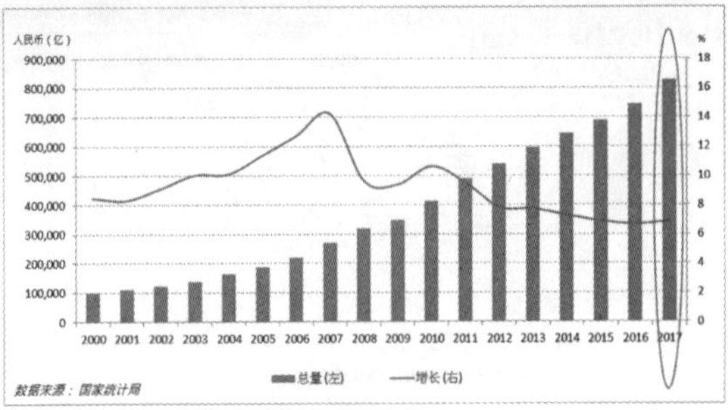

图附录2.1.5 2000—2017年GDP

3. 2017年强势企稳；2018年上半年稳态持续，下半年受贸易摩擦影响放缓

2017年回顾：强势企稳

➢ 上半年超预期反弹

- 1、2季度均增长6.9%，比2016年全年与4季度分别高0.2与0.1个百分点，也明显超出政府6.5%的实际最低增长目标

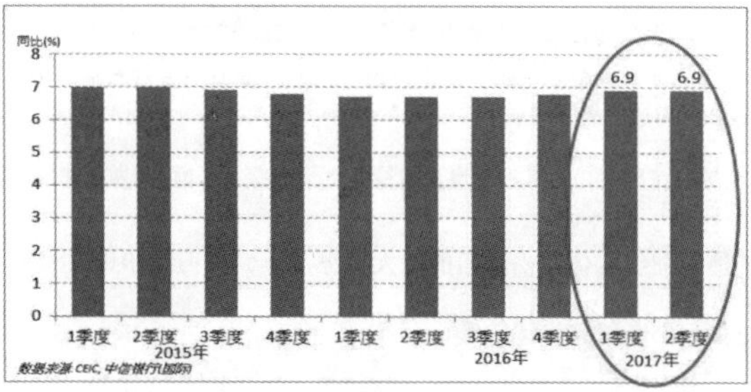

图附录2.1.6　2015年1季度至2017年2季度GDP

3. 2017年强势企稳；2018年上半年稳态持续，下半年受贸易摩擦影响放缓

2017年回顾：强势企稳

-“三驾马车”均有所加速

- 社会商品零售总额稳中有升
- 固定资产投资增长明显反弹
- 进、出口增长均强势转正

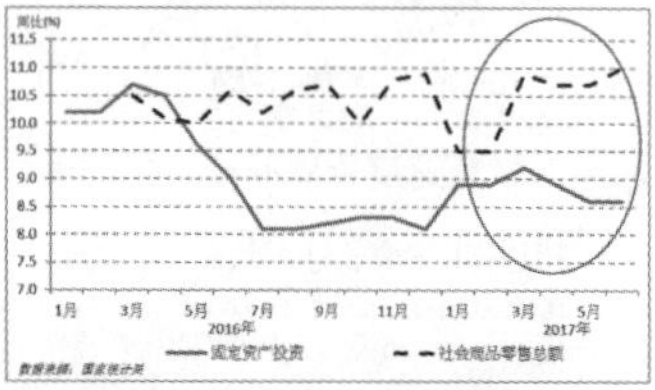

图附录2.1.7　社会商品零售总额与固定资产投资增长速度

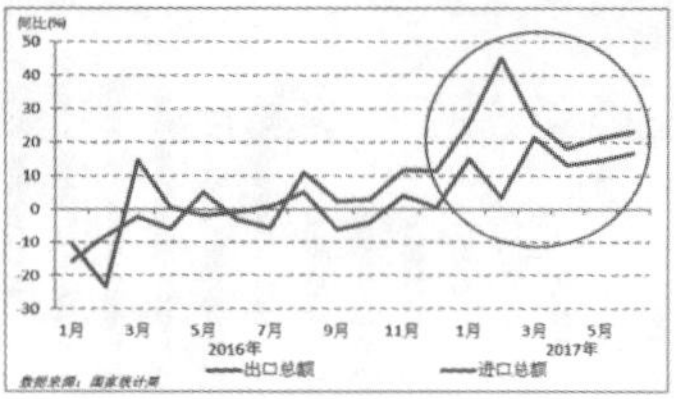

图附录2.1.8　进、出口增长速度

3. 2017年强势企稳；2018年上半年稳态持续，下半年受贸易摩擦影响放缓

2017年回顾：强势企稳

➢ 下半年随政策温和从紧轻度减速。

- 宏观经济政策在全年增长远超政府目标的前景下温和从紧，以为结构性改革留出更大空间
- 零售总额基本平稳，但在房地产销售放缓形势下家电、家具、装修支出减少
- 出口维持反弹局面，但人民币升值效应显现
- 固定资产投资进一步放缓
  - 基础设施投资随财政政策温和收紧减速
  - 房地产开发投资随房地产销售走软转弱
  - 制造业投资仍然疲软
- 3、4季度GDP增长均轻度减速至6.8%

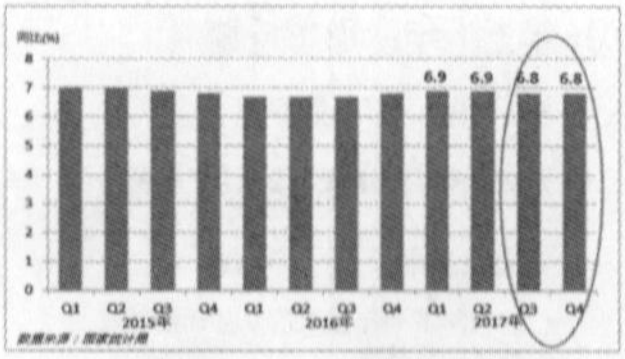

图附录2.1.9　GDP增长速度

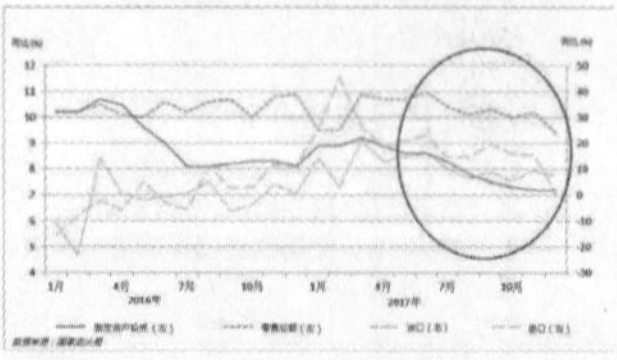

图附录2.1.10　零售总额、固定资产投资、进口与出口增长速度

3. 2017年强势企稳；2018年上半年稳态持续，下半年受贸易摩擦影响放缓

2017年回顾：强势企稳

➢ 结构性改革取得重大进展

- “三去一降一补”供给侧改革
  - 去杠杆：工业企业资产负债率从56.3%降至55.8%
  - 去产能：钢铁、煤炭去产能任务圆满完成；全国产能利用率77.0%，创5年以来新高
  - 去库存：商品房待售面积减少10,616万平方米
  - 降成本：工业企业百元营业收入85.26元，减少0.28元
  - 补短板：短板领域投资加快，环保、水利、农业投资分别增长23.9%、16.4%与16.4%，快于整个投资16.7、9.2和9.2个百分点
- 工业企业利润增长21.9%，比2016年高12.5个百分点
- 第三产业对经济增长的贡献度58.8%，比2016年高1.3个百分点
- 新经济进一步崛起，新兴产业增加值增长11.0%，比整个工业快4.4个百分点

3. 2017年强势企稳；2018年上半年稳态持续，下半年受贸易摩擦影响放缓

2018年上半年：稳态持续

➢ 外围环境：全球经济稳步复苏

- 预计全球GDP增长与2017年相似
- 美国经济增长进一步加速
  - 2017年下半年以来的复苏动能持续
  - 减税效应显现
  - 美联储加息缩表择机展开
  - 预计GDP增长2.9%，比2017年加速0.6个百分点
- 欧洲经济保持复苏势头
  - 欧洲央行货币政策正常化缓慢推进
  - 预计欧元区GDP增长维持在2%左右
  - 但英国GDP增长受脱欧进程影响进一步放缓至1.5%以下

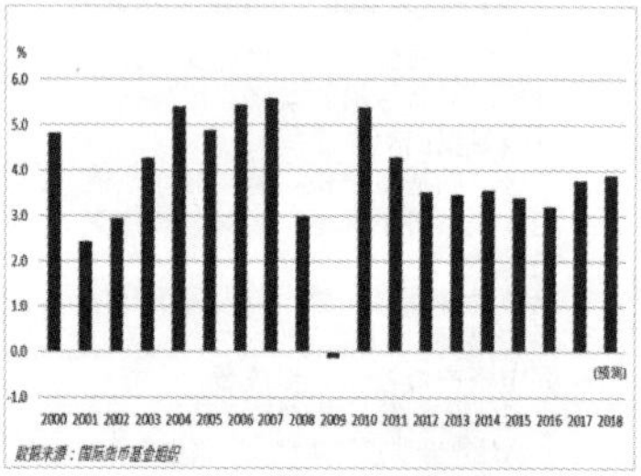

图附录2.1.11　2000—2018年全球GDP增长速度

3. 2017年强势企稳；2018年上半年稳态持续，下半年受贸易摩擦影响放缓

2018年上半年：稳态持续

➢ 外围环境：全球经济复苏同步加快

- 日本经济继续摆脱衰退
  - 超级量化宽松持续，奥林匹克项目陆续启动
  - GDP增长放缓，但预计仍在1.2%左右
- 新兴市场经济稳中向好
  - 得益于发达经济复苏与中国经济企稳
  - 宏观经济政策略为从紧
  - 预计新兴经济整体增长略为加快至5.0%，亚洲新兴经济体增速更在6.5%以上
- 但风险开始上升
  - 美国贸易保护主义与加息缩表
  - 欧洲地方分离主义与英国脱欧
  - 恐怖主义与地缘政治冲突

3. 2017年强势企稳；2018年上半年稳态持续，下半年受贸易摩擦影响放缓

2018年上半年：稳态持续

➢ “三驾马车”自然运行状况：总体稳定

- 出口增长有所减速但仍可观
  - 市场需求随全球经济与贸易增长加快而继续增强
  - 但基数效应、汇率因素与中美贸易争端等影响出口增长速度
- 消费增长温和加快
  - 商品性消费一方面受房地产相关支出减少影响，另一方面得益于居民收入增长加快与商品高档化，总体增长保持稳定
  - 服务性消费增长持续加速并快于商品消费增长

3. 2017年强势企稳；2018年上半年稳态持续，下半年受贸易摩擦影响放缓

2018年上半年：稳态持续

➢ “三驾马车”自然运行状况：总体稳定

- 固定资产投资情况复杂，整体继续放缓
  - 房地产开发投资增长基本稳定
  - 制造业投资增长反弹
  - 基础设施投资增长大幅放缓

3. 2017年强势企稳；2018年上半年稳态持续，下半年受贸易摩擦影响放缓

2018年下半年：贸易摩擦开始；政策放宽应对；增长适度放缓

➢ 中美贸易争端造成下行压力

– 中美贸易争端2018年7月6日开始，预计分别拉低2019年中国出口与经济增长1.2个与0.2个百分点

➢ 政策调整：应对中美贸易争端，下半年适度宽松

– 为应对此下行压力，政府的宏观经济政策从温和收紧转为适度宽松

- 货币政策：◆ 降准
  ◆ 放缓去杠杆实施进度
- 财政政策：◆ 重新加速基础设施投资
  ◆ 进一步减税

预计GDP下半年增长6.4%，2018全年增长6.6%，比2017年放缓0.3%

4. 今后22年潜在经济增长率仍处中高水平

➢ 何为潜在经济增长率？

– 在各种资源正常地充分利用时所能实现的经济增长率

“正常地”：无外界冲击与政策干扰

“充分使用”：无浪费与误用

– 或者说，应有的或自然的经济增长率

“应有的”：自身本质所决定的

“自然的”：周期波动完后所回归的

4. 今后22年潜在经济增长率仍处中高水平

➢ 潜在经济增长率需要潜在需求与潜在供给两个方面的支撑

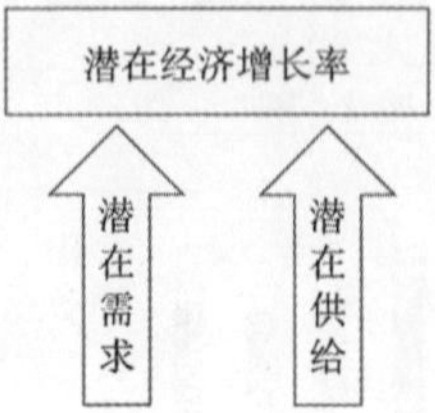

4. 今后22年潜在经济增长率仍处中高水平

➢ 潜在需求仍然强劲：相对于发达国家的优势

- 任何事物 / 生物快速增长的需求（必要）条件 ➔ 年轻

  - 一个男孩的身高在8～12岁之间高速增长的需求条件，13～18岁之间中高速增长的需求条件：向成年人高度追赶
  - 一国经济在达到发展中国家高端水平之前高速增长的需求条件，之后至达到发达国家平均水平之前中高速增长的需求条件：向发达国家水平追赶

4. 今后22年潜在经济增长率仍处中高水平

➢ 潜在需求仍然强劲：相对于发达国家的优势

– 中国经济仍然年轻

- 2017年人均GDP 9,300美元，仅为发达国家平均水平的1/4左右，表明中国经济仍然年轻，需求仍处于中高速增长阶段，向发达国家人均GDP水平追赶

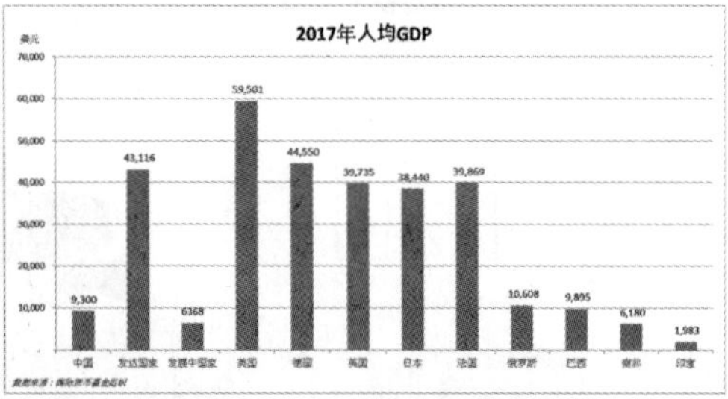

图附录2.1.12 2017年部分经济体人均GDP

- 此追赶性需求表明潜在需求仍然强劲，为中高速经济增长的需求动力

4. 今后22年潜在经济增长率仍处中高水平

➢ 潜在需求仍然强劲：相对于发达国家的优势

追赶性需求具体究竟有哪些？

区域性追赶加速：中西部、东北追赶东部，同时区域内各省市之间你追我赶

经济结构升级：从外需进一步向内需升级；从投资进一步向消费升级；从第二产业向第三产业升级；从劳动力/资本向科技进步/创新升级

消费升级：从商品消费向服务消费升级；从中低档消费向高档消费升级

产业升级：从传统/劳动密集性/中低增加值产业向新兴/资本密集性/高增加值产业升级（八大战略性新兴产业、高端服务业、农业现代化、绿色经济等）

技术升级：从中等科技水平向高科技水平升级（互联网、物联网、人工智能、生物制药、新材料、3D打印等）

改革开放深化：深化国有、金融与行政体系改革及扩大对外开放，进一步解放生产力

城镇化持续：农民继续进城，从消费与投资两个方面进一步推动内需

4. 今后22年潜在经济增长率仍处中高水平

- 潜在供给量足而质升：相对于其他发展中国家的优势
  - 任何事物 / 生物快速增长的供给（充分）条件 ➔ 量足而质升
    - 20岁之前的孩子仍需要足够的食品与营养才能快速长高
    - 发展中国家经济仍需要数量充足，质量不断提升的供给才能快速增长
  - 根据新经济增长理论，经济增长的三大供给或生产要素
    - 劳动力数量
    - 物质资本总额
    - 人力资本（决定技术进步）

4. 今后22年潜在经济增长率仍处中高水平

- 潜在供给量足而质升：相对于其他发展中国家的优势
  - 当今我国劳动力与物质资本都数量充足吗？
    - 人口红利减少但仍未消失
    - 产能过剩成为负担
  - 我国人力资本能够不断提升吗？
    - 取决于进行经济活动的人是否具备经商进而发展经济的品质
    - 国人正具有适于经商进而发展经济的五大行为特征

✓ 超高的致富欲望

✓ 高昂的储蓄 / 投资意愿

✓ 超强的吃苦精神

✓ 强烈的攀比心理

✓ 炽烈的学习热情

4. 今后22年潜在经济增长率仍处中高水平

➢ 潜在供给量足而质升：相对于其他发展中国家的优势

- 人力资本能够不断提升吗？

•儒家文化熏陶下的亚洲华人社会（中国香港地区、中国台湾地区、中国澳门地区、新加坡）与非华人社会（马来西亚、印度尼西亚、泰国、菲律宾等）的华人，以及非华人社会但受儒家深刻影响的国家（日本、韩国、越南）的国民，都取得了骄人的经济成就

•国人更具儒家“入世有为”精神，进而更具上述五大经济行为特征，在持续改革开放的推动下，人力资本将不断提升，从而推动技术进步进而经济增长，必将取得比海外华人更大的经济增长奇迹

4. 今后22年潜在经济增长率仍处中高水平

➢ 基于以上关于潜在需求与供给的分析，估计今后22年中国经济的潜在经济增长率(年均)在5.0%左右

- 若实现此速度，并假设年均通胀率为2.0%左右，则名义潜在经济增长率为7.0%
- 我国将在2021年或2022年间跨越“中等收入陷阱（人均12500美元）”，2035年左右步入发达国家行列

➢ 虽然年均5.0%左右，鉴于生命周期／抛物线规律，今后22年的潜在经济增长率呈前高后低的逐步放缓之势

➢ 经济增长速度的高低之定义

- 鉴于1960—2016年间全球经济年均增长速度为3.5%
  - 高速：6%以上
  - 中高速：4%～6%
  - 中速：3%～4%
  - 中低速：1.5%～3%
  - 低速：1.5%以下

➢ 因此，今后22年中国经济的潜在增长率仍处于中高水平

5. 展望：中期 “L”型，长期阶梯式放缓

➢ 中期“L”型：经济增长速度稳定于6.0%～6.5% 区间

- 中期指2019—2023年
- “L”型是指经济增长曲线的“L”型，而非经济规模曲线的“L”型，形容增长曲线稳定于6.0%～6.5%区间的形态
- “L”型符合现阶段潜在经济增长率水平，并体现中央政府稳增长政策的效果

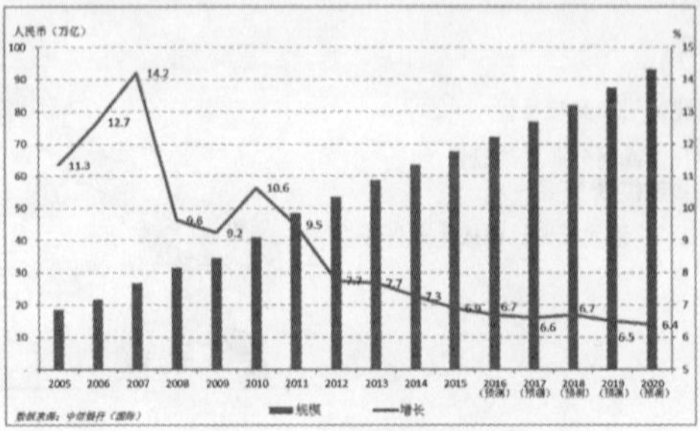

图附录2.1.13　国内生产总值（GDP）

5. 展望：中期 “L”型，长期阶梯式放缓

➢ 长期阶梯式逐步放缓：增长速度每5年下一阶梯，降0.6%左右

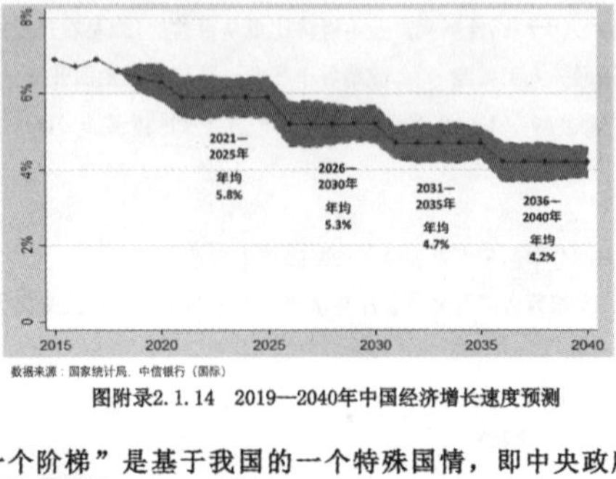

数据来源：国家统计局，中信银行（国际）

图附录2.1.14　2019—2040年中国经济增长速度预测

- “5年一个阶梯”是基于我国的一个特殊国情，即中央政府制定并有很强的能力推行“五年规划”
- 预计2019年与2020年分别增长6.4%与6.3%；2021—2040年间，年均增长5.0%，为中高速的中点；前10年5.5%，在中高速上方；后10年4.4%，在中高速下方
- 2035年左右中国将步入发达经济体行列，即达到低端发达经济体的水平

5. 展望：中期“L”型，长期阶梯式放缓

➢ 经济结构加速升级（2019—2040年）

- 宏观经济（GDP）结构
  - 需求端，内需占比从目前98%升至99.5%；消费占比从目前53.6%升至75%
  - 供给端，第三产业占比从目前51.6%升至75%；第一、第二产业占比分别从7.9%与40.5%降至4%与21%
- 对外经济结构
  - 出口高端化；进口高端替代
  - 对外直接投资抛离外商直接投资，海外并购快速扩张
  - “一带一路”沿线国家日益成为对外投资与贸易的主要区域

5. 展望：中期“L”型，长期阶梯式放缓

➢ 经济结构加速升级（2019—2040年）

- 产业结构
  - 新兴产业崛起：八大战略性新兴产业占经济比重从目前的13%左右升至30%以上
  - “互联网 / 物联网 / 人工智能 +”改造各个产业，推动产业全面升级

    “互联网 / 物联网 /人工智能 +”开启人类第四次产业革命，是今后经济的主要增长引擎
- 地区结构
  - 中西部崛起：大部分中西部省份保持年均5.5%以上增速
  - “一带一路”、京津冀协同发展、长江经济带与粤港澳大湾区新战略优化经济发展的空间布局
- 城乡结构
  - 城镇化率从目前58%升至78%
  - 新型城镇化形态：大都会（城市群）化，或大、中、小城镇同时发展

    习近平总书记十九大报告用语：以城市群为主体构建大中小城市和小城镇协调发展的城镇格局

5. 展望：中期 “L”型，长期阶梯式放缓

- 中长期风险
  - 中美经贸争端不断加剧
  - 全球化大倒退，全球贸易摩擦
  - 企业债务高企与流动性过剩形势持续恶化
  - 产能过剩问题拖而不决
  - 国企改革失利或停滞
  - 行政体制改革受阻不前
  - 金融改革造成金融市场与人民币大幅动荡
  - 房地产市场硬着陆；股票市场再跌不起
  - 新经济崛起受阻；旧经济下滑过快

- 前述中长期经济增长曲线的实现有赖于有效地应对与化解上述风险

附录 2.2

今后5年中国经济增长前景
——中美经贸争端下保持6%左右

海南大学经济学讲座

廖群博士
中信银行(国际) 首席经济学家、海南大学兼职教授
2019年6月21日

纲要

1. 最大挑战：中美经贸争端
2. 关键看内需：仍具中高速增长潜力
3. 经贸争端程度决定中高速增长点位
4. 今后5年新经济增长点
5. 问题与风险

1. 最大挑战：中美经贸争端

何谓中美经贸争端？

- 既包括中美贸易争端，即中国与美国之间的商品贸易争端，也包括中国与美国之间其他经贸领域（服务贸易、相互投资及经济合作等）的争端，还涵盖两国在全球范围的经贸争端
- 中美贸易摩擦是中美经贸争端的一部分与前奏
  - 2018年年中开始的中美贸易摩擦，最近愈演愈烈
  - 多轮贸易谈判失败，但双方仍说未完全破裂，说明一线机会尚存
  - 美国尚有犹豫的是，今后两年特朗普最大的任务是争取连任，而经济增长不出现快速放缓是其争取连任的关键因素之一
  - 无论短期内是否达成一个贸易协议，中长期中美贸易争端不断的前景基本确定
  - 特朗普连任后贸易摩擦及其他领域的经贸争端有可能进一步加剧

1. 最大挑战：中美经贸争端

美国挑起中美经贸争端的三种动机：

动机一：经济性动机

- 降低以至于消除对华贸易赤字
- 促使制造业回归，进而提升美国经济增长

动机二：策略性动机

- 特朗普打中国牌争取连任
- 共和党打中国牌争取选民

动机三：政治性动机

- 遏制中国的高科技发展，进而遏制中国崛起
- 为此不惜承担经济代价

以上三种动机共存，美国如何处理经贸争端取决于哪一种为主导

1. 最大挑战：中美经贸争端

<u>演变前景</u>

理想情景：争端结束——可能性不大（10%）

- 美方以减少贸易赤字与制造业回归的经济性动机为主，而又认识到经贸摩擦达不到此目的却使美国经济严重受损

基准情景：贸易摩擦打打停停，其他争端断断续续——最为可能（55%）

- 美方以选举导向的策略性动机为主，同时认识到经贸争端美国损失也很大

严峻情景：全面经贸争端——不能排除（35%）

- 美方以遏制中国崛起的政治性动机为主，不惜经济代价达到遏制目的

2. 关键看内需：仍具中高速增长潜力

<u>中国经济由内需绝对主导</u>

2017年，内需（消费 + 固定资本形成）占中国GDP总额比重98%，外需（商品及服务出口 - 商品及服务进口 = 净商品及服务出口）仅占2%

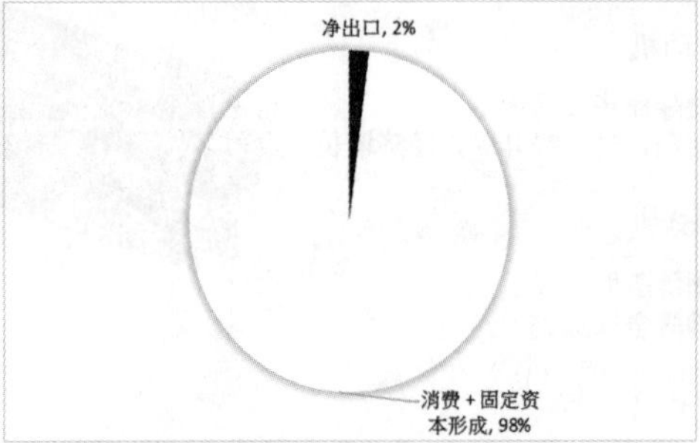

图附录2.2.1　中国经济由内需绝对主导

2. 关键看内需：仍具中高速增长潜力

<u>中国经济由内需绝对主导</u>

- 2018年商品出口总额与中国GDP之比为19%，很多人因此认为商品出口对中国经济的贡献度为20%左右
- 但这是误读。出口总额是总产值（Gross Value），GDP是增加值（Value Added），两者不好直接相比
- 鉴于中国40%以上的出口为加工贸易，出口增加值相比出口总额要打很大的折扣
- 将出口总额换算成出口增加值，则出口对中国经济增长的贡献度将大大降低

2. 关键看内需：仍具中高速增长潜力

<u>内需仍具中高速增长潜力</u>

- 从发展阶段论视角，当前中国经济已过高速增长阶段，但仍处于中高速增长阶段，就像一个14岁男孩，身高不可能像12岁那样年增8公分或以上（高速），但仍能年增5公分或以上（中高速）

  根本在于，中国经济的内需仍具中高速增长潜力

潜力 1 ：区域性追赶加速——追赶催生增长；以城市群为载体

- 中西部与东北追赶东部
- 各省市之间你追我赶
  - ➢ 落后城市群追赶先进城市群
  - ➢ 城市群中卫星城市追赶主导城市

2. 关键看内需：仍具中高速增长潜力

内需仍具中高速增长潜力

潜力 2 ：经济结构进一步升级——升级意味着增长；新一代信息技术引领

- 宏观经济：外需向内需；投资向消费；工业向服务业
- 消费：商品向服务；中低档向高档
- 产业：传统向新兴——八大战略性新兴产业崛起；新一代信息产业为首
- 技术：中端向高端

潜力 3 ：改革开放深化——继续释放增长潜力；国企与金融改革重中之重

- 大力加速国有企业改革
- 稳步深化金融体系改革
- 积极推进行政体制改革
- 不断扩大对外开放

2. 关键看内需：仍具中高速增长潜力

内需仍具中高速增长潜力

潜力 4 ：城镇化持续——从供给与需求两方面推动增长；向城市群卫星城市进军

- 2017年，常住人口城镇化率58.52%，略高于世界平均水平，但户籍人口城镇化率只有42.35%
- 城镇化刚过中期，还将持续20年以上
- 农民进城，继续为城镇提供廉价劳动力，同时推动消费水平提高，并带动住房、交通、公用设施投资及工业产品快速增长
- 向城市群卫星城市进军

3. 经贸争端程度决定中高速增长点位

中美贸易摩擦的影响

对出口的直接影响估算

- 取决于两大因素 ： (1)价格 / 关税传递率：关税增加1%导致产品价格上涨多少？
  (2) 需求 / 价格弹性：产品价格上涨1%导致产品需求下降多少？
- 就中国对美出口而言 ：（1）价格 / 关税传递率的估值：70%
  （2）需求 / 价格弹性的估值：1.65
- 基准情景与严峻情景下对年度出口额的影响
  基准情景：2019年下降600亿美元左右，占2018年出口总额的2.5%左右
  严峻情景：2019年下降1500亿美元左右，占2018年出口总额的6%左右

间接影响

- 受影响出口产品的国内产业链中产品的需求相应下滑
- 人民币贬值压力增大
- 股票市场进一步向下
- 企业投资意愿与个人消费信心受挫

3. 经贸争端程度决定中高速增长点位

基准情景下，考虑中央政府的强力及有效应对，中美经贸争端的影响可控，今后若干年中国经济仍能实现6%左右的中高速增长

表附录2.2.1　中国经济增长速度

2012—2017	2018	2019（预测）	2020（预测）	2021（预测）	2022（预测）	2023（预测）
理想情景——经贸争端结束						
7.1%	6.6%	6.6%	6.5%	6.4%	6.3%	6.2%
基准情景——贸易摩擦打打停停；其他争端断断续续						
7.1%	6.6%	6.2%	6.1%	6.1%	6.0%	5.9%
严峻情景——全面经贸争端						
7.1%	6.6%	5.8%	5.6%	5.5%	5.4%	5.3%

3. 经贸争端程度决定中高速增长点位

<u>即使在严峻情景下，经济增长速度仍将维持在中高速增长区间</u>

- 中国经济已是内需绝对主导，而内需具中高速增长潜力
- 鉴于中央政府的财政状况良好，财政政策还有较大的宽松空间，货币政策也有一定的放松余地，将抵消一部分贸易摩擦的负面影响
- 经贸争端将激发国内战略性新兴产业加速发展，体制改革加快推进，市场进一步开放，进而提升经济活力，也将部分地抵消贸易摩擦的影响

4. 今后5年新经济增长点

<u>新增长点 I：新兴消费</u>

消费的主导地位显著增强

- 2012—2017年消费年均增长9.9%，快于GDP增长1.4个百分点（名义）
- 2017年消费占GDP 53.6%，对GDP增长的贡献度达58.8%，均超过一半
- 但与其他国家比较，消费，尤其是居民消费占GDP比重仍大大低于发达国家

图附录2.2.2 支出法计算的居民消费支出占GDP比重

- 预计今后5年消费增长持续快于GDP增长1个百分点以上，占GDP比重与对GDP增长的贡献度分别进一步上升至58%与63%

4. 今后5年新经济增长点

新增长点 I：新兴消费

新兴消费 I：服务性消费

- 服务性消费包括旅游、医疗、文化、教育、金融、体育、养老、娱乐、居住、社交、休闲、养生、美容美发、家政服务等
- 近年来服务性消费增长大大快于商品性消费。2017年，全国居民人均团体旅游、景点门票、体育健身、电影话剧演出票、家政服务、旅馆住宿、美容美发支出分别增长14.0%、10.6%、15.5%、9.5%、11.0%、18.1%、8.8%，而食品烟酒与衣着支出仅分别增长4.3%与2.9%
- 尤其在旅游、医疗、教育、养生养老、娱乐与社交领域增长更快

4. 今后5年新经济增长点

新增长点 I：新兴消费

- 但2017年服务性消费支出占居民消费总支出比重仅为41.4%，大大低于发达国家当前的水平，说明增长潜力巨大

图附录2.2.3 居民服务性消费支出占比

- 预计今后5年服务性消费增长将继续明显快于商品性消费3个百分点以上，占居民消费总支出比重大幅上升至47%

4. 今后5年新经济增长点

新增长点 I：新兴消费

新兴消费 II：高档商品消费

- 居民的基本商品消费（中低档吃、穿、用）需求已高度满足，商品消费行为向高档化发展

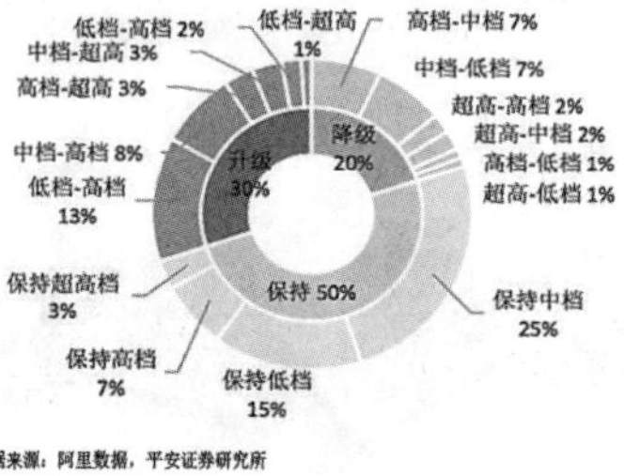

图附录2.2.4　2015年10月至2017年9月间消费档次变化

4. 今后5年新经济增长点

新增长点 I：新兴消费

新兴消费II：高档商品消费

- 《2017年凯度TNS消费者趋势报告》指出中国新消费者十大趋势：

（1）我要我不同	（6）时间无价
（2）生活小确幸	（7）购物无界
（3）珍惜我自己	（8）非凡青年
（4）你秀我也秀	（9）单身贵族
（5）健康升级	（10）银发金矿

- 上述十大趋势都指向消费高档化
- 商品消费高档化意味着：品牌化、高大上化、健康化、个性化、奢侈品化、贵价化、快速更新化
- 今后5年商品消费高档化步伐将进一步加快

4. 今后5年新经济增长点

新增长点 I：新兴消费

新兴消费II：高档商品消费

- 奢侈品

  首饰、珠宝、游艇、私人飞机、字画

- 高档用品

  豪宅、豪车、名牌手表、高档服装及包、高档耐用消费品

部分热卖高档消费品
双门立式冰箱
大屏幕液晶体或离子电视机
单反相机
豪华全自动洗衣机
高端笔记本电脑
苹果或华为手机
iPad
红木家私
高端真皮沙发

部分热卖国外品牌商品	
LV：	手袋、行李箱、时装、鞋、手表、珠宝配饰
Hermes：	箱包、时装、丝巾、香水、饰品、家具用品
Gucci：	男女时装、手袋、旅行及商务产品、男女鞋、皮夹、腰带、手表、珠宝饰品、礼品、领带、围巾、香水
Chanel：	服饰、手袋、鞋、手表、服饰珠宝、香水、彩妆、护肤品
Rolex：	高档手表（探险家型、潜航者型、游艇名士型、格林尼治II型、宇宙计型）

4. 今后5年新经济增长点

新增长点 II：新兴产业

战略性新兴产业

- “十三五” 规划以前为七大战略性新兴产业：

  （1）节能环保
  （2）新一代信息技术
  （3）生物
  （4）高端装备
  （5）新能源
  （6）新材料
  （7）新能源汽车

- “十三五” 规划中新添数字创意产业，成为八大战略性新兴产业，同时又合并简化为五大新兴产业领域

  （1）新一代信息技术
  （2）高端制造（高端装备与新材料合并）
  （3）生物
  （4）绿色低碳（节能环保、新能源与新能源汽车合并）
  （5）数字创意

- 现有时称五大战略性新兴产业领域，有时称八大战略性新兴产业

4. 今后5年新经济增长点

新增长点 II：新兴产业

过去7年战略性新兴产业快速发展

- 2011—2017年间战略性新兴产业总体增加值年均增长26%（名义）；2015—2017年间各战略性新兴产业营业收入年均增长多数在20%以上

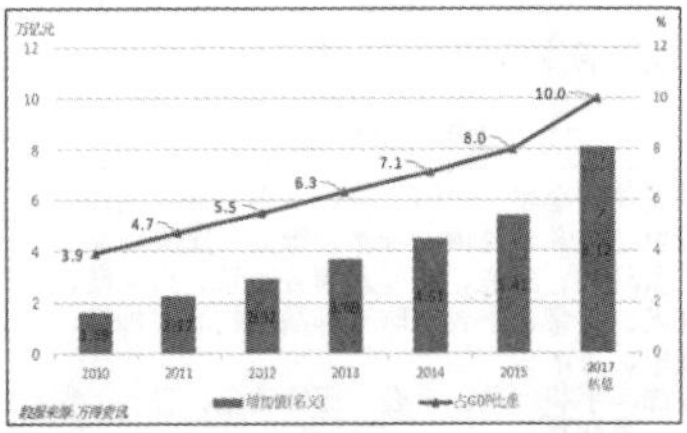

图附录2.2.5　战略性新兴产业增加值及其占GDP比重

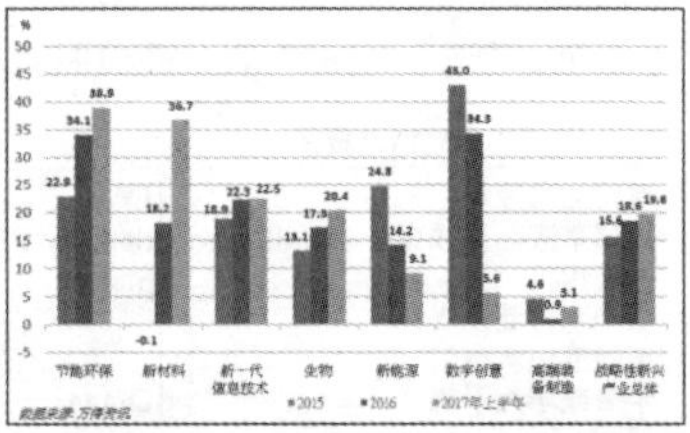

图附录2.2.6　战略性新兴产业分产业营业收入增长速度

4. 今后5年新经济增长点

新增长点 II：新兴产业

过去7年战略性新兴产业快速发展

- 战略性新兴产业上市公司营业收入增长在绝大部分年份明显快于上市公司总体，利润率更持续高于上市公司总体2.8个百分点以上

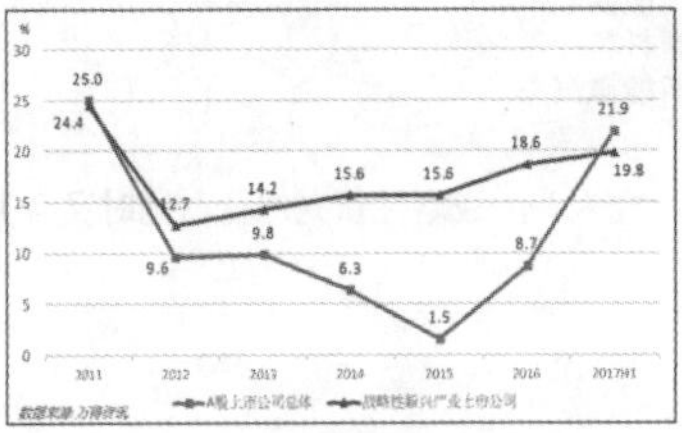

图附录2.2.7　战略性新兴产业上市公司和A股上市公司营业收入增长速度对比

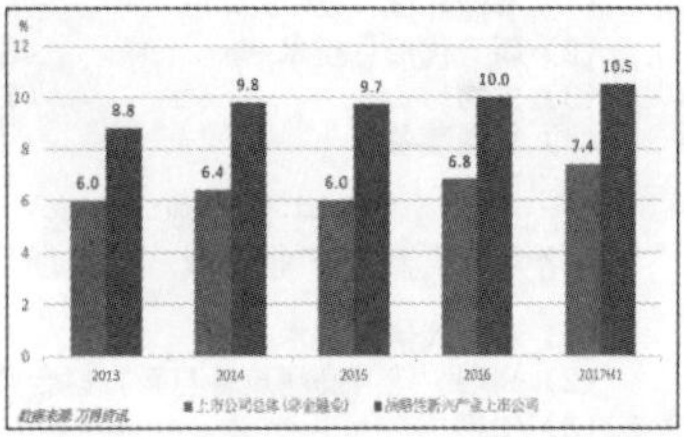

图附录2.2.8　战略性新兴产业上市公司和A股上市公司利润率对比

4. 今后5年新经济增长点

新增长点 II：新兴产业

2020年战略性新兴产业总产值目标

- 五大战略性新兴产业领域总产值达50万亿元以上，平均每年带动新增就业100万人以上
  - 新一代信息技术总产值超过12万亿元
  - 高端制造业总产值达12万亿元
  - 生物、绿色低碳与数字创意总产值达10万亿元

4. 今后5年新经济增长点

新增长点 II：新兴产业

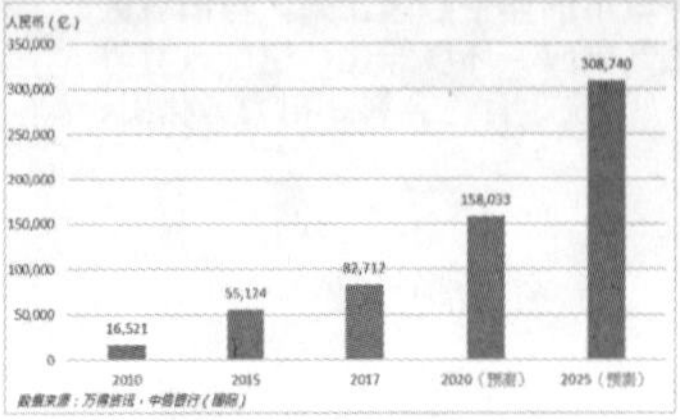

图附录2.2.9 战略性新兴产业增加值

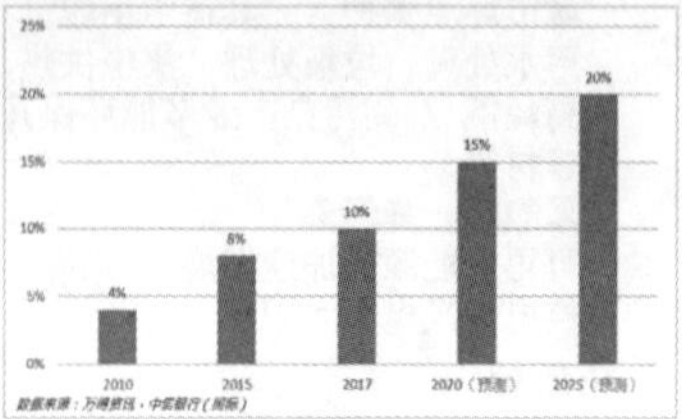

图附录2.2.10 战略性新兴产业增加值占GDP比重

4. 今后5年新经济增长点

新增长点 II：新兴产业

新一代信息技术：战略性新兴产业之首，正在开启新一轮发展空间

- 芯片制造
  拼血本发力追赶
- 第五代移动通信（5G）
  以更高速率、更大容量与更短延时，为新一代通信技术发展奠定关键性基础
- 互联网协议第六版（IPV6）
  以更多IP地址并更高安全性，打开新一代互联网发展空间
- 窄带物联网（NB-IOT）
  以窄带LET技术，实现万物相连，促成物联网崛起
- 北斗导航升级
  以更广覆盖技术，为互联网 / 物联网提供全球性导航
- 大数据与云计算扩容
  以更海量数据储存、计算与处理能力，加快实现全信息社会
- 人工智能（AI）走向实用化
  以更成熟的AI技术，促使人工智能进入应用阶段

4. 今后5年新经济增长点

新增长点 II：新兴产业

绿色低碳：补短板，拓新域

- 补短板
  - 城市环境保护（尤其在中小城市与各城市的非中心区，郊区与旧城区）
    污水处理、垃圾处理、集中供热、燃气供应、环境绿化、空气改善等
  - 高耗能 / 高污染产业节能环保升级（钢铁、有色金属、电力、化工、建材等）
    降能耗、降污染
  - 可再生能源的加速发展
    核电、风电、太阳能
- 拓新域
  - 绿色基础设施（Green Infrastructure）建设
    国家的自然生命保障系统，包括水系、湿地、林地、野生生物栖息地及其他自然保护区；绿色通道、公园以及其他自然保护区；农场、牧场和森林；荒野和其他支持本土物种生存的空间，为城市环保的扩展与升级，不仅涵盖城市，也涵盖城市以外的广袤大地，特别是后者
  - 页岩气等崭新能源尝试开发
  - 新能源汽车逐步普及；其他新能源驱动产品设计开发

4. 今后5年新经济增长点

新增长点 III：新兴城市

城市群 ：城镇化新方向

- 城市群是在地域上集中分布的若干城市集聚与融合而成的联合体；若干城市中，包括一至几个主导城市与数个卫星城市
- 人类城镇化的方向是人口向城市群，而非中小城市聚集
- 城市群是城镇化、工业化与现代化进程中区域空间形态的最高组织形式
- 融合催生升级：各城市之间交通、基础设施、信息与人才的融合将催生经济升级与增长

表附录2.2.2 世界六大城市群（2014年）

城市群	中国长三角城市群	美国东北部大西洋沿岸城市群	北美五大湖城市群	日本太平洋沿岸城市群	欧洲西北部城市群	英国中南部城市群
面积（万平方公里）	21.2	13.8	24.5	3.5	14.5	4.5
人口（万人）	15033	6500	5000	7000	4600	3650
GDP（亿美元）	20652	40320	33600	33820	21000	20186
人均GDP（美元／人）	13737	62030	67200	48315	45652	55305
地均GDP（万美元／平方公里）	974	2920	1370	9662	1448	4485

数据来源：国家统计局、世界货币基金组织

4. 今后5年新经济增长点

新增长点 III：新兴城市

十三大城市群已然成形

- 今后我国新型城镇化将以构建城市群为主
- 正在形成长三角、珠三角、京津冀、中原、长江中游、成渝、哈长、辽中南、山东半岛、海峡西岸、北部湾、关中平原与呼包鄂十三大城市群

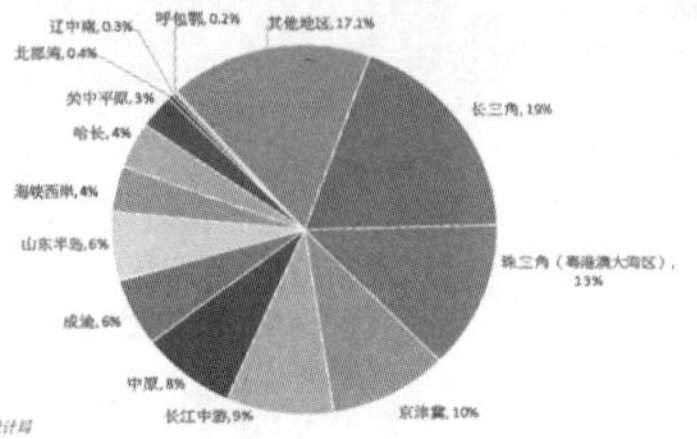

数据来源：国家统计局

图附录2.2.11 2017年十三大城市群占全国GDP比重

4. 今后5年新经济增长点

新增长点 III：新兴城市

五大支柱城市群

- 长三角城市群、珠三角城市群与京津冀城市群继续引领
- 长江中游城市群与成渝城市群发展潜力尤大

表附录2.2.3　五大城市群规模(2017年)

城市群	城市数量	面积（万平方公里）	GDP（亿元）	常住人口	人均GDP（元）	地均GDP（万元/平方公里）
珠三角	9	5.5	7.6	6150万	123577	13818
长三角	26	21.2	16.5	1.53亿	107843	7783
京津冀	13	21.5	8.3	1.01亿	82178	3860
长江中游	28	34.5	7.9	1.24亿	63205	2290
成渝	16	24.0	5.1	9495万	53607	2121
全国		963.4	82.1	13.86亿	59235	852
五大城市群占比		11%	55.4%	38.9%		

资料来源：中信银行（国际）整理

4. 今后5年新经济增长点

新增长点 III：新兴城市

新兴城市

- 长三角、珠三角、京津冀及其他城市群的主要卫星城市，包括苏州、无锡、宁波、舟山、合肥、东莞、佛山、保定、唐山、黄石、株洲、九江及自贡等
- 长江中游和成渝城市群的主导城市，即，武汉、长沙、南昌、重庆及成都

表附录2.2.4　主要城市群构成

城市群	主导城市	卫星城市
长三角	上海 杭州 南京	无锡、常州、苏州、南通、盐城、扬州、镇江、泰州、宁波、绍兴、湖州、嘉兴、金华、舟山、台州、合肥、芜湖、铜陵、马鞍山、安庆、宣城、池州、滁州
珠三角	深圳 广州	东莞、佛山、澳门、惠州、珠海、中山、江门、肇庆
京津冀	北京 天津	保定、唐山、廊坊、石家庄、秦皇岛、邯郸、邢台、张家口、承德、沧州、衡水、安阳
长江中游	武汉 长沙 南昌	黄石、黄冈、鄂州、孝感、咸宁、仙桃、襄阳、宜昌、荆州、荆门、岳阳、益阳、株洲、湘潭、娄底、九江、鹰潭、抚州、景德镇、新余
成渝	重庆 成都	重庆所辖27个区/县、自贡、泸州、德阳、遂宁、内江、乐山、南充、眉山、宜宾、广安、达州、雅安、资阳

5. 问题与风险

<u>仍存在很多问题</u>

- 部分行业与国有企业债务高企
- 地方政府隐性债务增长过快
- 产能过剩仍未解决
- 部分城市房价过高
- 国企效率仍低
- 资本市场脆弱
- 货币流通量庞大
- 行政效率有待提升
- 贫富差距过大

5. 问题与风险

<u>潜在风险</u>

- 中美经贸争端：最大风险，若全面激化，今后5年中国及全球经济增长将明显下滑
- 债务危机：若经济增长下滑过快，企业违约将大面积增加
- 房地产泡沫爆破：若政府打压过度，房价将大幅调整
- 股灾再发：若经济增长下滑过快，资本流出失控，股价将再度重挫
- 人民币大幅贬值：若市场对中国信心重挫，资本流出失控，人民币币值将迅速滑落
- 社会动荡：若贫富差距继续拉大，经济增长又下滑过快，社会稳定性成为问题

5. 问题与风险

必须正视，但总体可控

- 上述问题必须正视。但对于问题的严重程度，不应低估，也不应高估

  - 问题的严重程度，虽然根据宏观统计数据有时被低估，但基于媒体报道又可能被高估

    ➢ 如中国银行业的不良贷款率，银行自身估计的1.8%可能是低估，但有些媒体认为其高达10%以上是高估。鉴于"借新债，还旧债"是中外银行的通行做法，不良贷款 率是很难准确测算的。但2017年在华外资银行整体的不良贷款率仅0.7%，与均有高比例中国企业贷款的香港银行的不良贷款率大部分低于1%，应有所启示。外资银行与香港银行的不良贷款数据应该比较可靠吧？说明中国市场的不良资产状况整体上并非那么严重。当然，这表明外资与香港银行的风险管理较中资银行好，但同时也表明，只要风险管理做得好，中国业务的不良贷款率还是可控的

5. 问题与风险

必须正视，但总体可控

- 中国的经济与市场形势变化很快，目前的情况与以往有很大的不同，若根据以往的观察来判断今日的形势，会有偏差

  ➢ 40年前的商品短缺、30年前的通货膨胀、20年前的银行困境、10年前的投资泡沫、5年前的电力紧张，现已不复存在，甚至走向反面

- 中国的很多问题是快速经济增长过程中必然伴随的，在此过程中不断出现又不断缓解

  ➢ 如企业债务高企、产能过剩、房价过高等。只要经济保持中高速增长，企业与个人的收入相应地保持中高速增长，这些问题仍将伴随，但继续不断出现又不断缓解

- 还有一些问题与中国经济结构的特点有关

  ➢ 如企业债务/GDP比率过高，在160%左右，部分是因为中国的制造业与投资在经济中的比重高。制造业企业较多与投资项目较多的国家这一比率肯定较高，因为只有制造业与投资项目需要并能够借债，而服务业与消费项目不需要或难以借债。所以中国的企业债务/GDP比率高有一定的合理性。当然，一些行业，如房地产、公用设施、钢铁及航空业等，与部分国有企业的资产负债率超过60%甚至70%，是一个严重的问题。但2018年规模以上工业企业整体的资产负债率为56.5%，在合理范围内，说明整体的企业债务状况并不像160%的企业债务/GDP比率所显示的那么严重

5. 问题与风险

必须正视，但总体可控

上述的潜在风险也不可忽视。但同时也应认识到，总体是可控的

—过去30余年来的历史经验

➢ 市场总是根据他国的经验预测中国经济将崩溃，银行将破产、房地产泡沫将爆破、债务危机将爆发。可是最终非但都没有实现，反而中国经济越来越强，各种问题也得到解决或缓解。说明中国特殊的经济、金融及社会结构与体制在起作用，而这些作用并未被市场所了解与认识

—经济结构——实体部分强大

➢ （工业+建筑业）占经济比重近40%左右；资本形成占经济比重45%左右；八大战略性新兴产业占经济比重13%左右；基础设施规模庞大且质优

5. 问题与风险

必须正视，但总体可控

—债务结构——内债绝对主导；庞大资产支撑

➢ 看看日本的国家总债务/GDP比率高达370%[国际清算银行(BIS)，2016]，但很少人认为日本会产生债务危机，而欧洲国家这一比率低得多，为260%左右，却发生了债务危机，应有所启发。这是因为日本债务有其特点，即，绝大部分为国内债务，不像欧洲国家那样大部分是外债。其实，中国的债务也绝大部分是国内债务，且有更多的资产支撑，而中国的国家总债务/GDP比率为255%[国际清算银行(BIS)，2016]，比日本低得多，与美、欧等发达国家相若。鉴于中国债务结构的如此特点与日本的经验，这一债券率不一定导致债务危机

—管控机制——严谨有效

➢ 中国已开放了很多市场，但在关键领域仍实施政府管控，而政府的管控机制与他国不同，更为严谨有效

• 除非中美及全球经贸摩擦造成全球经济崩溃或政府政策出现重大失误，虽然局部性危机可能产生，在经济仍中高速增长的大环境下，中国的前述问题可以逐步解决，风险最终可控，不至于产生全局性的经济或金融危机

附录 2.3　内需前景——仍具中高速增长潜力

今后增长关键看内需

过去 40 年，中国经济年均增长 9.4%，公认为世界经济增长奇迹。但经济增长速度自 2010 年起逐步放缓，直至 2017 年企稳。2017 年，增长速度从 2016 年的 6.7% 回升至 6.9%。在此形势下中央政府温和收紧宏观经济政策，同时深化“三去一补”（去产能、去杠杆、去库存与补短板）供给侧改革。即便如此，经济增长速度在 2018 年上半年仍达 6.8%，表明了趋势性企稳的局面。但 2018 年年中开始的中美贸易争端打乱了这一局面，致使下半年增长速度再度放缓至 6.5%。

中美贸易争端对内地经济增长的影响，2018 年下半年主要体现在内需的走软，反而出口增长非但没有放缓还有所加快。内需走软主要是内地消费者与投资者信心在贸易摩擦前景不明而预测悲观的情形下大幅下挫。投资者信心下挫直接导致固定资产投资增幅下降，也致使 A 股市场再度大幅调整，而这又通过负财富效应进一步削弱消费需求。出口增长速度不降反增，现已众所周知是由于“抢先出口”的因素。2018 年 12 月 1 日习近平主席与特朗普总统在阿根廷 G20 会议上会面后中美两国重启贸易谈判，但过程仍然曲折。更为重要的是，不管短期谈判的结果如何，鉴于美国政界对华抗衡情绪日益增加及特朗普其人及其政府多变，更为广义的中美经贸争端将是长期性的。

在这一形势下，人们自然关心今后中国经济的增长前景。本已过了历史高点而处于放缓过程中，又遇上了中美经贸争端，今后中国经济将如何增长，增长速度会在什么样的水平呢？会硬着陆，甚至崩溃，从而一蹶不振吗？

笔者在中美贸易争端以前对 2016—2040 年间中国经济的预测是，不会硬着陆，更不会崩溃或一蹶不振，而会逐步与分阶段地放缓但仍保持中高速增长。具体而言，经济增长速度，2016—2020 年间 6.5% ~ 7.0%，然后每 5 年下一个台阶，每个台阶 0.6 个百分点，即 2021—2025 年间、2026—2030 年间、2031—2035 年间与 2036—2040 年间分别为 5.9% ~ 6.4%、5.3% ~ 5.8%、4.7% ~ 5.2%、4.1% ~ 4.6%。

中美经贸争端自然会对这一预测产生影响。那影响有多大呢？

考虑到这一影响，同时也预计政府将放松宏观经济政策，笔者在 2018 年下半年已将 2018 年的预测从 6.7% 下调为 6.6%，2019 与 2020 年的预测则分别从 6.6% 与 6.5% 调降为 6.4% 与 6.3%。也就是说，由于中美经贸争端的影响，2016—2020 年间内地经济的增长速度将提前两年从 6.5% ~ 7.0% 区间进入 6.0% ~ 6.5% 区间，年均则从 6.7%降为 6.6%。

那 2021 至 2040 年的 20 年又将如何呢？

于此，当然是见仁见智。笔者感觉，中美经贸争端的负面影响2021—2025年间的前几年仍会较大，但再往后就较小了。就像一个青少年被人打伤，一般百日养伤，此间身高的增长可能停止，百日伤养好后身高必定恢复增长。当然，这取决于受伤的程度。但受伤的程度不但取决于打人者的凶狠程度，也取决于受伤者的抗打击能力。在两人的实力差得不是很多，特别是受伤者处于青少年时期的情况下，后者更为重要。

那么，中国经济的抗打击能力如何？笔者认为，就经济增长而言，一个经济体的抗打击能力取决于其内需（内部需求）的强劲程度。此话怎讲？国与国之间的经贸摩擦，对一个经济体直接的冲击在出口/进口与外商投资/对外投资，间接的冲击在内需。直接冲击的程度主要取决于打击者的打击力度，而间接冲击的程度主要取决于被打者的抗打击能力。

那直接冲击与间接冲击对中国经济而言哪个打击更大呢？要看中国经济内需与外需的相对比重。这只需看看2017年GDP账户下的内需（消费+投资）占98%，外需（出口-进口）只占2%，就一目了然了。很多人经常引用出口总额/GDP比率为18.9%而断定出口对GDP的贡献为20%左右，这是误读。须知，出口总额是总产值（Gross value），GDP是增加值（Value added），二者是不好比的，如果真要比应该将出口总额换算成出口增加值。鉴于中国40%以上的出口为加工贸易，出口增加值相比出口总额要打很大的折扣，进而对GDP的贡献度大大低于出口总额。所以，中国经济的内需远远大于外需，中美贸易争端对中国经济的影响程度主要应看内需受间接冲击的程度。

中国内需的抗打击能力又如何呢？这又有赖于内需本身的增长潜力。如内需有大的增长潜力，如7%左右，即使被打掉1个百分点，还有6%左右，仍然可观。更为重要的是，潜力者，潜而待发也，意味着一旦适应了打击后便迅速复苏。所以，问题归结为，中国内需的增长潜力到底如何。

首先应理解内需增长的确切含义。什么叫内需增长？消费品、投资品及服务数量的增加，当然都是内需的增长。不仅如此，消费品、投资品及服务质量升级所形成的更高价值（如无质量升级而卖更高价格是通货膨胀）也是内需的增长。懂得了这一点就不难理解，除了人口增长外，驱动产品及服务质量升级的各项因素，如技术进步、结构优化、体制完善、新兴产业、竞争性追赶等，都是内需增长的潜力。

澄清以上概念后，就可以讨论今后内地的内需，进而经济，还有多大的增长潜力了。笔者一直认为，今后若干年中国的内需进而经济仍具中高速增长的潜力。

四大增长潜力概述

那么，潜力在哪里？有四大潜力，一是城镇化持续；二是结构进一步升级；三是区域性追赶加速；四是改革开放深化。当然，这只是一个概括性的说法，增长潜力体现在很多方面，或者说是多重的。但应该都可以归纳在这四大潜力之中。

城镇化、结构升级、区域性追赶与改革开放，其实就是过去40年中国经济高速增长的四大动力。四大动力都很重要，但在不同时期的相对重要性有所差别。应该说，前20年，即从改革开放初年的1978年至亚洲金融风暴的1998年，改革开放最为重要，城镇化次之，经济升级再次之，区域性追赶第四。后20年，即1998年至今，排位应为经济升级、改革开放、城镇化与区域性追赶。那么今后呢？笔者认为排位应该变为区域性追赶、结构升级、改革开放与城镇化，其特征分别是区域性追赶加速，结构进一步升级，改革开放深化，与城镇化持续。

第一，区域性追赶加速。区域性追赶，改革开放以来一直是经济高速增长的动力之一，但大部分时间是在局部范围内进行，即，邻近县之间的互相追赶与发达城市之间的互相追赶比较激烈，而全国范围内东、中、西及南、北之间的互相追赶不够明显，导致当前仍然很大的东、中、西与南、北之间的经济发展差距；省际与市际之间的互相追赶也不充分，造成邻近省份与市际之间的发展差距也不小。今后，全国范围内的区域性追赶将大规模展开，中、西部追赶东部的速度将加快；东北问题较多，但振兴也只是个时间的问题。省际与市际之间的追赶将在十五大城市群兴起或升级的带动下白热化。长三角城市群将加强整合与升级，京津冀城市群在雄安新区崛起的推动下扩大与升级，珠三角城市群已升级为粤港澳大湾区。另外十二大城市群正在形成与崛起，其中尤以长江中游与成渝城市群崛起势头强劲。这些跨省、市、区城市群的兴起或升级必将加快其中落后省、市追赶发达省、市的速度。如此的追赶加速势将提升整体经济的增长速度，应是今后中国经济保持中高速增长的最强劲动力。

第二，结构进一步升级。通过40年的改革开放，中国已是全球第二大经济体与第一大制造业与贸易大国。但经济结构水平，与发达经济相比仍有相当的差距。今后中国经济对于发达经济体的继续追赶，关键就在于经济结构的进一步升级。经济结构涵盖面很广，包括宏观经济结构、产业结构、消费结构、投资结构、企业结构、对外贸易结构及产品结构等。这些结构的进一步升级，意味着，宏观结构方面，加大消费的比重，减少投资及出口的比重；产业结构方面，加大新兴产业的比重，减少传统产业的比重；企业结构方面，加大高新技术及科创企业的比重，减少低技术含量及劳动密集型企业的比重；消费结构方面，加大服务性消费及高档商品消费的比重，减少商品消费尤其是中低档商品消费的比重；投资结构方面，加大技术更新投资比重，减少基建性尤其是房地产投资的比重；对外贸易结构方面，加大进口比重，减少出口比重；产品结构方面，加大高档产品比重，减少低档产品比重；等等。结构升级，不管是在哪一方面，都催生或本身就是经济增长；进一步的结构升级，无疑将推动进一步的经济增长。

第三，改革开放深化。过去40年改革开放无疑取得了前所未有的巨大成就，是中国经济高速增长的关键性动力。但与发达经济体相比，中国经济体制的市场化水平仍有很大的提升空间。今后，国内改革方面，国有企业改革仍有很长的路要走，改革的方向，一是通过混合所有制引入更多的民营及外资资本，减弱国有性，增强民营性，二是探索出一条国有控股权下企业真正市场化经营的路子。金融市场的改革也是任重而道远，改革的重点，一是资本市场，尤其是股票市场机制的健全与债券市场的扩大，二是银行业，国有银行要提高现代化与国际化水平，民营银行则应发展壮大，尤其是应培养一批专为中小微企业服务的中小微民营银行。行政体制改革也应切实推进，减少不必要的行政干预，消除盖章过多的现象，同时又在该规管与培育的领域做到有效规管与培育。开放方面，在中美贸易争端及全球贸易摩擦不可避免的形势下，大规模增加产品进口势在必行，完成从出口大国到进、出口都是强国的转变不仅将增强中国在全球市场的话语权，也将推动内地消费、工业及经济的升级；服务业市场，包括金融市场，也将加快开放，一方面应对于美国及全球性的经贸摩擦，更重要的是加速中国服务业，尤其是金融业的现代化。改革开放的深化必将进一步提升今后经济运行的效率进而经济增长势头。

第四，城镇化持续。过去40年中国城镇化进程迅速，为经济的高速增长作出了巨大的贡献。目前按常住人口算中国城镇化率接近60%，略高于世界平均水平的56%左右，但仍大大低于发达国家80%的平均水平。而且，若按户籍人口算，则城镇化率仅42.4%，即使与世界平均水平比也有相当的差距。因此，中国的城镇化进程只是刚过中期阶段，还将持续几十年。今后的城镇化，广义而言包括两个方面，其一是目前仍生活在农村的6亿左右农民进城。就粮食与农业生产而言，在农业机械已高度发达的今天，尤其是互联网+农业与人工智能逐步在农业应用的明天，是绝不需要6亿农民的，有2亿就够了。这就意味着今后几十年还有4亿左右的农民要进城打工与生活，将继续为经济增长提供强劲的动力。其二是目前工作与生活在城镇但仍未享受城镇居民待遇的1.4亿左右进城农民工的市民化，也将从消费与投资两个方面提振内需，从而成为经济增长的又一个需求增长点。

以上对今后中国经济的四大增长潜力作了一个综合性的分析。鉴于其对今后中国增长前景这样一个人们的重大关切所起的决定性作用，下面分别对四大潜力及其意义作更为详尽的剖析。

潜力一：区域性追赶加速；以城市群兴起为载体

区域性追赶加速是今后中国经济中高速增长的第一大潜力。

上文已提到，区域性追赶，在过去40年中国经济高速增长的过程中已经呈现并是高速增长的动力之一，但并没有充分展开，以至于目前东、中、西及东北之间与各省、各市之间的地区性差距仍然很大，为当前中国经济结构的几大不平衡之一。

2017年，东部、中部、西部与东北地区的人均GDP分别为84,595元、48,747元、45,522元与50,890元人民币，以东部为100作例，则东、中、西、东北的人均GDP比例为100：58：54：60。可见，最低的西部与最高的东部之差接近1倍。邻近省份之间的差别也很大。如先进的广东与后进的广西、江西及湖南，先进的上海、江苏、浙江与后进的安徽、河南及山东，先进的北京、天津与河北及辽宁等。邻近城市之间也是如此。如粤港澳大湾区内先进的深圳、广州与后进的肇庆与江门，人均GDP之差接近2倍。如此的地区性差距，明显高于发达经济体，也大于一些发展中经济体。虽然与贫富差距一样，地区性差距是发展中国家高速经济增长的过程中不可避免的现象，但随着中国经过40年的高速经济增长后已步入中高收入经济体行列并正在跨越“中等收入陷阱”而向高收入经济体进军，后进地区追赶先进地区，缩小地区性差距将是今后中国经济发展的一个必然趋势。

这一趋势的必然性，第一，在于问题的凸显性。当差距还不是那么大，而整个国家都较落后而需要一部分地区先发展起来的形势下，落后地区的人们对地区差距问题虽早有意识但不是那么敏感。但当差距已经很大，且先进地区已发展至接近于发达经济体的水平（2018 年内地已有 15 个城市的人均 GDP 超过 2 万美元，按国际标准已达初等发达经济体水平），后进地区的地区性差距意识性与敏感度大大提高，追赶的呼声随之越来越大。第二，在于内地的社会体制特点。内地的政治体制仍然是社会主义性质的，经济体制称为“社会主义的市场经济体制”，其中的“社会主义”也不是空挂其名。所以中央政府一定会在地区性差距达到相当程度时，重视与回应后进地区追赶的呼声。这一时刻已经到来，今后政府大力支持后进地区追赶先进地区是大概率事件。第三，则在于经济增长的历史规律性。经过 40 年年均 9.4% 的高速增长，中国经济的增长速度将历史性地从高速放缓至中高速。所谓历史性地，就是说经济发达程度虽远未饱和但已行至再往上提升的空间缩小及动力减弱的阶段，进而经济增长速度与高速渐行渐远。但这一现象现阶段主要体现在先进地区，即东部地区，特别是四大一线城市与部分发达二线城市，而在广大的后进地区，虽然随着规模扩大经济增长速度也在减慢，但与先进地区比较起来，经济发达程度的提升空间仍大，动力仍足，因而增长速度仍将维持在高速或接近高速。就是说，按经济发展规律，也轮到后进地区追赶了。

值得庆幸的是，近年来后进地区追赶先进地区的步伐已在加快。有心观察者想必已经发现，最近这些年中、西部地区的经济增长速度已持续超过东部。2012—2017 年间，中、西部 GDP 分别年均增长 8.8% 与 9.2%，超过东部 0.2 个与 0.6 个百分点。2017 年 GDP 增长领跑的 10 大省份中，除了福建外，都是中、西部省份，而增长最快的恰恰是人均 GDP 水平全国最低的贵州省。

这一追赶趋势今后势将加速。而且，新时代的追赶将呈现新的形态，将以城市群的兴起为载体，中、西部与东北城市群追赶东部城市群；跨省城市群中后进省份的城市追赶先进省份的城市；省内城市群中的后进城市追赶先进城市。

除了长三角、珠三角（现扩展与升级为粤港澳大湾区）与京津冀外，内地正在形成 12 个新兴城市群，包括长江中游、成渝、中原、哈长、辽中南、山东半岛、海峡西岸、北部湾、关中平原、太原、黔中及包鄂等。这 12 大城市群中，大部分位于中、西部与东北地区，这些城市群的崛起必将大大提升中、西部与东北地区的经发展水平，促使这些地区加快追赶东部地区。

城市群有这么大的作用吗？纵观世界各国的经济发展，人类城镇化与区域性发展的方向都是城市群的兴起与主导作用。“水往低处流，人往高处走”，人口都是向富裕、发达的大城市流动，这使得大城市的人流需求越来越大，不得不向外围发展，建立或培育卫星城市，便形成了城市群。城市群的形成又促使大城市与卫星城市融合，融合便催生新的需求，新的资源配置，新的竞争，进而创造新的经济增长点，加快经济增长。

当然，位于东部的城市群，包括长三角、珠三角、京津冀及海峡两岸等也将加快发展或兴起，但由于历史性的原因发展或兴起的潜力小于中、西部与东北地区的城市群。加之，12 大新兴城市群的大部分在中、西部与东北地区，城市群效应必将加快中、西、东北地区对于东部的追赶。

就城市群内部而言，经济融合促使城市群内部的经济、产业及资源结构优化调整，结果必定是后进城市得益多于先进城市，从而加速后进城市对于先进城市的追赶。

这样，可以期望，今后几十年中国将呈现城市群之间及其内部各城市之间在经济发展方面你追我赶的新局面。与前 40 年改革开放、城镇化与经济结构升级先后成为最为显著与壮阔的宏观景象相比，今后几十年以城市群为载体的区域性追赶加速将成为中国经济最为显著与壮阔的宏观景象。

如此的区域性追赶加速，除了缩小地区性差距外，对于全国经济增长的意义也是显然与深远的。随着经济的进一步发展，先进的东部地区将率先在今后 10 年左右时间步入发达经济体行列，进而经济增长速度可能放缓至中速的水平。但即使如此，后进的中、西部及东北地区在此后的至少10年内还在追赶过程中，经济增长将维持在中高速水平。其结果，全国的经济增长速度仍能在今后的20年间，在后进地区以前10年高速、后10年中高速的增长势头接力东部地区的局面下，保持中高速增长。

潜力二：经济结构进一步升级；新一代信息技术引领

经济结构的进一步升级是经济中高速度增长的第二大潜力。

应该意识到，人们谈经济时其实是在谈宏观经济，即经济的整体，通常由GDP代表。相对于宏观经济的是微观经济，指的是企业与个人的经济活动。宏观经济与微观经济之间，其实还有一层，可称为中观经济，即经济结构。

经济结构，或中观经济，从不同维度直接架构宏观经济，同时又由微观经济所构建。现实经济的宏观架构是菱形的，所以经济结构是多维度的，涵盖总供给结构、总需求结构、产业结构、科技结构、消费结构、投资结构、贸易结构、企业结构、金融结构及资本结构等等。

经济结构与宏观经济处于两个不同的层面，但是上、下相连，相辅相成。于是，经济结构水平与宏观经济的发达程度互相对应，同高共低。进而，经济结构变化与经济增长互为动力，相互促进。所谓相互促进，即经济的增长要求经济结构的升级，而经济结构的升级直接导致经济的增长。前者的含义是经济要增长，不可能是经济的各组成部分同时增长，而必然是其中最有活力的一部分率先增长，然后带动其他部分变化，经济结构随之变动并升级；后者的含义则是经济结构升级的结果必然是经济的增长，或本身就是经济的增长。因此，经济结构能否升级是经济能否增长的关键之一，经济结构升级的潜力就是经济增长的潜力。

过去40年，中国取得了堪称为奇迹的高速经济增长，一定意义上就是经济结构迅速升级的结果。尽管如此，内地的经济结构水平与发达经济体仍有很大的差距；与此相应，内地经济的发达程度，以人均GDP衡量，与发达经济体也还有相当的距离，所以仍然是发展中经济体。有差距和距离就要追赶以补上，而追赶就必然促进经济结构进一步升级，从而经济进一步增长。因此，今后中国经济结构进一步升级的潜力就是经济进一步增长的潜力。

所谓经济结构的水平，由经济中高端、中端与低端部分所占的相对比重来决定。高端占比高则结构水平高；低端占比高则结构水平低。经济结构升级就是提高经济结构水平。

那么，今后中国经济结构的升级潜力如何？可从需求潜力与供给潜力两方面来考察。与发达经济体的差距就是关键的需求潜力，而国人的追赶意愿与能力就是关键的供给潜力。这两方面的潜力结合起来，就是今后中国经济结构升级的潜力。关于后者，过去40年国人在中国经济增长奇迹中所表现出来的追赶发达经济体的强烈意愿与强劲能力今后必将持续，潜力显然可见。至于前者，与发达经济体仍存的明显差距揭示潜力依然很大。

上述内地经济各个维度的经济结构都有很大的升级潜力，其中，总供给、总需求、产业与科技结构的升级潜力尤为明显与重要。

第一，总供给结构升级。2017年内地第一产业（农、林、牧、副、渔业）、第二产业（工业与建筑业）与第三产业（服务业）的比重分别为7.9%、40.5%与51.6%。第一产业与第二产业比重，虽过去40年已明显下降，但与发达经济体分别低于5%与25%相比仍然很高，第三产业比重则虽已超过50%，与发达经济体70%以上比较也仍然很低。内地服务业的增长一直超过农业，近年来已快于工业，这一趋势今后势将持续并增强，在工业与农业增长必然继续放缓的情况下成为经济中高速增长的重要支撑。尤其是生产性服务业，离现代化的水平相差甚远，发达潜力更为巨大。教育、养老、医疗、旅游、娱乐等产业的增长空间也很广阔。同时，具中国特色的社交、养生、家政服务等则将继续强势崛起。

第二，总需求结构升级。2017年消费、固定资本形成与净出口（货物及服务出口－货物及服务进口）分别占GDP比重53.6%、44.4%与2.0%，消费虽已占主导地位，但占比仍不到55%，与发达经济体70%以上相比仍有相当的距离，相应地固定资本形成比重仍然过高。净出口占比虽已降至2%以下，但仍比发达经济体高，造成贸易摩擦，今后将向0趋近。消费将继续引领增长，一是服务性消费，与上述供给端服务业的增长相对应，二是高档商品消费，将成为今后新的需求增长点。内地在基本商品消费上已不差于任何其他国家，但在服务性消费与高档商品消费方面与发达经济体相比还有很大的提高余地。服务性消费与高档商品消费将是今后内地经济中高速增长的需求引擎。

第三，产业结构升级。目前中国已是世界工厂与全球工业大国，拥有全球最大的制造业。但产业结构水平，即高端产业占工业的比重，虽过去40年大幅提升，按工业强国标准衡量仍然过低。今后从工业大国向工业强国进军的关键就在于这一比重的大幅度提升。现阶段内地高端产业发展的标志就是八大战略性新兴产业，即新一代信息技术、节能环保、生物、高端装备、新能源、新汽车、新能源汽车及数字创意产业的崛起。有人可能记得，战略性新兴产业以前是七大，但“十三五”规划中新添数字创意产业，成为八大。此八大战略性新兴产业的增加值2017年已达8.12万亿元，占GDP比重为10%；据有关方面预测，2020年与2025年将分别增至15.8万亿元与30.8万亿元，占GDP比重分别达15%与20%。这一前景，将大大提升中国经济的产业结构水平，进而推动整个经济加快发展。

第四，科技结构升级。中国的总体科技水平，全球比较，若在 2010 年以前评价还是中等偏下，这些年来迅速提高，现在可以说是中等偏上，在很多领域比如华为的 5G 与高铁等，已经领先。但无论如何，与发达经济体，特别是美国相比还是有很大的差距，升级的必要性与空间都显而易见。所幸，当今正是科技结构升级的绝好时机。全球经济正处于工业 4.0，或新一代信息技术崛起并引领的时代。在这一领域各国起点相差不大，先发力者将领先，而又鉴于其“+ 产业”（即可应用于各个产业并促其升级）特性，如“互联网 +”与“AI（人工智能）+”，此领域的领先者将引领全球工业与经济的发展。内地在这一领域已抢先发力，取得了一定的领先地位，今后领先地位必将进一步提升。新一代信息技术造就的是一个巨大的产业链，从半导体包括芯片等电子元件的制造、到信息基础设施、到一系列配套制造与软件开发、到信息运营服务、再到“+ 产业”。下一步内地新一代信息技术的突破方向，一是芯片制造的追补，二是第五代移动（5G）的进一步抢滩，三是互联网协议第六版（IPV6）的推出，四是物联网（IOT）的崛起，五是北斗导航升级，六是大数据与云计算扩容，七是人工智能（AI）走向实用化。这些突破将大大地促进内地的科技结构水平实现弯道超车，同时成为中国经济中高速增长的强力引擎。

潜力三：改革开放深化；国企、金融改革重中之重

改革开放深化是第三大增长潜力。

改革开放对于中国经济增长的意义是不言而喻的。可以说，过去40年中国经济的高速增长进而经济增长奇迹就是改革开放的直接结果。当然，促成经济增长奇迹的成因很多，从经济增长理论的角度，物质资本与劳动力的大量投入，技术与人力资本的快速进步与提升，经济结构的迅速优化，后发优势的尽力发挥等等都是。但根据制度变迁理论，制度变迁是经济发展更为根本的动力。而中国过去40年的改革开放正是典型的制度变迁，且是人类经济史上规模最大且最有成效的制度变迁之一。的确，正是由于改革开放的制度变迁解放了旧的计划经济体制对经济发展的各种束缚，才使得上述各项经济增长奇迹的成因从潜在力量变成现实动力。从这一角度，称改革开放是过去40年中国经济增长奇迹的关键性成因并不为过。

那么，现在的问题是，改革开放的使命是否已经完成？其对经济增长的推动作用是否已经不复存在了呢？

答案是否定的，其使命仍未完成，对经济增长的推动作用仍将持续。

其使命仍未完成，是因为作为其目标的社会主义市场经济体制虽然已经建立，但还远未完善。所以改革开放仍然任重而道远，不但应持续，而且要深化，直至一个充满活力与高效率且具国际竞争力的市场经济体制的确立。

任重而道远意味着，改革开放仍须在众多领域不断深化，包括国有企业、金融体系、财政税收、科技创新、土地管理、环境保护、养老就业、经济管理、市场开放及人民币国际化等领域。这些领域改革开放的深化，将推动经济体制向充满活力与高效率并具国际竞争力的目标前进，而这一过程又必将促进经济进一步增长。具体而言，国有企业的改革将既提高国家经济支柱的效率又将提升民营经济在整体经济中的地位；金融改革将既提升整个实体经济的运行效率又将加快市场力量的成长；财政税收的改革将既优化经济资源的分配又将提高经济的自我运行效率；科技创新改革将既促进产业升级又将增强中国在世界经济中的竞争地位；土地管理改革将既改善土地资源配置又将加强持续城镇化的动力；环境保护改革将既改进人们的生存环境又将促进各项资源的科学利用；养老就业改革将既改善老年人的生活素质又将优化这一大群体对于经济增长的依赖与贡献程度；经济管理改革将既提升企业与商业的运行效率又将增强整个经济运行的市场动力；市场开放将既有利于应对中美经贸争端又将建立与美国及其他国家的新型经贸关系；人民币国际化将既扩大金融开放又将确立中国经济在全球的引领角色。

这就是说，改革开放的深化必将进一步提升中国经济的体制效率，而更高的体制效率又势必催生更强劲的经济增长。

从这一意义上也可以说，改革开放深化的空间是今后中国经济中高速增长的又一大潜力保障。

以上各项改革中，国有企业的改革与金融体系的改革，分别简称为国企改革与金融改革，又是重中之重；尤其是针对当前经济增长放缓的压力而言。

国企改革最为关键，深化空间依然很大。广义的国企改革可以说与改革开放同步开始，至今已经历了多个发展阶段。1978—1983年为“放权让利”阶段，增加国有企业留利以调动企业完成计划和增产增收的积极性。1983—1986年为“利税”阶段，分两步完成了利改税改革。1987—1991年为“承包制”阶段，全面推行“企业承包责任制”。1992—2002年为“现代企业制度”阶段，明确企业的法人地位及经营自主权，建立现代化的企业制度。2002—2012年为“股份制”阶段，推行资本多元化，同时完善法人治理结构。2012年至今，进入“混合所有制”阶段，在中小国企股份制改革的基础上推行大型国企，尤其是垄断行业国企的“混合所有制”改革，即在这些国企特别是其母公司层面引入民营资本及外资，实现股权多元化，同时推进这些企业的“国资授权经营”改革。

尽管如此，至今在很多领域，国有企业市场地位与资金实力强但效率低，而民营企业效率高但市场地位与资金实力弱的局面仍未改变，阻碍着经济的进一步快速增长。的确，国有企业的市场与资金强势没有很好地发挥，而面对国有企业的强势，民营企业的增长潜力又受到压抑。这正是当前整体经济增长上行困难的主要原因。

这一局面的改变势在必然。为此，2018 年年底的中央经济工作会议提出加快“混合所有制”与“国资授权经营”两大改革举措的实施。

这两大举措如果成功的话，则将大型国企，特别是垄断行业的国企变成国家控股但市场化，或至少半市场化经营的真正的企业，如新加坡的淡马锡，从而大大提高这些国家支柱性企业的效益与市场竞争力。同时又使得民营资本及外资获得在国家重要行业，包括垄断行业的资本所有权，并参与经营，从而促使整个经济进一步民营化，将民营经济的活力带进垄断性行业及企业。从而中国经济将出现一个新的所有制与市场竞争格局，无疑将为经济增长提供新的活力。

金融改革也意义重大且迫在眉睫。过去 40 年金融改革虽也取得很大进展，在国有银行商业化与股份制化，民营银行兴起，股票市场一步一步成长与债券市场不断壮大等方面取得了可喜的成就，但相对其他领域的改革而言，步伐相对较慢。如果说金融改革有特殊性，处理不好会产生金融危机进而直接影响国民经济以致社会的稳定性，所以滞后一些情有可原的话，当前滞后所产生的负面效应之大，即当前金融体制下资金配置的低效率已经成了经济增长的一个瓶颈，使得金融改革再滞后已难以原谅。

所谓瓶颈，即，由于资金配置效率的低下，市场上出现一方面流动性总量过大，另一方面大部分的企业，即民营企业，特别是小微民营企业，融资又非常困难这样一种困局。这可以说是现阶段民营企业发展的最大障碍。而民营经济已占 GDP 的 60%以上，其融资进而发展受阻无疑对整体经济增长形成强力制约。如此的瓶颈反映当前金融供给侧的不给力，主要是结构上的供不应求。首先，金融市场间接融资比重过大而直接融资比重过小，资本市场脆弱使得民营企业直接融资的渠道过于狭窄。其次，银行体系内面向民营企业，特别是小微企业的银行力量太小。2017 年年末 134 家城市商业银行、1263 家农村商业银行与 17 家民营银行的资产总规模占银行体系总资产不到 25%。而大中型银行大部分只为大中型国有企业和大型民营企业服务，而对于中小微民营企业的融资，即使是人民银行不断采取政策措施鼓励，也是犹豫不决，踌躇不前。因而，加快壮大资本市场，增加直接融资的比重，并大力培育面向民营企业，包括小微企业的银行力量，是迫在眉睫的两大金融改革举措。

上述重中之重的国企改革与金融改革，如果取得大的进展，将大大提升作为国家经济支柱的大型国企的效率又搞活已是国民经济主导力量的民营经济，为今后中国经济的中高速增长又提供一大强力支撑。

潜力四：城镇化持续；向城市群卫星城市进军

城镇化持续为第四大潜力。

过去 40 年中国的城镇化取得了巨大的进展。2018 年城镇化率（城镇常住人口占总人口比重）已从 1978 年的 17.9% 跃升至 59.6%，略超过全球平均 56% 的水平。但与发达国家大都超过 80% 相比，仍有很大的距离。而且，严格意义上的城镇化率更低。这是因为，目前的城镇常住人口中包括 1.4 亿左右的进城农民工，他 / 她们从农村到城市打工与生活，但并未成为真正意义上的城市居民。如果除去这一人群，2017 年城镇化率只有 42.4%，离世界平均城镇化率都有相当的差距。因此，中国的城镇化进程虽已步入中后期，但也只是刚过中点，还有很长的一段路要走。

从另一角度，应该认识到，城镇化率是一个国家现代化水平的重要指标之一，城镇化率越高，现代化水平越高，否则反之。因而内地的城镇化率在今后经济进一步现代化的过程中必将继续上升；否则就意味着现代化进程终止，进而经济增长停滞。不能想象一个现代经济体仍有 40% 的农村人口，也不能想象在经济继续快速增长的过程中 40% 的农村人口不向城市流动。这也表明内地的城镇化率势将上升，且上升空间很大。

的确，过去 40 年中国城镇化率的快速上升与中国经济的高速增长同步，或互相促成。所谓互相促成，一方面，城镇化为经济增长提供廉价劳动力，使得经济发展取得了成本优势，从供给端促进经济高速增长，同时又为经济带来了新的或更高的消费支出与投资需要，从需求端也拉升经济增长水平。另一方面，经济的快速增长为农民工创造了在城镇的工作岗位，也为他们在城镇生活提供了衣、食、住、行的条件，吸引他们进城，进而提升城镇化率。第一方面的意义清楚地意味着，城镇化进程持续将是今后内地经济进一步增长的重要动力之一，而城镇化率的上升空间就是中国经济进一步增长的潜力。

过去 40 年城镇化率从 17.9% 跃升至 59.6%，每年平均上升 1.05 个百分点。其实，最近 10 年上升更快，每年平均 1.4 个百分点。

那今后进程将如何呢？

大致估计，中国的城镇化进程将持续至 2045 年左右，届时城镇化率将达到发达国家的中等水平，即 80% 左右。这也意味着，今后 26 年，中国城镇化率上升的速度将逐步放缓，但平均每年仍有 0.8 个百分点，其中前 13 年为 1 个百分点，后 13 年为 0.6 个百分点。

鉴于过去 40 年快速城镇化与高速经济增长高度同步，可以期望，如此的城镇化进程将继续同步性地推动经济增长，为今后中国经济的中高速增长提供又一个强劲动力或强力保障。

值得关注的是，中国今后的城镇化进程将出现一个新的动向，即农村人口向城市群的卫星城市聚集。这是由当前与今后中国城市群崛起的趋势与方式所决定的。

从和谐发展的角度，也许人们认为或期望的是星罗棋布的大、中、小城镇共同发展与繁荣的局面。但如前所述，全球城镇化进程的经验告诉我们，人们最为向往的城市是大城市，而非中小城镇。所以，大部分国家的历史事实是，农村人口直接向大城市移动，使得大城市越来越发展与膨胀，以至于人口不堪负荷，而中小城市则越来越萧条与萎缩，以至于成为退休人士都不愿踏足的“小城寡民”。看到过前段时间的一条新闻说日本一离东京仅 2 个小时车程的小镇以送房吸引外人（包括日本人与外国人）在其定居的新闻吗？最终，大城市被迫向周边发展，周边城镇因而兴起或扩张，与大城市组成城市群，共同吸纳农村人口并组团发展。目前各国的城市群，从发达国家的伦敦、纽约、巴黎、东京、首尔，到发展中国家的孟买、圣保罗、雅加达、墨西哥城、布宜诺斯艾利斯等，当然还包括内地的长三角、珠三角、京津冀，人口都是好几千万，甚至向亿靠拢，且还在不断扩大。伦敦、巴黎、东京、首尔、墨西哥城等城市群占本国总人口的比重已分别超过 30%、20%、30%、50% 与 18%。

所以，城市群的兴起是今后中国城镇化持续与经济发展的必然趋势，并按笔者的预判将成为今后中国最为显著与壮观的宏观经济景象。目前内地已形成15大城市群。今后内地城镇化持续，必将是农村人口向这15大城市群流动。而很多城市群中的主导大城市人口已经爆满，规模受控人口流入更快的必然是其周边的卫星城市。因而城市群中的卫星城市将成为吸纳农村人口的主要载体，农村人口将大规模向这些卫星城市进军。2019年4月8日国家发改委发文提出今年全面取消人口100万至300万城市的落户限制；人口300万至500万城市全面放开落户条件，必将加快这一进军步伐。

今后中国城镇化的另一个任务是前述1.4亿进城农民工的市民化。2014年中央政府提出新型城镇化概念，强调“人口城镇化”，而非以前的“土地城镇化”，其中一个重要内容就是促使进城农民工获得市民待遇。2017年全国农民工数量达2.87亿人，其中，进城农民工1.37亿。这近1.4亿的农民工，虽在城市工作与生活，却没有城市户籍，即没有成为真正的城市居民，不能享受城市居民的医疗、教育、就业、购房、社会保障等待遇。今后，从社会公平的角度，这些农民工的市民化是势在必然且是当务之急。同时，他们的市民化又将从需求角度为城市经济提供新的增长点。由于没有市民化，大部分的进城农民工在城市生活都持临时性观点，消费节制，不拥有住房，钱存下来或寄回老家或为今后打算。如果市民化，他们的消费水平将逐步向城市居民靠拢，也将在城市购置住房以作长居。这既将大大推动城市居民消费的增长，也将加快城市的房地产及基础设施投资。仅住房一项，如果居住面积能够翻番而达到当前城市居民的水平，可想而知需要新建或消化现有多少的住房。其他公用设施，如供水、供电、供气、通信网络、环境保护等，也是同样。所以，只要农民工市民化这一进程真正启动，内需进而经济将出现一个新且闪光的增长点。

另外，鉴于当前城市群中的主导型大城市各方面的负荷都已很重，加之这些城市与卫星城市之间的交通基础设施快速改善，卫星城市房价又比主导大城市低得多，目前在主导大城市工作与生活的农民工转移并定居于卫星城的可能性大大增加。这也将促使农村人口向城市群的卫星城市进军。

而如前所述，无论是从供给意义还是需求意义上来说，农村人口加快流入这些卫星城市又是这些城市经济发展的强劲动力。卫星城市的兴起与扩张又必然推进整个城市群的进一步发展，而各城市群的进一步发展又势必推动整个内地经济持续快速增长，虽没有以前高速那么快，但可达中高速。

后记

本书首先献给我敬爱的已故父亲廖士祥先生。我在书中表现出来的喜理论性思辨与好发议论的本色，以及可能有一点的看问题的洞察力，正是来自于他的传承。他生前对我爱得深切又期望甚高，希望此本小书的出版能给在九泉之下的他老人家带去一点欣慰。

我本人对本书的出版自然非常高兴。其理由在第一章“绪论”中已经提及，在此“后记”仅强调几点。第一，如“绪论”中已说，此书构思已有8年之久，其间思路、依据与观点逐步形成、修正与完善，最终系统化与立论化，自认为可以整理成书以示于人。现在终于成书并出版了，8年的心愿实现，自然十分欣喜。第二，虽成书时间总共只有半年左右，本书却是我研究生涯中最花心血的作品。在仍担负全职工作的情况下，半年中所有的假期与周末都花在了书的写作与修改。2018年圣诞节前后的半个月时间写出了初稿，此后反复修改不下10遍。2019年4月底交付书稿后如释重负，现在即将出版更觉身心俱轻。第三，也是最重要的，加上附录，本书是我在30多年研究中国经济的过程中所形成的中国经济观的一个汇集式呈现，所以是我一生中最为心仪的作品与最为期盼的果实。现在作品诞生，果实结出，自认为独立、新颖、系统且具洞察力的中国经济观终可面世并留下记录，30多年的经济研究生涯也就不枉此程了。

下面就是感谢词了。

首先要感谢这个创造了人类历史最大经济增长奇迹的时代，而我的研究生涯正好与这样一个时代基本重合，研究的对象又正好是这个时代最显著特征的高速经济增长。正是由于这样的际会，我才形成了本书中的中国经济观，其中的两个核心观点自认为独特而又经得住考验，进而才有了本书。本书虽未赶上在改革开放40周年之际出版，但能赶上在新中国成立70周年之前出版，也深感庆幸。改革开放40年是新中国成立70年的一部分。如果本书能有资格向新中国成立70周年献礼，将不胜荣幸之至。

能够作为“首席经济学家论坛丛书”之一出版，自然要感谢“中国首席经济学家论坛”对于丛书的有效组织与策划。尤其是要感谢论坛的朱蕻秘书长，他对丛书，尤其是本书的出版付出了格外的心血。

当然要感谢东方出版社。尤其是资深编辑许剑秋老师，不仅与朱蕻秘书长共同策划了丛书，还对本书提出了宝贵意见，并向我推荐了傅佩荣先生关于先秦儒家的书。许正阳编辑也特别值得感谢，她不仅高效地完成了关于本书的联络工作，也对本书提出了很好的编辑意见。

我还要感谢我的几位同事，李业勤（Kenneth Lee）博士，张资磊（Winston Zhang）博士与刘婉君（Sara Lau）女士，他们热情且有效地承担并完成了本书的图表及课件（PPT）制作。

最后要感谢的当然是我的家人。首先是我85岁高龄的母亲。她对我的爱是无与伦比的。在本书的写作修改期间，我因太忙而未能很好地陪伴专程来香港过春节的她老人家，但她毫无怨言，一看见我走进书房便表示支持，但又不忘以她一以贯之的深沉母爱叮嘱我不要写得太晚。接着是我的妻子董纯。去年圣诞节前后，我在书房写初稿，她在隔壁的房间给我打字；我写完几页就交给她，她很快就打出来。我的字龙飞凤舞，她一般情况下认得很准，但也偶有不识，于是间有口角。同时她还对书的内容提出了不少很好的修改意见。再接下来要谢的就是我心爱的女儿及女婿了。女儿的孝顺让我真正体会到了“贴心小棉袄”的温暖。成书期间，她不时关心地问我累不累，又与女婿一起为我网上购书并带我及全家出外旅游散心。其实，每当她问时，我的写作之累就顿然消解。

本书即将出版，我可以没有遗憾及牵挂地规划下一个人生阶段了。

是为后记。

廖群

2019年4月30日

图书在版编目（CIP）数据

中国经济增长奇迹成因追踪 / 廖群著 . —北京：东方出版社，2019.10
（首席经济学家论坛丛书）
ISBN 978-7-5207-1108-1

Ⅰ . ①中…　Ⅱ . ①廖…　Ⅲ . ①中国经济－经济增长－研究　Ⅳ . ① F124.1

中国版本图书馆 CIP 数据核字（2019）第 165229 号

中国经济增长奇迹成因追踪
（ZHONGGUO JINGJI ZENGZHANG QIJI CHENGYIN ZHUIZONG）

作　　者： 廖　群
策 划 人： 许剑秋
责任编辑： 陈丽娜　许正阳
出　　版： 东方出版社
发　　行： 人民东方出版传媒有限公司
地　　址： 北京市朝阳区西坝河北里 51 号
邮政编码： 100028
印　　刷： 北京汇瑞嘉合文化发展有限公司
版　　次： 2019 年 10 月第 1 版
印　　次： 2019 年 10 月第 1 次印刷
印　　数： 1—5000 册
开　　本： 880 毫米 ×1230 毫米　1/32
印　　张： 14.25
字　　数： 261 千字
书　　号： ISBN 978-7-5207-1108-1
定　　价： 65.00 元
发行电话：（010）85924663　85924644　85924641
